郑宁 等著

网络法治
前沿问题研究

Frontier Issues of Internet Rule of Law

中国政法大学出版社

2019·北京

声　　明　　1. 版权所有，侵权必究。

　　　　　　2. 如有缺页、倒装问题，由出版社负责退换。

图书在版编目（ＣＩＰ）数据

网络法治前沿问题研究/郑宁等著. —北京:中国政法大学出版社,2019.12
ISBN　978-7-5620-9391-6

Ⅰ.①网… Ⅱ.①郑… Ⅲ.①互联网络－法制管理－研究－中国　Ⅳ.①D920.0

中国版本图书馆 CIP 数据核字(2019)第 285768 号

出 版 者	中国政法大学出版社	
地　　址	北京市海淀区西土城路 25 号	
邮寄地址	北京 100088 信箱 8034 分箱　邮编 100088	
网　　址	http://www.cuplpress.com（网络实名：中国政法大学出版社）	
电　　话	010-58908586（编辑部）58908334（邮购部）	
编辑邮箱	zhengfadch@126.com	
承　　印	固安华明印业有限公司	
开　　本	880mm×1230mm　1/32	
印　　张	11.625	
字　　数	280 千字	
版　　次	2019 年 12 月第 1 版	
印　　次	2019 年 12 月第 1 次印刷	
定　　价	59.00 元	

序

一、出版本书的缘起

在这个网络改变世界、全民触网的时代,互联网的创新和进步总是超越常人的想象。大数据、云计算、AR/VR、人工智能、区块链、5G…新技术层出不穷,乱花渐欲迷人眼;BBS、博客、微博、微信、网络直播、短视频、Vlog…新应用日新月异,各领风骚红几年。而新技术、新应用问世后,总会提出新的法律问题,行业也会借此不断试探法律的底线和边界。互联网监管和治理的尺度,反映了我国国家治理体系和治理能力现代化的水平。这一过程中,立法滞后和超前、监管不足和过度、司法的保守和创新,相互交织。一个立法规则、一个执法行动、一个司法判决,都可能对互联网产业产生巨大影响。2008年是一个有意义的年份,我国网民数量首次跃居世界首位,CN域名成为全球最大的国家顶级域名,我本人也是在这一年从中国人民大学法学院博士毕业,来到中国传媒大学法律系任教至今,开始关注网络法特别是网络监管领域,在行政法还是传媒法案例分析的课堂上,积极引导学生关注并研究相关领域的前沿问题,自己也作了一定的科研积累，发表了一些成果。书名中的"网络法治"，包括两层含义，一是以法治方式治理网络，推动网络监管和治理的法治化，这就要求立法机关依法立法、科学立法、民主立法，网络监管机关依法行政、严格执法、执法有据、执法有度；司法机关公正司法，统一裁判规则，提高司法公信力。这是当前学界研究最为薄弱的，本书的前两章主要是从这个层面上来探讨网络法治。另一个是网络行业的法治化，也就是通过监管和治理，规制网络行业的新问题，维护网络行业的秩序，也是后两章的重点。本书致力于回应以下前沿问题，并力图提出一些新见解或者新论据：十年来，我国的网络监管如何演进和发展？我国的网络监管有何理论基础？我国网络监管具体制度的实际运行状况如何？我国如何对新问题、新技术进行监管和治理？当然，网络问题具有复杂性和变化性，未知领域远远大于已知领域，本书保持着开放的态度，会不断完善发展既有观点。

二、本书的结构安排和核心观点

本书致力于探索网络法治的前沿问题，综合采用了规范研究、实证研究、案例研究、比较研究等多种研究方法，共分为四章。

第一章研究网络法治基本理论，包括两个部分内容。既有首次对我国互联网信息内容监管十年（2008年-2018年）的全面系统梳理，也有对于网络人权这一鲜有人关注的领域的理论研究，提出实现网络安全和互联网产业创新发展的平衡、实现从网络监管到合作治理的转变、对网络人权的限制应当合法等建议，对于我国网络监管和治理的理念作出了新思考。

第二章涉及网络监管的法治化，包括四个部分。前两部分相互补充，系统研究了互联网约谈的性质、实施状况及完善对策，对于正确认识互联网监管部门普遍采用的约谈制度具有积极参考价值；第三部分是对行政法视野下视频网站服务提供者的第三方义务研究，在系统梳理现状的同时，对于合理构建行政法第三方义务给出了具体建议；第四部分研究了美国政府数据开放的法律制度，对于我国大数据时代互联网+政府的建设具有借鉴意义。

第三章聚焦于网络市场秩序监管，共由三个部分组成。第一部分是对2016年《互联网广告管理暂行办法》的法律解读，对该办法的出台背景、价值目标、法律定性进行了详细分析，特别是从商业性言论规制的角度来分析该办法的价值目标，并强调要准确把握其在整个广告法体系的地位。第二部分选择了浏览器软件拦截广告行为的司法认定这一热点问题进行研究，对我国、美国、德国的相关判决进行了较为全面的梳理和比较研究，提出了应回归侵权法的思路，从是否具有法律所保护的权益出发，避免过度依赖《反不正当竞争法》。第三部分大胆地选择了国内研究几乎处于空白的领域——"大数据价格歧视的法律规制"作为研究对象，认为大数据价格歧视的法律规制应当主要通过价格欺诈和个人信息保护两种途径进行更为妥贴。

第四章的主题是网络新技术的治理，包括三个部分。第一部分探讨了智媒时代媒体人的法律风险及应对之道，分析了媒体人的假新闻、版权侵权和侵犯个人信息的三大风险，并提出了解决对策；第二部分研究了人工智能创造物的可版权性及权利归属，提出应当采用投资者原则，将人工智能创造物归属于人工智能所有者；第三部分研究了自动驾驶汽车侵权责任问题,认为暂时不宜赋予自动驾驶车辆以独立的法律主体地位,可以通过确立强制保险制度和建立赔偿基金来解决自动驾驶汽车侵权责任问题。

三、致谢

本书的出版,首先应该感谢付出智力劳动的作者们,除我之外,其他人都是已经在中国传媒大学获得法律硕士学位的毕业生,我是张佳欣、王杰、孟泽东、王笑、高山、张璐璐的硕士生导师,是赵元圆的班主任,这些论文是在他们硕士学位论文基础上修改而成的。他们进入中国传媒大学法律系后,对网络法治展现出了浓厚的研究兴趣,在硕士论文选题时,敢于选择前沿问题,挑战自我,并进行了反复修改打磨,也一并感谢所有为这些论文的开题、答辩、撰写作出贡献的老师们。如今学生们都有了很好的毕业去向,有的服务于中央部委,有的在地方法院或律所工作,希望他们不断有新收获。

感谢我的硕士生张艳丽、张琛、庄晓涵、李博云,本科生刘子睿、黄俏文、王庚辰,承担了书稿的校对工作。

感谢中国政法大学出版社丁春晖主任的大力帮助,本书才得以顺利出版。

四、本书作者分工

1. 郑宁(中国传媒大学文化产业管理学院法律系主任、副教授、法学博士):第一章、第二章第一部分、第三章第一部分、第四章第一部分。

2. 王杰(北京星权律师事务所律师助理,法律硕士):第二章第二部分。

3. 孟泽东（北京创博律师事务所实习律师，法律硕士）：第二章第三部分。

4. 张佳欣（北京安杰律师事务所律师助理，法律硕士）：第二章第四部分。

5. 赵元圆（山西省阳泉市盂县人民法院法官助理，法律硕士）：第三章第二部分。

6. 王笑（国家中医药管理局政策法规与监督司干部，法律硕士）：第三章第三部分。

7. 高山（北京市在线律师事务所律师助理，法律硕士）：第四章第二部分。

8. 张璐璐（北京市在线律师事务所律师助理，法律硕士）：第四章第三部分。

郑　宁

2019 年 12 月于北京

目 录

序 ·· 001

第一章 网络法治的基本理论 ························· 001
我国互联网信息内容监管十年：2008 年—2018 年 ······ 001
网络人权的理论和制度：国际经验及对我国的启示 ··· 034

第二章 网络监管的法治化 ···························· 060
互联网信息内容监管领域的约谈制度：理论阐析与制度完善 ·· 060
互联网约谈制度的法律性质与实施困境研究 ············ 075
行政法视野下视频网站服务提供者的第三方义务研究 ·· 105
美国政府数据开放的法律制度研究 ························ 140

第三章 网络市场秩序监管 ···························· 180
《互联网广告管理暂行办法》的法律解读 ··············· 180

浏览器软件拦截广告行为的司法认定 …………………… 199
　　大数据价格歧视的法律规制研究 ………………………… 247

第四章　网络新技术的治理 ……………………………… 283
　　智媒时代媒体人的法律风险及应对之道 ………………… 283
　　人工智能创造物的可版权性及权利归属 ………………… 293
　　自动驾驶汽车侵权责任问题研究 ………………………… 329

第一章 网络法治的基本理论

我国互联网信息内容监管十年：2008 年—2018 年

互联网信息内容监管是指互联网监管主体对公民、法人或其他组织从事的获取、发布或传播互联网信息内容的行为进行监督和管理的活动，是我国互联网法的核心内容。1994 年 4 月 20 日，随着中国全面接入国际互联网，我国互联网信息内容监管也相应起步。在 1997 年党的十五大报告"推进国民经济信息化"的战略思想指导下，1994 年—2007 年，我国互联网监管强调发展优先，管理为必要保障，以《全国人大常务委员会关于维护互联网安全的决定》(2000 年)、《中华人民共和国计算机信息系统安全保护条例》(1994 年)、《互联网信息服务管理办法》(2000 年)、《互联网新闻信息服务管理规定》(2005 年) 为主要法律规范，确立了由国家信息化领导小组和国务院信息化工作办公室（已撤销）牵头，信息产业部（已撤销）、公安部以及内容主管部门各司其职的监管主体，并以许可、备案、内容管理为主要监管手段。分散的监管主体、相对宽松的监管理念和方式推动了我国信息化进程，新浪、搜狐、网易、百度、阿里巴巴、腾讯等一批互联网企业建立，不少企业还通过 VIE 结构在海外上市。随着宽带网络的大规模建设，互联网也从 Web1.0 进入到

Web2.0时代,即时通信、论坛、视频、搜索等社交媒体迅速普及,互联网的媒体属性日益凸显,推动互联网信息内容监管进入新阶段。

2008年—2018年这十年是中国互联网技术和产业高速发展的十年,我国互联网信息内容监管从监管理念、监管主体和监管内容上均呈现出与之前的较大差异。笔者将这十年分为两个发展阶段,2008年—2013年是互联网信息内容监管升级时期,2014年—2018年是互联网信息内容监管全面强化时期。本文通过分别梳理这个时期的重大立法、政策和事例,总结其特点,进而描绘出我国互联网信息内容监管的发展趋势。

一、2008年—2013年,互联网信息内容监管升级时期

(一)产业背景

2008年在我国互联网产业史上具有重要的里程碑意义。2008年7月,根据中国互联网络信息中心(China Internet Network Information Center,CNNIC)发布的《第22次中国互联网络发展状况统计报告》显示,截至6月30日,我国网民总人数达到2.53亿人,网民规模首次跃居世界第一位。[1]7月22日,我国.cn域名注册量以1218.8万个全面超过德国.de域名,成为全球最大的国家顶级域名。[2]2010年是微博元年,截至2010年10月,中国微博服务的访问用户规模已达到约1.25亿。[3]2013年是微信商业化元年和大数据元年,移动互联网的各项应用开始普及,

---

[1] 载http://www.cnnic.cn/gywm/xwzx/rdxw/2008nrd/201207/t20120710_31595.htm,访问日期:2019年3月15日。

[2] 载http://www.cac.gov.cn/2014-05/26/c_126548659.htm,访问日期:2019年3月15日。

[3] 载http://sh.sina.com.cn/news/s/2010-12-29/0840167562.html,访问日期:2019年3月15日。

几乎所有世界级的互联网企业都在积极发展大数据产业。

(二) 监管主体

2008年，我国进行了政府机构改革，撤销了国务院信息化工作办公室，新组建中华人民共和国工业和信息化部（以下简称"工信部"）。2010年，国务院新闻办公室发表《中国互联网状况》白皮书，首次明确阐述了中国互联网监管的基本原则，即中国坚持依法管理、科学管理和有效管理互联网，努力完善法律规范、行政监管、行业自律、技术保障、公众监督和社会教育相结合的互联网管理体系。[1] 2011年，中华人民共和国国家互联网信息办公室（以下简称"网信办"）成立，与工信部、公安部共同形成了"三驾马车"的互联网管理体制，即网信办主管互联网信息内容，负责协调其他部门做好互联网信息内容管理；工信部负责互联网行业管理；公安部负责防范和打击互联网违法犯罪活动，对之前"九龙治水"的互联网管理体系是一次重塑。

(三) 监管内容

这一阶段，互联网信息监管机构主要围绕以下五个方面开展监管：

1. 推行网络实名制和个人信息保护

我国国家和地方层面出台了多个法律规范对网络实名制和个人信息保护作出规定。2011年，北京市人民政府新闻办公室、北京市公安局、北京市通信管理局、北京市互联网信息办公室制定了《北京市微博客发展管理若干规定》，其中要求网络用户实名注册的规定引起了合法性的争议。2011年底，新浪、搜狐、网易、腾讯四大门户网站微博陆续启动实名认证。2012年3月

---

[1] 载 http://www.cac.gov.cn/2014-02/24/c_126182823.htm，访问日期：2019年3月15日。

起,四大门户网站先后宣布微博用户全面完成"真实身份注册"工作,未经认证的博主只能"围观",不能发言和转发。北京地区主要微博客网站均通过强制关注等方式对"3月16日前完成真实身份注册"进行告知,并及时修改了用户协议条款。[1] 2012年《全国人民代表大会常务委员会关于加强网络信息保护的决定》,确认了网络实名制,要求网络服务提供者为用户办理网站接入服务,办理固定电话、移动电话等入网手续或者为用户提供信息发布服务,应当在与用户签订协议或者确认提供服务时,要求用户提供真实身份信息。同时规定国家保护个人电子信息,网络服务提供者、国家机关和其他企业事业单位对于保护个人电子信息的义务和责任。2013年,我国制定了首部个人信息保护的国家标准《信息安全技术 公共及商用服务信息系统个人信息保护指南》,将个人信息分为个人一般信息和个人敏感信息,对于一般信息的处理可以建立在默许同意的基础上,对于个人敏感信息,在收集和利用之前,必须首先获得个人信息主体明确授权。同时规定了处理个人信息时遵循的八项基本原则,即目的明确、最少够用、公开告知、个人同意、质量保证、安全保障、诚信履行和责任明确。2013年7月,工信部颁布了《电信和互联网用户个人信息保护规定》,界定了个人信息的保护范围,要求电信业务经营者、互联网信息服务提供者收集、使用用户个人信息应当遵循合法、正当、必要的原则,对用户个人信息的安全负责,并对相关违法行为设定了警告和三万元以下罚款处罚。2013年9月实施的工信部《互联网接入服务规范》的规定,电信业务经营者应依照法律和有关规定对提供服务过程中收集、使用的用户个人信息严格保密,不得泄露、

---

[1] 载http://www.gov.cn/jrzg/2012-12/28/content_2301231.htm,访问日期:2019年3月15日。

篡改或者毁损，不得出售或者非法向他人提供。

2. 打击网络谣言

2011年开始，互联网尤其是微博上的虚假信息引起强烈关注：如日本大地震后波及全国的抢盐风潮，严重扰乱了社会生活。特别是2011年8月网上出现所谓"国税总局47号公告"，迅速登上省级党报和三大顶级中央媒体，直至国家税务总局发布声明才加以澄清。[1]为此，2011年新闻出版总署（原新闻出版署，现已撤销）出台了《关于严防虚假新闻报道的若干规定》，明确规定不得直接使用未经核实的网络信息和手机信息，对于通过电话、邮件、微博客、博客等传播渠道获得的信息，如有新闻价值，新闻机构必须派出编辑记者核实无误后方可刊播。2011年11月网信办宣布，所谓"新疆籍艾滋病人通过滴血食物传播病毒""武汉大三女生求职时被割肾""玉溪将发生8.6级大地震""海南支教女学生被灌醉轮奸"等均属谣传。"新疆籍艾滋病人通过滴血食物传播病毒"谣言，已查明是河南洛阳李某故意编造并通过手机短信散布，郑州戚某又转发到QQ群在互联网上扩散，李、戚及其他编造和传播谣言者现已被公安部门依法予以治安拘留处罚。[2]

2012年针对"军车进京、北京出事"之类的网络谣言有关行政机关也加大了打击力度，对责任人予以刑事或行政制裁，并关闭或惩处了相关责任网站。[3]

2013年，我国监管部门重拳打击网络谣言，形成了行政、

---

[1] 载http://politics.people.com.cn/GB/16208694.html，访问日期：2019年3月15日。

[2] 载http://news.cntv.cn/20111121/115669.shtml，访问日期：2019年3月15日。

[3] 载https://www.sohu.com/a/198475622_99894507，访问日期：2019年3月15日。

司法、行业自律等相互配合的网络谣言整治网络体系。自2013年4月开始，网信办集中部署打击了利用互联网造谣和故意传播谣言的行为，查处贵州李某等多名利用互联网制造和故意传播谣言人员，关闭了一批造谣传谣的微博客账号，公安机关也对相关人员进行了行政处罚。[1]2013年5月，"萧山君子""何兵"两个新浪微博账号因故意造谣和传谣分别被注销和暂停。[2]6月，公安部开展了打击网络有组织造谣传谣等违法犯罪专项行动，一批网络"大V"被查处。2013年9月，为进一步明确打击网络谣言的法律依据，最高人民法院和最高人民检察院联合发布了《关于办理利用信息网络实施诽谤等刑事案件适用法律若干问题的解释》。对办理利用信息网络实施诽谤、寻衅滋事、敲诈勒索、非法经营等刑事案件适用法律的标准进行细化，应当认定为《刑法》第246条第1款规定的"情节严重"，规定了4种情况；对可以提起公诉的"严重危害社会秩序和国家利益"的诽谤犯罪规定了7种情况。编造虚假信息或者明知是编造的虚假信息，在信息网络上散布或者组织、指使人员在信息网络上散布，起哄闹事，造成公共秩序严重混乱的，构成寻衅滋事罪；以发布或删除信息为由索取财物属敲诈勒索罪；有偿删除网络信息可构成非法经营罪。该司法解释虽为打击网络谣言特别是非法网络公关行为提供了更为明确的法律依据，但也引起社会各界的争议。在该司法解释出台后不久，甘肃省张家川县初三学生杨某因发帖质疑该县一名男子非正常死亡的案件有内情，被当地警方援引该司法解释以寻衅滋事罪刑拘，引发社会

---

　　[1] 载 https://www.guancha.cn/society/2013_05_10_143652.shtml，访问日期：2019年3月15日。

　　[2] 载 http://opinion.people.com.cn/n/2013/0826/c368412-22695342.html，访问日期：2019年3月15日。

各界对警察可能滥用公权力的担忧。[1]2013年9月,最高人民法院发布《关于审理编造、故意传播虚假恐怖信息刑事案件适用法律若干问题的解释》,界定编造、故意传播虚假恐怖信息罪的认定标准,明确规定严重扰乱社会秩序的6种情况应当追究刑事责任,并规定了应当酌情从重处罚的5种情况和加重处罚的5种情况,对于编造、传播虚假恐怖信息同时构成数罪的择一重处,并界定了"虚假恐怖信息"的范围。该年度严厉打击网络谣言行动对于网络言论产生了显著影响。据统计,在天涯社区社会民生类话题中,2013年9月份主帖数量下降60%,其中正面帖文下降34%,负面帖文下降63%,减少最多的是个人维权及反腐类信息,占减少量的70%。[2]2013年8月,我国互联网首个辟谣平台——北京地区网站联合辟谣平台正式上线,表明治理网络谣言的行业自律机制也在逐步建立。

3. 打击非法网络公关

打击非法网络公关行为。2011年年初有肖某、安某等6人受雇在网上发帖、发博文共491篇,诋毁伊利集团,被以损害商业信誉、商品声誉罪判刑。[3]同年3月至6月,中央对外宣传办公室、工信部、公安部及国家工商行政管理总局(已撤销)联合执法,关闭了6600家非法网络公关网站,删除超过79万篇网络文章和新闻,以及165万包含非法在线公关内容的缓存

---

[1] 载 http://www.court.gov.cn/shenpan-xiangqing-5821.html,访问日期:2019年3月15日。

[2] 载 http://media.people.com.cn/n/2013/0801/c40606-22411900.html,访问日期:2019年3月15日。

[3] 载 http://it.sohu.com/20110830/n317784753.shtml,访问日期:2019年3月15日。

页面。[1]2012年,百度3名员工因"有偿删帖"被公安机关刑拘。

4. 整治网络淫秽色情及低俗信息

2012年3月以来,在全国范围内开展的整治互联网和手机媒体传播淫秽色情及低俗信息专项行动中,已关闭多家传播淫秽色情信息和招摇撞骗、敲诈勒索的网站,并依法追究了相关责任人的法律责任。[2]2013年3月,在全国"扫黄打非"工作小组办公室的部署下,全国开展了"净网"行动,以整治网络文学、网络游戏、视听节目网站等为重点,开展网络淫秽色情信息专项治理,各地查处了一批案件。

5. 规范互联网新闻信息传播秩序

2013年5月,网信办部署开展为期两个月的规范互联网新闻信息传播秩序专项行动,针对当前网站登载新闻存在的突出问题,重点整治新闻来源标注不规范、编发虚假失实报道、恶意篡改新闻标题、冒用新闻机构名义编发新闻等违规行为,并查处了"人民内参网"等上百家非法网站。[3]

(四) 监管特点

这一阶段,监管呈现出以下四个特点:

1. 互联网领域缺乏专门的高位阶立法,主要是依靠《刑法》《治安管理处罚法》《互联网信息服务管理办法》以及一些部门规章。

2. 互联网信息内容监管主要采取运动式执法,即主要通过开展专项行动来实施监管。

---

[1] 载 http:∥epaper.bjnews.com.cn/html/2012-08/05/content_362240.htm?div=-1,访问日期:2019年3月15日。

[2] 载 http:∥www.shdf.gov.cn/shdf/contents/3818/144967.html,访问日期:2019年3月15日。

[3] 载 http:∥politics.people.com.cn/n/2013/0510/c1001-21441791.html,访问日期:2019年3月15日。

3. 主要以政府监管为主，行业协会、企业的作用未得到充分发挥。

4. 监管手段较为单一，主要是行政处罚和刑事制裁等刚性手段，缺乏柔性手段。

五、2014年—2018年，互联网信息内容监管全面强化时期

（一）产业背景

这一阶段移动互联网进一步普及，截至2014年6月，中国移动网民规模达5.27亿，中国移动网民的普及率（网民占中国人口比例）达39.1%。网民中使用手机上网的人群由2013年12月的81.0%提升至2014年6月的83.4%，手机网民规模首次超越传统个人计算机（Personal Computer，PC）网民规模。[1]

"互联网+"成为知识社会创新2.0推动下的互联网新形态。2014年11月，李克强在出席首届世界互联网大会时指出，互联网是大众创业、万众创新的新工具。2015年7月4日，国务院印发《国务院关于积极推进"互联网+"行动的指导意见》，推动互联网与经济社会全面融合。

2015年互联网业界将"泛娱乐"作为重要的发展方向。泛娱乐是指以IP（Intellectual Property，即知识产权）为核心，将游戏、文学、动漫、影视、综艺、直播、二次元、音乐、体育等共同打造成为一体化的新生态产业链。2016年是网络直播元年，据CNNIC数据显示，截至2016年6月，网络直播用户规模达到3.25亿，占网民总体的45.8%。[2]

---

[1] 载http://www.cac.gov.cn/2014-07/22/c_1111724470.htm，访问日期：2019年3月15日。

[2] 载http://www.cac.gov.cn/2016-08/03/c_1119326372.htm，访问日期：2019年3月15日。

（二）监管主体

这一时期，互联网信息内容监管主体职权强化。2014年2月，为全面统筹资源，建设网络强国，中央网络安全与信息化领导小组成立，职责包括三个方面：第一，着眼国家安全和长远发展，统筹协调涉及经济、政治、文化、社会及军事等各个领域的网络安全和信息化重大问题；第二，研究制定网络安全和信息化发展战略、宏观规划和重大政策；第三，推动国家网络安全和信息化法治建设，不断增强安全保障能力。中央网络安全和信息化领导小组办公室由国家互联网信息办公室承担具体职责。2014年8月，国务院授权重新组建的国家互联网信息办公室负责全国互联网信息内容管理工作，并负责监督管理执法。标志着我国网络监管进入重构升级阶段。网信部门在互联网信息内容监管方面开始全面发力。

（三）监管内容

这一阶段，互联网信息内容监管的范围更加全面，主要有七个方面：

1. 对社交媒体进行密集专项立法

中央网络安全与信息化领导小组成立四年内，网信办出台的针对社交媒体的规范性文件已多达13个，平均每年出台3个，密度很大。而且几乎具有较大影响力的新技术、新应用出台后不久，就会有相应的规范加以规制。

2014年8月，网信办发布《即时通信工具公众信息服务发展管理暂行规定》（俗称"微信十条"），从行业资质、隐私保护、实名注册、备案审核、内容限制等方面对即时通信平台及用户行为进行规范。即时通信工具服务提供者从事公众信息服务活动，应当取得互联网新闻信息服务资质。新闻单位、新闻网站开设的公众账号可以发布、转载时政类新闻，取得互联网新闻信息服务资质的非新闻单位开设的公众账号可以转载时政类新闻。其他公众账号未经批准不得发布、转载时政类新闻。腾讯据此开展自查自纠，首批共暂停更新公众账号 311 个、永久关闭公众账号 46 个。[1]

2015 年 2 月，网信办发布《互联网用户账号名称管理规定》（俗称"账号十条"），要求互联网信息服务提供者落实安全管理责任，切实推行网络实名制。同月，公安部、网信办、工信部等 6 部门联合发布《互联网危险物品信息发布管理规定》，禁止个人在互联网上发布危险物品信息。危险物品从业单位从事互联网信息服务的，应当向电信主管部门申请经营许可或者办理备案手续，并到公安机关接受网站安全检查。2015 年 4 月，网信办发布《互联网新闻信息服务单位约谈工作规定》（俗称"约谈十条"），国家和地方网信办对互联网新闻信息服务单位发生严重违法违规情形的，可对其主要负责人进行约谈，并规定了约谈的程序和责任。2015 年 7 月，优衣库不雅视频事件出现后，网信办对新浪公司、腾讯公司负责人进行了约谈。

2016 年 8 月，网信办发布《移动互联网应用程序信息服务管理规定》，规定移动互联网应用程序提供者应严格落实信息安全管理责任，实行实名制管理。对发布违法违规信息内容的，视情采取警示、限制功能、暂停更新、关闭账号等处置措施，并对收集、使用用户个人信息的基本原则作了规定。

继 2016 年 7 月文化部（已撤销）发布《关于加强网络表演管理工作的通知》和 2016 年 9 月国家新闻出版广电总局（已撤销）发布《关于加强网络视听节目直播服务管理有关问题的通知》之后，2016 年 11 月网信办发布《互联网直播服务管理规

---

[1] 载 http://media.people.com.cn/n/2014/0829/c40606-25567657.html，访问日期：2019 年 3 月 15 日。

定》，重申了对互联网直播新闻信息服务的资质监管，要求互联网直播服务提供者提供互联网新闻信息服务的，应当依法取得互联网新闻信息服务资质，并在许可范围内开展互联网新闻信息服务。开展互联网新闻信息服务的互联网直播发布者，应当依法取得互联网新闻信息服务资质并在许可范围内提供服务，要求建立直播内容审核平台，对直播内容加注、播报平台标识信息，对评论、弹幕等互动环节加强实时管理，并具备"及时阻断"的直播技术能力。

2017年，网信办对社交媒体的管理空前加强，出现了分项立规，组合推出的特点。2017年8月，中央宣传部、中央组织部、网信办联合下发《关于规范党员干部网络行为的意见》，规定党员在网上要严守政治纪律和政治规矩，以职务身份注册账号要向党组织报告。同月，网信办出台《互联网论坛社区服务管理规定》，要求互联网论坛社区服务提供者落实主体责任，建立健全信息审核、公共信息实时巡查、应急处置及个人信息保护等信息安全管理制度，不得利用互联网论坛社区服务发布、传播法律法规禁止的信息；互联网论坛社区服务提供者应当按照"后台实名、前台自愿"的原则，要求用户通过真实身份信息认证后注册账号，并对版块发起者和管理者严格实施真实身份信息备案、定期核验等；互联网论坛社区服务提供者及其从业人员，不得通过发布、转载、删除信息或者干预呈现结果等手段，谋取不正当利益。网信办同时还出台了《互联网跟帖评论服务管理规定》，要求网站实行用户实名制，加强弹幕管理，建立跟帖评论审核管理、实时巡查、应急处置等信息安全管理制度，及时发现和处置违法信息，加强个人信息保护，并规定国家和省、自治区、直辖市互联网信息办公室建立互联网跟帖评论服务提供者的信用档案和失信黑名单管理制度。

2017年9月网信办出台《互联网用户公众账号信息服务管理规定》，要求互联网群组信息服务提供者应当对违反法律法规和国家有关规定的群组建立者、管理者等使用者，依法依约采取降低信用等级、暂停管理权限、取消建群资格等管理措施，建立黑名单管理制度。同月出台的《互联网群组信息服务管理规定》，细化了互联网信息服务提供者的责任，并提出群组建立者、管理者应当履行群组管理责任。

2018年2月，网信办发布《微博客信息服务管理规定》，规定了微博客服务提供者主体责任、实名制、分级分类管理、辟谣机制等措施。2018年8月，全国扫黄打非办与工信部等6部门联合下发《关于加强网络直播服务管理工作的通知》，首次明确行业监管中网络直播服务提供者、网络接入服务提供者、应用商店的各自责任，推动互联网企业严格履行主体责任。2018年11月，网信办和公安部发布《具有舆论属性或社会动员能力的互联网信息服务安全评估规定》，要求相关互联网信息服务提供者自行对信息服务和新技术新应用的合法性，落实法律、行政法规、部门规章和标准规定的安全措施的有效性，防控安全风险的有效性等情况进行全面评估，并对评估结果负责。网信部门和公安部门就此开展检查。

2. 维护网络安全

网络安全成为国家战略。2016年12月，经中央网络安全和信息化领导小组批准，国家互联网信息办公室发布《国家网络空间安全战略》，阐述了我国网络空间安全战略的基本原则是：坚持尊重维护网络空间主权、和平利用网络空间、依法治理网络空间、统筹网络安全与发展。2017年6月1日《网络安全法》正式实施，该法是网络领域的一部基础性法律，规定了网络空间主权的原则，明确了网络产品和服务提供者、网络运营者的安全义务，建立了关键信息基础设施安全保护制度，确立了关键信息基础设施重要数据跨境传输的规则，规定重大突发事件可采取"网络通信限制"的临时措施。在规定"网络实名制"的同时，完善了个人信息保护规则，增加了惩治网络诈骗等新型网络违法犯罪活动的规定，保障了用户知情权、数据控制权和自我决定权。为了和《网络安全法》相配套，各部门也纷纷出台规章或制度。2017年5月，网信办发布《网络产品和服务安全审查办法（试行）》，将网络产品与服务的安全性和可控性作为审查重点。2017年6月，网信办发布《国家网络安全事件应急预案》，将网络安全事件分为特别重大、重大、较大、一般四级，规定了各级领导机构、办事机构和各部门的职责和应急办法。2017年9月，工信部发布《公共互联网网络安全威胁监测与处置办法》，建立网络安全威胁信息共享平台和公共互联网网络安全威胁认定制度，明确了网络运营者的监测与处置义务。2017年10月，网信办发布《互联网新闻信息服务新技术新应用安全评估管理规定》，要求互联网新闻信息服务提供者建立健全新技术新应用安全评估管理制度和保障制度，自行组织开展安全评估，并报请国家或者省级互联网信息办公室组织开展安全评估。

在加强立法的同时，执法力度也在加大。2017年，针对求职青年李某星陷传销组织蹊跷死亡事件，天津、北京两地网信部门联合对涉案"BOSS直聘"网站进行约谈，责令网站立即整改，这是《网络安全法》实施后的第一案。[1]全国人大常委会启动"网络安全法、关于加强网络信息保护的决定执法检查"，重点检查开展"一法一决定"宣传教育的情况；制定配套法规规章的情况；强化关键信息基础设施保护及落实网络安全等级

---

〔1〕 载 http://www.xinhuanet.com/2017-08/25/c_1121544563.htm，访问日期：2019年3月15日。

保护制度的情况；治理网络违法有害信息，维护网络空间良好生态的情况；落实公民个人信息保护制度，查处侵犯公民个人信息及相关违法犯罪的情况等。2017年12月，全国人大常委会执法检查组公布了关于《网络安全法》及《关于加强网络信息保护的决定》的执法检查报告，指出当前存在着网络安全意识亟待增强、网络安全基础建设薄弱、网络安全风险和隐患突出、用户个人信息保护工作形势严峻、网络安全执法体制有待理顺、网络安全法配套法规有待完善、网络安全人才短缺等问题，建议正确处理安全与发展的关系，加强完善相关配套法规规章，提升网络安全防护能力，加大用户个人信息保护，强化网络安全工作统筹协调，防止多头管理，避免管理空白，提高执法效率。[1] 全国人大常委会对于新施行三个月的《网络安全法》即开展执法检查，尚属首次。

2018年3月，为进一步加强网络安全等级保护测评机构管理，规范测评行为，提升测评能力和质量，保障国家网络安全等级保护制度实施，公安部发布了《网络安全等级保护测评机构管理办法》。2018年9月，公安部发布《公安机关互联网安全监督检查规定》，规定了在重大网络安全保卫任务期间，公安机关可对互联网安全情况实行专项检查，并对监督检查的对象、内容、程序和法律责任作了明确规定。

个人信息保护也有发展。2014年3月15日实施的新版《消费者权益保护法》第29条对网络环境下的消费者个人信息使用作了明确规定："经营者收集、使用消费者个人信息，应当遵循合法、正当、必要的原则，明示收集、使用信息的目的、方式和范围，并经消费者同意。经营者收集、使用消费者个人信息，

---

[1] 载http://www.sohu.com/a/212411537_260616，访问日期：2019年3月15日。

应当公开其收集、使用规则,不得违反法律、法规的规定和双方的约定收集、使用信息。经营者及其工作人员对收集的消费者个人信息必须严格保密,不得泄露、出售或者非法向他人提供。经营者应当采取技术措施和其他必要措施,确保信息安全,防止消费者个人信息泄露、丢失。在发生或者可能发生信息泄露、丢失的情况时,应当立即采取补救措施。"同日由国家工商行政管理总局(已撤销)颁布的《网络交易管理办法》第18条对于网络商品经营者、有关服务经营者在经营活动中收集、使用消费者或者经营者信息也作了类似规定,同时规定"网络商品经营者、有关服务经营者未经消费者同意或者请求,或者消费者明确表示拒绝的,不得向其发送商业性电子信息"。2014年10月,最高人民法院颁布的《关于审理利用信息网络侵害人身权益民事纠纷案件适用法律若干问题的规定》第12条规定,利用网络公开自然人基因信息、病历资料、健康检查资料、犯罪记录、家庭住址、私人活动等个人隐私和其他个人信息,造成他人损害,应承担侵权责任,同时规定为促进社会公共利益且在必要范围内等六种情况不构成侵权。

2015年8月,全国人大常委会通过了《刑法修正案(九)》把出售、非法提供公民个人信息罪和非法获取公民个人信息罪改为侵犯公民个人信息罪,将犯罪主体从特殊主体扩大到一般主体,加重了量刑。增设拒不履行网络安全管理义务罪、非法利用信息网络罪、帮助信息网络犯罪活动罪。

2016年8月发生应届录取大学生徐某玉遭到诈骗悲愤病亡,引发社会对于电信诈骗的热议。[1]9月,最高人民法院等六部门发布了《关于防范和打击电信网络诈骗犯罪的通告》,要求电

---

〔1〕 载 http://www.sohu.com/a/115096318_382876,访问日期:2019年3月15日。

信企业将在年内实现电话实名率100%，在规定时间内未完成真实身份信息登记的，一律予以停机。电信企业在为新入网用户办理真实身份信息登记手续时，要通过采取二代身份证识别设备、联网核验等措施验证用户身份信息，并现场拍摄和留存用户照片。此外，自2016年12月1日起，个人通过银行自助柜员机向非同名账户转账的，资金24小时后到账。2016年12月，最高人民法院、最高人民检察院和公安部联合发布《关于办理电信网络诈骗等刑事案件适用法律若干问题的意见》，对网络诈骗犯罪的量刑标准作了细化规定。

2017年3月全国人大通过《民法总则》，首次以单列法条（第111条）规定将自然人公民的个人信息受法律保护，将个人信息权成作为独立人格权。

为明确《刑法》第253条侵犯公民个人信息犯罪的认定标准、定罪量刑标准和法律适用，2017年5月，最高人民法院和最高人民检察院发布《关于办理侵犯公民个人信息刑事案件适用法律若干问题的解释》及7起典型案例，明确了"公民个人信息"的范围、"非法提供公民个人信息"和"非法获取公民个人信息"行为的认定标准；在量刑方面，规定了认定"情节严重""情节特别严重"的要素。规定设立网站、通讯群组侵犯公民个人信息的，按照非法利用信息网络罪定罪处罚；网络服务提供者拒不履行公民个人信息安全管理义务、经监管部门责令采取改正措施而拒不改正，致使用户的公民个人信息泄露，造成严重后果的，以拒不履行信息网络安全管理义务罪定罪处罚。

2017年7月，网信办等四部门首次开展隐私条款专项工作，首批对微信、淘宝等十款网络产品和服务的隐私条款进行评审，旨在通过评审和宣传形成社会示范效应，带动行业整体个人信息保护水平的提升。2017年9月公布的评审结果认为十款产品和服务在隐私政策方面均有不同程度的提升；均做到明示其收集、使用个人信息的规则，并征求用户的明确授权；其中，八款产品和服务做到了向用户主动提示、并提供更多的选择权。有五款产品和服务在满足以上功能的基础上，还提供了更便利的在线"一站式"撤回和关闭授权，在线访问、更正、删除其个人信息，在线注销账户等功能。[1]

2017年12月，全国信息安全标准化技术委员会发布了国家标准GB/T 35273-2017《信息安全技术 个人信息安全规范》，在遵循《网络安全法》要求的基础上确立的个人信息保护框架，全面规定了个人信息处理各个环节的合规要求，创设性地将"个人信息控制者"概念定义为"有权决定个人信息处理目的、方式等的组织或个人"，提出了收集环节中的同意规则，间接获取个人信息时的有限尽调，服务终止后信息数据的保存和处理，流转环节中的三方关系处理规则。

2018年1月，针对支付宝年度账单涉嫌非法收集个人信息一事，网信办约谈了支付宝和芝麻信用的相关负责人，责令其全面排查、专项整顿。[2]江苏省消费者权益保护委员会就百度开发的两款手机APP未取得用户同意，获取各种权限涉嫌违法获取消费者个人信息问题向南京中院提起民事公益诉讼。[3]

2018年2月，针对部分平台、机构和个人大肆炒作明星绯闻隐私和娱乐八卦等低俗之风，网信办会同其他部门联合对上述行为主体进行全面排查清理和综合整治，相关平台对卓某粉丝后援会、全明星通讯社等专门进行明星绯闻隐私炒作的账号

---

[1] 载http://www.cac.gov.cn/2017-09/25/c_1121715816.htm，访问日期：2019年3月15日。

[2] 载http://www.sohu.com/a/215804840_116132，访问日期：2019年3月15日。

[3] 载http://finance.sina.com.cn/chanjing/gsnews/2018-01-06/doc-ifyqincu8301485.shtml，访问日期：2019年3月15日。

进行永久关闭。[1]

2018年6月，工信部公布一批问题软件名单，21个应用商店的46款APP被责令下架，其中不少涉及未经用户同意收集使用个人信息。[2]2018年11月，工信部发布了《2018年第三季度关于电信服务质量通告》，指出苏宁云商等12家互联网企业存在未公示用户个人信息收集使用规则、未告知查询更正信息的渠道、未提供账号注销服务的问题。在工信部的督促下，这些企业均进行了整改。同月，上海市消费者权益保护委员会通报了多款手机APP涉及个人信息权限的测评结果，猎豹浏览器被质疑默认开通"监听用户外拨电话、位置信息、发送短信"等权限。[3]

2018年11月，公安部网安局发布《互联网个人信息安全保护指引（征求意见稿）》，将网络安全等级保护相关要求与个人信息安全国家标准要求相结合，对个人信息保护的管理机制、技术措施、业务流程等进行了规定。

3. 严厉打击传播网络淫秽色情信息

2014年，全国"扫黄打非"工作小组办公室与网信办、工信部、公安部自4月中旬到11月在全国范围内统一开展打击网上淫秽色情信息的专项行动，主要内容是全面清查网上淫秽色情信息，严惩制作传播淫秽色情的企业和人员，落实互联网企业主体责任。2014年4月，由于新浪读书频道和新浪视频分别登载了20部淫秽色情小说和4部色情视听节目，新浪公司《互

---

[1] 载http://www.sohu.com/a/220933590_99919418，访问日期：2019年3月15日。

[2] 载http://finance.sina.com.cn/roll/2018-06-14/doc-ihcwpcmq6726777.shtml，访问日期：2019年3月15日。

[3] 载http://www.sohu.com/a/278587571_822985，访问日期：2019年3月15日。

联网出版许可证》和《信息网络传播视听节目许可证》被北京市文化市场行政执法总队吊销,并罚款508万余元;新浪网读书频道部分编辑因涉嫌犯罪已移交公安机关立案调查。2014年5月,快播公司因传播淫秽色情内容信息,被广东省通信管理局吊销增值电信业务经营许可证,并被深圳市市场监督管理局处以2.6亿元天价罚单;同时,快播公司还因涉嫌传播淫秽物品牟利被移送检察机关审查起诉。[1]

2015年3月,全国"扫黄打非"工作小组办公室启动"净网2015"专项行动,此次行动以查办大案要案为抓手,严厉查处顶风制作传播淫秽色情信息的网站、视频网站、搜索网站等。集中整治微博、微信、微视、微电影等"微领域"传播有害及淫秽色情信息的行为,整治利用弹窗、搜索引擎、云存储、移动智能终端及电视盒子等从事"色情营销"、传播淫秽色情信息的行为,公布了三批案件,网易、百度、陌陌等网站因传播淫秽色情信息被查处。[2]2015年9月,浙江省首例微信传播淫秽物品案宣判。阮某及该微信群群主张某因上传淫秽视频构成传播淫秽物品罪,各被判处拘役一个半月。[3]2015年11月,浙江省云和县人民法院判处了一起利用微信传播淫秽视频案,微信群主谢某因未尽到监管职责与传播淫秽视频的成员构成传播淫秽物品罪的共犯,被判处拘役六个月,缓刑一年。[4]

---

[1] 载http://it.people.com.cn/n/2014/0629/c243510-25213736.html,访问日期:2019年3月15日。

[2] 载http://www.gov.cn/xinwen/2015-04/09/content_2844317.htm,访问日期:2019年3月15日。

[3] 载http://politics.people.com.cn/n/2015/0915/c70731-27588535.html,访问日期:2019年3月15日。

[4] 载http://www.sohu.com/a/142161854_748953,访问日期:2019年3月15日。

2016年全国"扫黄打非"工作小组办公室继续开展"净网2016""护苗2016"和"秋风2016"等专项行动。2016年1月,快播公司及王某等人传播淫秽物品牟利案公开庭审直播,该案涉及网络信息服务提供者的网络安全管理义务、取证规范、网络民意对司法的影响等问题,因此社会关注度极高。2016年9月,北京市海淀区人民法院经再次开庭作出一审宣判,认定快播公司以及CEO王某在内的4名高管均构成传播淫秽物品牟利罪,对该公司处以1000万元罚金,对王某等4名被告人判处3年至3年6个月不等的有期徒刑。[1]2017年8月,广东省网信办对腾讯公司微信公众号平台存在用户传播暴力恐怖、虚假信息、淫秽色情等危害国家安全、公共安全、社会秩序的信息问题立案调查,对腾讯公司处以50万元罚款。[2]2017年9月,北京市网信办又就新浪微博对其用户发布传播淫秽色情信息、宣扬民族仇恨信息以及百度贴吧对其用户发布传播淫秽色情信息、暴力恐怖信息未尽到管理义务的违法行为,分别作出最高额和从重处罚的决定。[3]2017年年底今日头条因传播色情低俗信息被网信办约谈。[4]

2018年5月,全国"扫黄打非"工作小组办公室开展打击利用云盘传播淫秽色情信息专项整治行动,公布了一批典型案例,迅雷、新浪、百度等企业受到行政处罚,一些网盘被关闭

---

[1] 载http://news.ifeng.com/a/20161221/50449740_0.shtml,访问日期:2019年3月15日。

[2] 载http://finance.sina.com.cn/stock/hkstock/ggscyd/2017-09-26/doc-ifymenmt6969792.shtml,访问日期:2019年3月15日。

[3] 载http://it.people.com.cn/n1/2017/0926/c1009-29559304.html,访问日期:2019年3月15日。

[4] 载http://www.sohu.com/a/213554237_100075448,访问日期:2019年3月15日。

整顿。[1]在全国"扫黄打非"工作小组办公室开展的"净网2018"专项行动中，2018年1月至4月，各地共处置淫秽色情等有害信息175万余条，取缔、关闭淫秽色情网站2.2万余个，查办淫秽色情信息案件390余起。2018年6月，全国"扫黄打非"工作小组办公室约谈网易云音乐等网站，要求清理涉色情低俗的自发性知觉经络反映（Automomous Sensory Meridian Response，ASMR）内容。[2]

4. 规范互联网新闻信息传播秩序

为规范新闻来源，2015年5月，网信办首次公布了380家可供网站转载新闻的新闻单位名单（俗称"白名单"），这些单位都属于《互联网新闻信息服务管理规定》中规定的一类和二类新闻单位，不具有采访权的商业网站只能登载"白名单"中新闻单位发布的新闻信息。2015年11月，网信办和国家新闻出版广电总局为14家中央主要新闻网站的首批594名记者发放了新闻记者证。[3]目前能够获得新闻记者证的新闻网站仅限于200多家具备独立编发自采新闻的国家一类新闻网站，商业门户网站不在其中。

2016年7月，网信办发布《关于进一步加强管理制止虚假新闻的通知》，严禁盲目追求时效、未经核实将社交工具等网络平台上的内容直接作为新闻报道刊发。北京网信办对新浪、搜狐、网易、凤凰等网站在提供互联网新闻信息服务中存在的大量自行采编的新闻信息的违法违规行为提出批评，责令限期整

---

[1] 载https://www.thepaper.cn/newsDetail_forward_1470424，访问日期：2019年3月15日。

[2] 载http://news.ifeng.com/a/20180608/58630146_0.shtml，访问日期：2019年3月15日。

[3] 载http://media.people.com.cn/n/2015/1107/c40606-27788133.html，访问日期：2019年3月15日。

改。2016年8月,网信办召开专题座谈会,就网站履行网上信息管理主体责任提出了八项要求。从事互联网新闻信息服务的网站要建立总编辑负责制,总编辑要对新闻信息内容的导向和创作生产传播活动负总责,完善总编辑及核心内容管理人员任职、管理、考核与退出机制;发布信息应当导向正确、事实准确、来源规范、合法合规;提升信息内容安全技术保障能力,建设新闻发稿审核系统,加强对网络直播、弹幕等新产品、新应用、新功能上线的安全评估。

2017年2月,北京市网信办等部门认定梨视频在未取得互联网新闻信息服务资质、互联网视听节目服务资质的情况下,通过开设原创栏目、自行采编视频、收集用户上传内容等方式大量发布所谓"独家"时政类视听新闻信息,责令全面整改,梨视频宣布从时政及突发新闻转型为专注于年轻人的生活、思想、感情等内容。[1] 2017年5月,网信办以一号令发布新修订的部门规章《互联网新闻信息服务管理规定》,主要内容包括:第一,将主管部门由"国务院新闻办公室"调整为"国家互联网信息办公室",增加了"地方互联网信息办公室"的职责规定。第二,调整互联网新闻信息服务许可,分为互联网新闻信息采编发布服务、转载服务、传播平台服务,不同于原来的新闻单位设立采编发布、非新闻单位设立转载和新闻单位设立登载本单位新闻信息的三类互联网新闻单位的管理模式。第三,强化了互联网新闻信息服务提供者的主体责任,明确了总编辑及从业人员管理、信息安全管理、平台用户管理等要求。第四,增加了用户权益保护的内容,规定了个人信息保护、禁止互联网新闻信息服务提供者及其从业人员非法牟利、著作权保护等。

---

[1] 载http://www.sohu.com/a/125718083_533260,访问日期:2019年3月15日。

第五，规定了互联网新闻信息服务提供者的采编业务和经营业务应当分开，非公有资本不得介入互联网新闻信息采编业务。不久，网信办又发布《互联网新闻信息服务许可管理实施细则》，细化"规定"有关条款。这种"规章+规范性文件"组合式立法模式在网信办历史上系首创。2017年10月，网信办出台《互联网新闻信息服务单位内容管理从业人员管理办法》，首次从制度层面明确了从业人员的行为规范，加强教育培训的要求，以及监督管理的措施，把党管媒体的原则贯彻到了新媒体领域。规定了从业人员教育培训制度。网信部门将建立从业人员信用档案和黑名单，记录从业人员的不良从业行为；所在单位也应当依法依约对其给予警示、处分直至解除聘用合同或劳动合同，并报告网信部门。约谈成为网信办运用最为频繁的监管手段之一。2017年5月，北京市网信办针对新浪、网易、凤凰、腾讯等网站屡次在互联网直播中违规提供互联网新闻信息服务的行为，约谈网站相关负责人，责令网站立即停止违法行为，关停违规功能，限期整改。[1]

2018年6月，四川省南充市网信办对于不具有新闻采编资质的四川某法治网工作人员自制"新闻采访"牌子放置于私家车上的行为进行了约谈训诫。[2] 2018年7月，上海市网信办因上海佩柏公司非法组建"新闻采编团队"，在"好奇心日报"网络平台上违规提供时政新闻信息，责令其停止互联网新闻信息服务。[3] 前三季度，各地网信办会同属地电信主管部门依法

---

[1] 载 https://www.thepaper.cn/newsDetail_forward_1680558，访问日期：2019年3月15日。

[2] 载 https://wxn.qq.com/cmsid/20180629B12B1Q00，访问日期：2019年3月15日。

[3] 载 http://media.people.com.cn/n1/2018/0714/c40606-30146895.html，访问日期：2019年3月15日。

关闭"法治山东网""河南环保网""当代中国网"等违规从事互联网新闻信息服务网站；关闭"四川新闻网""合肥新闻在线""中央电视台闻道栏目官网""网信新闻网"等侵权假冒网站。[1]2018年9月，网信办指导北京网信办对凤凰网、凤凰新闻客户端传播违法不良信息，歪曲篡改新闻标题原意，违规转载新闻信息等问题，约谈凤凰网负责人，要求其限期整改。[2]

5. 治理导向错误、格调不高的违法违规信息

整治导向错误和格调不高的信息成为这一时期的互联网信息内容监管重点。2016年2月，因持续发布违法信息，网信办责令新浪、腾讯等有关网站关闭一批"大V"的微博，并重申"七条底线"。[3]2016年6月，网信办开展跟帖评论专项整治，集中清理跟帖评论中违反"九不准"，触犯"七条底线"的违法违规有害信息，加大执法监管力度。[4]

2017年6月，北京市网信办约谈微博、微信等多个社交媒体平台，要求其采取有效措施遏制渲染演艺明星绯闻隐私、炒作炫富享乐、低俗媚俗之风，并封停"严肃八卦""毒舌电影"等25个知名娱乐微信公众号。[5]2017年7月，北京市网信办约谈搜狐、网易、凤凰、腾讯、百度、今日头条、一点资讯等网站的相关负责人，责令网站立即对自媒体平台存在的"曲解政策违背正确导向""无中生有散布虚假信息""颠倒是非歪曲党

---

[1] 载http://www.sohu.com/a/273054373_804671，访问日期：2019年3月15日。

[2] 载http://www.xinhuanet.com/legal/2018-09/26/c_1123487299.htm，访问日期：2019年3月15日。

[3] 载http://www.sohu.com/a/60962195_120004，访问日期：2019年3月15日。

[4] 载http://news.ifeng.com/a/20160623/49222241_0.shtml，访问日期：2019年3月15日。

[5] 载http://www.sohu.com/a/249258265_100249061，访问日期：2019年3月15日。

史国史""格调低俗突破道德底线""惊悚诱导标题党现象泛滥""抄袭盗图版权意识淡薄""炫富享乐宣扬扭曲价值观""题无禁区挑战公序良俗"等八大乱象进行专项清理整治。[1]

2018年1月,花椒直播因在游戏中将港台列为国家,被北京市网信办责令全面整改。因持续传播炒作导向错误、低俗色情、民族歧视等违法违规信息,北京市网信办约谈新浪微博,责令其热搜、热门话题榜等版块暂时下线整改。[2]公安部会同其他部门对各大视频网站在儿童频道中播放"邪典片"的行为进行了查处。[3]2018年2月,网信办对网络直播平台和网络主播进行专项清理整治,关停一批严重违规、影响恶劣的平台和主播。针对一些网络账号炒作明星绯闻隐私的行为,网信办会同相关部门对热衷炒作、涉嫌违法违规的各类主体进行全面排查清理和综合整治。[4]2018年4月,国家新闻出版广电总局发现"今日头条"推送的"内涵段子"客户端软件和相关公众号存在导向不正、格调低俗等突出问题,责令永久关停;[5]网信办责令今日头条、凤凰新闻、天天快报等APP暂停下载服务。[6]今日头条随即整改,并招募4000名审核员。北京市网信办等部门就部分在京东网上售卖违法违规出版物及印刷品,约

---

[1] 载http://www.cinic.org.cn/yq/csyq/392673.html,访问日期:2019年3月15日。

[2] 载https://tech.sina.com.cn/i/2018-01-14/doc-ifyqqieu6483989.shtml,访问日期:2019年3月15日。

[3] 载http://www.sohu.com/a/218376798_691938,访问日期:2019年3月15日。

[4] http://ent.163.com/18/0214/07/DAJCV14J00038FO9.html,访问日期:2019年3月15日。

[5] 载http://www.sohu.com/a/227868032_570245,访问日期:2019年3月15日。

[6] 载https://www.sohu.com/a/227828104_394969,访问日期:2019年3月15日。

谈其负责人并责令整改。[1]新浪视频、爱奇艺等因提供恶搞视频被文化市场监管部门处罚。全国"扫黄打非"工作小组办公室召集多家互联网企业，要求网络直播及短视频企业加强内容管理。[2]

2018年5月，因侮辱、诽谤侵害英雄烈士形象，今日头条对"暴走漫画"账号进行了封禁。新浪微博也集中清理、关闭"暴走漫画"等多个严重违规账号。[3]2018年6月，网信办因传播涉未成年人低俗不良信息的行为谈约美拍，要求其暂停有关算法推进功能，以正确价值观指导算法。[4]北京市网信办、市工商局对抖音等公司在搜狗引擎投放的广告中出现侮辱英烈内容，联合约谈上述企业，责令其整改。[5]2018年7月，网信办会同其他五部门开展网络短视频行业集中整治，处置Bilibili、秒拍等一批违法违规平台。[6]2018年8月，国家新闻出版广电总局要求北京市文化市场行政执法总队对快手、抖音传播违法内容的行为作出处罚。[7]

---

[1] 载 https://news.china.com/socialgd/10000169/20180402/32265468.html，访问日期：2019年3月15日。

[2] 载 http://www.techweb.com.cn/internet/2018-04-02/2651596.shtml，访问日期：2019年3月15日。

[3] 载 http://www.sohu.com/a/227066704_313745，访问日期：2019年3月15日。

[4] 载 http://news.ifeng.com/a/20180604/58570597_0.shtml，访问日期：2019年3月15日。

[5] 载 http://finance.sina.com.cn/7x24/2018-07-01/doc-ihespqry0507823.shtml，访问日期：2019年3月15日。

[6] 载 https://baijiahao.baidu.com/s?id=1607146720564737807&wfr=spider&for=pc，访问日期：2019年3月15日。

[7] 载 https://news.china.com/socialgd/10000169/20180815/33574230.html，访问日期：2019年3月15日。

6. 整治互联网广告

2016年,针对互联网广告违法率较高,隐蔽性较强的问题,相关部门展开了一系列监管。2016年5月,魏则西事件引发了全社会关于百度搜索引擎竞价排名广告的大讨论,网信办等部门派调查组进驻百度,并开展网址导航网站专项治理。[1]2016年6月,网信办发布《互联网信息搜索服务管理规定》,引入了"付费搜索信息服务"和"商业广告信息服务"两个概念,要求互联网信息搜索服务提供者醒目区分自然搜索结果与付费搜索信息。2016年7月,国家工商行政管理总局(已撤销)发布《互联网广告管理暂行办法》,明确"推销商品或服务的付费搜索广告"属于互联网广告,网络广告必须有"可识别性",自然人在内的自媒体也视为广告发布者,在自己的微博、朋友圈里发布违法广告也将承担相应的法律责任,并对互联网广告联盟的三方责任作了规定。2018年2月,国家工商行政管理总局(已撤销)发布《关于开展互联网广告专项整治工作的通知》,以社会影响大、覆盖面广的门户网站、搜索引擎、电子商务平台、移动客户端和新媒体账户等互联网媒介为重点,集中整治虚假违法互联网广告。2018年3月,北京市工商行政管理局海淀分局(已撤销)以"二跳"广告违法为由对今日头条作出了近百万元的行政处罚。[2]2018年4月,国家市场监督管理总局发布2018年第一批典型虚假违法广告案件,今日头条APP因发布多条未取得医疗广告审查证明的医疗广告被工商部门责令停

---

[1] 载http://www.cac.gov.cn/2017-09/15/c_1121669885.htm,访问日期:2019年3月15日。

[2] 载http://www.sohu.com/a/227259729_561670,访问日期:2019年3月15日。

止发布相关广告,并被处罚。[1]据统计,2018年上半年,全国工商、市场监管部门共查处互联网广告案件8104件,同比增长64.2%,罚没金额11 668.7万元,同比增长17%。[2]2018年11月,今日头条在未取得医疗广告审查证明的情况下发布医疗广告,被处罚300万元。[3]瓜子二手车在乐视网上发布的网络广告因含有"遥遥领先"宣传语被海淀工商分局认定为违反广告法,罚款1250万元。[4]

7. 打击互联网谣言、网络敲诈和有偿删帖

2014年7月,网信办、工信部、公安部集中部署打击利用互联网造谣、传谣行为,已关停整改一批谣言较为集中且疏于管理的网站,查处多名利用互联网造谣、传谣人员。[5]2014年11月,北京市朝阳区人民法院判决北京尔玛天仙文化传播有限责任公司、杨某宇(网名"立二拆四")等以营利为目的,通过信息网络有偿提供删除信息服务,在明知是虚假信息的情况下仍有偿提供发布信息服务,构成非法经营罪。[6]2015年1月,网信办、工信部、公安部、国家工商行政管理总局(已撤销)联合启动"网络敲诈和有偿删帖"专项整治行动,并公布了十

---

[1] 载http://finance.ifeng.com/a/20180426/16207540_0.shtml,访问日期:2019年3月15日。

[2] 载http://www.cs.com.cn/cj/hyzx/201807/t20180720_5844689.html,访问日期:2019年3月15日。

[3] 载http://www.sohu.com/a/278733334_100035791,访问日期:2019年3月15日。

[4] 载http://it.people.com.cn/n1/2018/1205/c1009-30443344.html,访问日期:2019年3月15日。

[5] 载http://politics.people.com.cn/n/2014/0722/c1001-25321271.html,访问日期:2019年3月15日。

[6] 载http://news.163.com/14/1118/10/ABAVRLKJ00014JB5_all.html,访问日期:2019年3月15日。

大典型案例，包括 2014 年备受关注的上海 21 世纪网涉敲诈勒索案，以及中共中央对外宣传办公室原副局长高某云利用职务之便为某公司删除网上负面报道等提供帮助被立案调查等。[1]中央网信办（国家网信办）违法和不良信息举报中心专门开设了网络敲诈和有偿删帖举报专区。仅一个月，中央网信办（国家网信办）违法和不良信息举报中心就接到网民举报"网络敲诈和有偿删帖"违法行为 2091 件。至 2015 年 8 月，有近 300 家网站和超过 115 万个社交网络账号被官方关闭。[2]

（四）监管特点

这一时期互联网信息内容监管有四个特点：

1. 网络立法出台频繁、覆盖广泛

从法律位阶来看，既有高位阶的《网络安全法》，也有规章和规范性文件。而且经常是上位法出台的同时或者不久后，就有与之相配套的下位法出台，形成"组合拳"，增强可操作性。从监管对象来看，涵盖了互联网各种新技术、新应用，包括了违法、违规、导向错误、格调不高等各种情形。

2. 立法和运动式执法紧密配合

一项新立法出台后，往往会加大相应的执法力度，比如：公布一批典型案例，从重从严（高额甚至顶格）处罚，在短期内形成高压打击的态势。

3. 强化网络平台的主体责任

网络平台承担了种类繁多的义务，包括：确保用户身份真实的义务、安全保护义务、发现违法信息处置义务、保存记录

---

[1] 载 http://www.cac.gov.cn/2015-04/20/c_1114998239.htm，访问日期：2019 年 3 月 15 日。

[2] 载 http://china.cnr.cn/ygxw/20150821/t20150821_519610917.shtml，访问日期：2019 年 3 月 15 日。

和提供记录的义务、数据本地化义务、向有关主管部门举报义务、配合执法和司法的义务、处理投诉举报和化解纠纷的义务、个人信息保护义务、信息披露义务、信用评价义务、保护知识产权义务等。

4. 监管手段转变，开始重视执法程序

除了传统的处罚之外，监管主体也频繁运用相对柔性的约谈机制，在采取强制手段之前先和互联网企业进行沟通协商。此外，在行政程序上也有所规范，如：《互联网信息内容管理行政执法程序规定》对互联网信息内容执法程序作了详细规定。《具有舆论属性或社会动员能力的互联网信息服务安全评估规定》中规定，网信部门和公安机关开展现场检查原则上应当联合实施，不得干扰互联网信息服务提供者正常的业务活动。

三、我国互联网信息内容监管的发展趋势

透过 2008 年—2018 年这十年互联网信息内容监管的历史，结合互联网产业的走向，我们大致可以预测出未来一段时间内互联网信息内容监管的发展趋势。

（一）实现网络安全和互联网产业创新发展的平衡

没有网络安全就没有国家安全。从监管理念来看，维护网络安全（包括关键信息基础设施安全、网络内容安全、网络信息安全等）始终是我国互联网立法和政策制定的基石，也是监管的基本底线。然而，在信息内容监管领域，存在着一些不确定的概念，比如低俗、格调不高、导向不正确等，如果把控过严，不区分具体情况，搞"一刀切"，就会抑制互联网产业的创新和发展，削弱我国在信息技术领域的国际竞争力。因此，在互联网信息内容监管领域，我国未来需要制定出更加合法、民主、科学、细致的监管标准，实行分类监管，精细化监管，对

新事物要有一定包容度，实现网络安全和互联网产业创新发展的平衡。

（二）从政府监管到合作治理

监管（Regulation）和治理（Governance）具有不同的内涵。传统的政府监管强调政府的控制和主导地位，监管工具主要是设定许可、限定禁止内容、设定媒体的各种义务等，以干预行政为主。而治理内涵更丰富。根据 2005 年联合国互联网治理工作小组（Working Grouon Internet Govemance，WGIG）的定义，治理是指各国政府、私营部门和民间社会根据各自的作用制定和实施旨在规范互联网发展和使用的共同原则、准则、规则、决策程序和方案。[1]因此，治理强调多主体的协调、合作、互动，综合运用政府监管、合作监管、自我监管等多种机制。互联网产业具有很强的技术性和创新性，新的问题层出不穷，在监管机关人力和技术水平都有限的情况下，仅靠监管机关的刚性监管，往往成本很高，而且效果不佳。在我国政府大力推行简政放权的背景下，积极发挥政府、互联网企业、行业协会、社会公众的共同作用，通过合作监管、自我监管等方式能够降低监管成本，提升监管效果。其中政府应当扮演的角色包括：设定最低标准，召集多方协商机制，支持和鼓励各方主体参与协商，提升其参与协商的能力，以及进行最终的监督。政府和企业应该共同制定标准，共同执行，同时发挥行业协会自律、公民投诉举报等机制作用，才符合合作治理的要求。

合作治理需要合理界定网络平台的责任边界，既要有助于监管主体实现监管目标，又要把网络平台的义务控制在一个合比例的范围内，在立法时需要充分运用比例原则，从适当性、

---

[1]《信息社会突尼斯议程》，载 http://www.un.org/chinese/events/wsis/agenda.htm，访问日期：2019 年 3 月 15 日。

必要性、均衡性三个层面来进行权衡。

（三）从集中整治到常态化监管

从互联网信息内容监管的执法实践来看，运动式执法占主导地位，如扫黄打非净网行动、清理整治网络视频有害信息的专项行动、网络弹窗专项整治行动、网络敲诈和有偿删帖专项行动等，公布了一批典型案例，处罚了一批企业，在短期内抑制了违法的势头。然而，这种运动式执法往往是集中执法力量在一段时间内从重从快打击违法行为，体现政府对某类违法行为严惩的决心，比较容易取得立竿见影的效果。但也容易出现选择性执法、滥用裁量权等问题，弱化了法律权威，有损政府的信用，治标不治本。运动式执法的盛行，反映了日常监管机制的失灵，也容易偏离法治的轨道。因此，监管机关应当转变观念，积极运用大数据、人工智能等技术，从依赖突击和集中整治的粗放型监管模式向依靠多方参与、建立长效机制和加强技术手段的监管模式转变。

网络人权的理论和制度：国际经验及对我国的启示[*]

在这个互联网技术和应用飞速更新的时代，网络和人权的关系更加紧密。网络具有开放性、全球性、交互性、虚拟性，一方面大大拓展了人们的政治、经济、文化等人权行使的空间，另一方面，其具有的信息海量、把关人缺失、传播迅速等特性又为违法不良信息的传播开启了方便之门，容易给国家安全、公共秩序和个人权利造成威胁。因此，如何保障和依法限制网络人权成为一个全球关注的热点课题。我国学界目前对于网络人权的研究较少，而国际社会对于网络人权的理论阐释以及制度建构都已有不少成果。本文从国际视野研究了网络人权的概念、研究现状和性质，网络人权的理论基础，网络人权保护和限制的制度建构实践，并从中总结出我国可以借鉴的经验，以期对提升我国互联网治理水平、增进网络人权的国际对话提供有益参考。

一、网络人权概述

（一）网络人权在国际组织的提出和发展

在国际上，网络人权一般被称为 Human Rights on Internet，是线下的传统人权在网络空间的衍生。2003 年在日内瓦举办的信息社会高峰会议（World Summit on the Information Society, WSIS）报告认为，在充分尊重《世界人权宣言》的基础上要保

---

[*] 本文为中国人权研究会课题"网络人权研究"的成果。秦浩轩、张好、黄子洋、莫语凡同学对本文亦有贡献，在此致谢。

障人们在互联网上获得信息的权利。[1] 2011 年 5 月,联合国特别报告员 Frank La Rue 向联合国人权委员会作了"表达自由和互联网"的报告。此后,国际人权会议多次从人权角度审视和讨论互联网治理问题,比如 2011 年内罗毕召开的第六届互联网治理论坛(Internet Governance Forum,IGF)强调,接近互联网以及免费使用互联网的机会是一项基本人权。2011 年 9 月,欧洲委员会 47 个国家发布"网络治理指导原则宣言"(Declaration on Guiding Principle on Internet Governance),认为互联网治理应当依据国际人权法,保障基本人权,确保其普遍性、不可分割、互相依赖、互相联系。[2] 2012 年 6 月,联合国人权理事会通过《促进、保护和享有网络人权的决议》(Resolution on the Promotion,Protection and Enjoyment of Human Rights on the Internet),申明根据《世界人权宣言》第 19 条以及《公民权利和政治权利国际公约》第 19 条,人们在互联网下所享有的权利在互联网上同样应该得到保护,尤其是言论自由,这项权利不论国界,可以通过自主选择的任何媒介行使;确认互联网作为加速各种形式的发展进程的驱动力所具有的全球性和开放性;呼请所有国家促进和便利上网,为在所有国家发展媒体及信息和通信设施开展国际合作;鼓励特别程序适当在其现有任务内考虑到这些问题;决定根据理事会工作方案,继续审议在互联网上和其他技术领域增进、保护和享有人权,包括言论自由权的问题,以及如何使互联网成为一项重要发展工具及行使人权的重要工具

---

〔1〕 《信息社会高峰会议原则宣言》,载 http://www.itu.int/dms_pub/itu-s/md/03/wsis/doc/S03-WSIS-DOC-0004!! PDF-C.pdf,访问日期:2016 年 10 月 27 日。

〔2〕 Wolfgang Kleinwächter,*Human Rights and Internet Governance*,载 http://dl.collaboratory.de/mind/mind_04berlin.pdf,访问日期:2016 年 10 月 27 日。

的问题。[1]2012年联合国在阿塞拜疆举办的互联网治理论坛的报告以及2014年联合国在伊斯坦布尔召开的IGF的会议报告中,都强调"互联网对基本人权的保护",即通过互联网作为一种手段来更好地保障人权,以及更加充分地保障人们在互联网中所享有的人权。2016年7月,联合国人权理事会第三十二届会议通过《在互联网上促进、保护和享有人权》(Promotion, Protection and Enjoyment of Human Rights on the Internet)的决议,吁请所有国家根据本国关于保证在网上保护表达自由、结社自由、隐私权和其他人权的国际人权义务,解决对于互联网的安全关切,包括通过国内民主和透明的机构,以法治为基础,采取确保互联网自由和安全的方法,使之能够继续充当带动经济、社会和文化发展的有生力量。[2]

从网络人权在国际组织的发展演变来看,网络人权的内涵逐步从笼统到具体,从强调其为一项基本人权到强调政府的保障义务,并且强调互联网上的人权保护与民主和法治的关联。

(二)网络人权的国际研究现状

纵观国外文献,对网络人权的研究可以分为三个阶段:

1.1990年至2000年:网络人权研究的兴起阶段

随着1992年布什政府宣布进行美国信息高速公路建设计划,美国的互联网开始快速发展,与此同时,互联网所带来的各种问题也引起了社会各界的担忧,探讨网络人权的论著开始相继出版。David R. Johnson 和 David G. Post 的《法律和边界:

---

[1] Resolution on the Promotion, Protection and Enjoyment of Human Rights on the Internet,载http://ap.ohchr.org/documents/dpage_e.aspx?si=A/HRC/RES/20/8,访问日期:2016年10月27日。

[2] Promotion, Protection and Enjoyment of Human Rights on the Internet,载http://www.un.org/ga/search/view_doc.asp?symbol=A/HRC/32/L.20,访问日期:2016年10月27日。

互联网空间法律的兴起》中指出信息自由流动是一种受到保护的人权〔1〕。T. Cochrane 在《网络空间的国家法律：成为压制互联网人权报告的动因》中探讨了政府压制网络关于酷刑报道对于表达自由和信息自由的侵犯。〔2〕Lawrence Lessig 出版了《网络空间法则》一书，讨论了互联网对于版权、言论自由和隐私权的挑战及规制的问题。〔3〕S. Hick、E. F. Halpin 以及 E. Hoskins 合作出版了《人权和互联网》一书，收录多篇文章，首次较为全面地对人权与互联网在欧洲、亚洲、南美洲、非洲的发展情况，互联网与儿童权利、受教育权、隐私权、表达自由等关系进行了介绍和探讨。〔4〕此阶段网络人权研究的特点是：对于网络人权的内涵和外延作了一些初步的描述性界定，也开始研究如何平衡网络上不同权利的关系，但总体研究还不够系统深入。

2. 2001 年至 2009 年：网络人权研究的发展阶段

随着互联网的进一步发展及其带来的挑战的增多，学界的研究范围逐渐拓展，开始关注对互联网的限制，互联网与民主、治理、外交的关系，如何保护网络人权等问题。研究视角也更加多元，包括法学、政治学、社会学等。Stuart Biegel 在《超越我们的控制：面对网络空间的法律制度的不足》一书中指出了网络空间面临的四大问题：网络恐怖主义、版权、消费者网络欺诈、

---

〔1〕 David R. Johnson and David G. Post, "Law and Borders-The Rise of Law in Cyberspace", *Stanford Law Review*, 48 (1996).

〔2〕 T. Cochrane, "The Law of Nations in Cyberspace Fashioning a Cause of Action for the Suppression of Human Rights Reports of the Internet.", *Michigan Telecommunications & Technology Law Review*, 4 (1998), 157.

〔3〕 Lawrence Lessig, *Code and Other Laws of Cyberspace*, New York: Basic Books, 2000.

〔4〕 S. Hick, E. F. Halpin and E. Hoskins, *Human Rights and the Internet*, New York: St. Martin's Press, 2000.

在线憎恨性言论,并提出规制方案。[1] A. N. Selian 在《信息通信技术在人权、民主和善治中发挥的作用》一文中分析了信息和通信技术（ICT）在人权保护中的作用,强调个人、非政府组织、各国政府、国际组织应该利用 ICT 技术发展人权外交,积极互动交流。[2] Balkin J. 认为数字时代的言论自由将改变民主文化。[3] Molly Michael L. Best 在《互联网能否成为一种人权?》一文中指出,互联网可以成为一种人权,因为其大大拓展了表达自由。[4] Beutz Land 在《保护在线权利》中指出,通过灵活协调机制来加强人权与获得知识行动之间的联系。[5] Joanna Kulesza 在《全球信息社会中的表达自由:互联网人权宣言的问题》中探讨了 IGF 的产生和发展,以及 ICCAN 被美国控制的问题。[6]

3. 2010 年至今:网络人权研究的多元化阶段

随着全球进入移动互联网时代,研究转向为移动互联网的人权、人权与规制的平衡、网络中立等。Aleksey Ponomarev 在《平衡互联网规制与人权》论文中探讨了对互联网规制应当采用法

---

〔1〕 Stuart Biegel, *Beyond Our Control? Confronting the Limits of Our Legal Systems in the Age of Cyberspace*, Cambridge: The MIT Press, 2001.

〔2〕 A. N. Selian, ICT in Support of Human Rights, Democracy and Good Governance. Geneva: International Telecommunications Union, 2002.

〔3〕 Balkin J., "Digital Speech and Democratic culture: a Theory ofFreedom of Expression for the Information Society", *New York University Law Review*, Vol 79: 1, 载 http://www.yale.edu/lawweb/jbalkin/telecom/digitalspeechanddemocraticculture.pdf., 访问日期: 2016 年 10 月 27 日。

〔4〕 Michael L. Best, "Can the Internet be a Human Right?", *Human Rights & Human Welfare*, 4 (2004).

〔5〕 Molly Beutz Land, "Protecting Rights Online", *Yale Journal of International Law*, 载 http://ssrn.com/abstract=1295448., 访问日期: 2016 年 10 月 27 日。

〔6〕 JoannaKulesza, "Freedom of Information in the Global Information Society: The Question of the Internet Bill of Rights", *University of Warmia and Mazury in Olsztyn Law Review*, 1 (2008), pp. 81~95, 载 http://ssrn.com/abstract=1446771, 访问日期: 2016 年 10 月 27 日。

律和技术规制手段,考虑有效性、成本、人权因素。[1] Richard Fontaine 和 Will Rogers 在《互联网自由:虚拟时代的外交政策规则》中指出,网络人权包括隐私权、表达自由、获得信息和知识的权利,但更关注表达自由。互联网治理应通过多方利益主体的参与和对话,包括:公民社会组织、政府、私人企业、国际组织、个人。[2] Luca Belli Matthijs van Bergen 讨论了网络中立对于人权的推动作用。[3] Joy Liddicoat 和 Avri Doria 讨论了人权和互联网协议在基本原则上的相似性,如:责任、平等、非歧视、参与、责任、自由等。[4] Belli L. 探讨了通过网络中立来保护终端用户(end‐users)的人权。[5] Ian Brown 和 Christopher T. Marsden 探讨了互联网治理需要加强公共产品的竞争性供给,包括:创新、公共安全和基本民主权利。[6] Alec Ross 回顾了互联网自由的发展历史,并指出其未来发展路向。[7]

---

〔1〕 Aleksey Ponomarev, "Balancing Internet Regulation and Human Rights", *Master Thesis, Stockholm University*, 2010.

〔2〕 Richard Fontaine, Will Rogers, "Internet Freedom: A Foreign Policy Imperative in the Digital Age", *Center for a New American Society*, June 2011.

〔3〕 Luca Belli Matthijs van Bergen, Protecting Human Rights through Network Neutrality: Furthering Internet Users' Interest, Modernising Human Rights and Safeguarding the Open Internet, Steering Committee on Media and Information Society (CDMSI) 4th meetingStrasbourg 3–6, December 2013, CDMSI (2013) misc 19E.

〔4〕 Human Rights and Internet Protocols: Comparing Processes and Principles, Council of Europe, Internet Governance, Council of Europe Strategy 2012–2015, CM (2011) 175 final, March15, 2012, paragraph I. 8. e, 载 https://wcd.coe.int/ViewDoc.jsp? id=1919461., 访问日期:2016年10月27日。

〔5〕 Belli L., "Council of Europe Multi-Stakeholder Dialogue on Network Neutrality and Human Rights", *Outcome Paper*, June 2013.

〔6〕 Ian Brown and Christopher T. Marsden, *Regulating Code: Good Governance and Better Regulation in the Information Age*, Cambridge: MIT Press, 2013.

〔7〕 Alec Ross, "Internet Freedom: Historic Roots and the Road Forward", *SAIS Review*, 30 (2010), pp. 3~15.

综观国际网络人权研究成果，呈现两个特点：

第一，研究成果较为丰富，既有学术著作、论文，还有大量的研究报告、会议报告。

第二，视角较为多元。既有从法律角度的研究相关权利如何保障、互联网如何规制的问题，也有从国际政治、外交等层面的研究，研究互联网对于国际政治格局的影响、民主的促进、互联网政策制定以及反恐、人道主义等问题。

(三) 网络人权的性质

网络人权究竟是一项独立的权利还是一系列权利的集合，主要存在两种观点：少数学者认为，由于《世界人权宣言》制定的时候互联网并不存在，如今随着互联网对于人权的作用日益明显，从互联网中获得信息的权利能够作为一种独立的人权存在并且受到保护，应当独立成为互联网人权（Internet Human Rights）。[1]

多数学者认为网络人权并非独立权利，而是若干传统权利的集合，但对关于究竟包含了哪些权利存在着不同的理解。Aleksey Ponomarev 认为网络人权包括表达自由、隐私权、文化多样性、受教育权、获取知识的权利（The Right to Access to Knowledge）等多种传统人权。[2] 2007 年在意大利召开的"网络权利对话论坛"上首次提出"网络权利"（Internet Rights）这一概念，提出网络权利包括：网络中立（Network Neutrality）、协调性（Interoperability）、互联网代码的全球可达性（Global Reachability of all Internet Codes）、使用公开模板和标准（the Use of

---

〔1〕 Alec Ross, "Internet Freedom: Historic Roots and the Road Forward", *SAIS Review*, 30 (2010), pp. 3~15.

〔2〕 Aleksey Ponomarev, "Balancing Internet Regulation and Human Rights", Stockholm University Department of Law Master Program in Law and Information Technology, 2009-2010, Course B Thesis, 载 http://ssrn.com/abstract=1990182, 访问日期：2016 年 10 月 27 日。

Open Formats and Standards)、公众获取知识（Public Access to Knowledge）、信息的自由流动（Freedom of Flow of Information）、创新和遵循面向市场的原则的权利（the Right to Innovation and Compliance with the Market-orientated Principles），比如公平和竞争性在线市场（Right to Fair and Competitive Online Market）以及消费者权利（Consumer Rights）。时任美国国务卿的希拉里在乔治·华盛顿大学发表演讲，提出了"网络自由"（Internet Freedom）这一概念，强调网络自由包括：表达自由、集会自由、结社自由、宗教信仰自由等。[1]

笔者赞成第二种观点，因为网络本质上是一种媒介，不同的人权在互联网上和实际生活中虽然表现形式不同，但本质都是一样的。随着"互联网+"时代的到来，网络和现实的融合日益密切，很难将线上和线下的人权绝对区隔开来，因此没有必要把网络人权作为一种独立的权利加以单独强调。但是由于网络人权和传统人权毕竟有着不同的表现形式，因此研究其特点和保护对策仍十分必要。

按照联合国《国际人权宪章》的标准，网络人权可以划分为两类：第一类是公民权利和政治权利，包括网络表达权、网络结社自由、网络集会自由、网络宗教信仰自由、网络监督权、网络知情权、网络参与公共事务权、网络隐私权、网络名誉权等，主要是消极权利，即不受政府任意干涉的权利；第二类是经济、社会和文化权利，包括通过网络保障受教育权、文化多样性、获取知识的权利等，这些权利属于积极权利，即需要政

---

[1] Hillary Rodham Clinton, "Internet Rights and Wrongs: Choices & Challenges in a Networked World", The George Washington University, Washington（February 15, 2011），载 http://www.state.gov/secretary/rm/2011/02/156619.htm., 访问日期：2016年10月27日。

府采取措施积极加以保障的权利。

三、网络人权保护和限制的基本理论

网络人权作为一种权利，政府有义务进行保护。然而任何权利都不是绝对的，都有一定的边界，因此对其进行限制也是国际通例。目前国际社会争议较大的问题是，对于网络人权是应该更多地强调自由和人权保护，还是更多地强调责任和限制。主要的代表理论有三种：

（一）网络自由论

1996年，John Peny Barlow 在线上讨论社区发表了"致各国政府的一封信"（也称"虚拟空间独立宣言"），宣称"你们在这里不受欢迎，在这里你们并不拥有主权，你们也没有伦理意义上的统治权，而且，你们也没有任何手段使我们感到必须受制于你们。这个网上世界并不在你们的边界以内。"他把互联网当成是一个虚拟世界，是一个无组织、无政府、无国界的数字空间，永远不受政府管辖。其后，以美国为代表的国家明确提出了网络自由理论（Internet Freedom），并将其作为主要外交政策之一。2010年，Ross Alec 系统论证了网络自由的历史渊源和发展路径；[1] 2011年，美国国务卿希拉里在乔治·华盛顿大学演讲中正式提出了"网络自由"这一概念。[2] 网络自由论者主张将网络自由分为两种：一种是网络上的自由（Freedom of the Internet），包括网络表达自由、网络集会自由和网络结社自由，

---

[1] Alec Ross, "Internet Freedom: Historic Roots and the Road Forward", *SAIS Review*, 30 (2010), pp. 3~15.

[2] Hillary Rodham Clinton, "Internet Rights and Wrongs: Choices & Challenges in a Networked World", The George Washington University, Washington (February 15, 2011), 载 http://www.state.gov/secretary/rm/2011/02/156619.htm.，访问日期：2016年10月27日。

是表达自由、集会自由、结社自由等基本人权在互联网上的延伸。另一种是通过网络实现自由（Freedom via the Internet），即通过互联网帮助一些个人从极权主义走向民主。[1]但这一理论也受到批评，认为该理论缺乏明确的定义[2]和确定的路径。[3]该政策实际上有两个关键点：一是认为表达自由能够引发"亲美革命",[4]二是公司企业在保障表达自由方面的地位高度模糊。[5]

（二）网络规制论

国际的主流观点是主张网络人权要受到一定限制，但论证的理由各有不同，主要有三个：

（1）网络主权说。2003年联合国在日内瓦召开的 WSIS 上发布了《日内瓦原则宣言》，提出：与互联网有关的公共政策问题的决策权是各国的主权。对于与互联网有关的国际公共政策问题，各国拥有权利并负有责任。[6]

（2）共同责任说。2005年，联合国互联网治理工作组提出，网络治理是指国家、私人部门和公民社会在他们各自角色范围内制定和执行的原则、标准、规定、决策程序以及规范互联网发展和使用的共同计划。强调了不同主体在互联网治理中的共同责任，为网络限制提供了一定的理论依据。

---

[1] Richard Fontaine, Will Rogers, "Internet Freedom: A Foreign Policy Imperative in the Digital Age", *Center for a New American Society*, June 2011.

[2] McCarthy D. R., "Open Networks and the Open Door: American Foreign Policy and the Narration of the Internet", *Foreign Policy Analysis*, 7 (2011), pp. 89~111.

[3] Ian Brown and Christopher T. Marsden, *Regulating Code: Good Governance and Better Regulation in the Information Age*, Cambridge: MIT Press, 2013.

[4] Joseph S. Nye, "Get Smart: Combining Hard and Soft Power", *Foreign Affairs*, 88 (2009), pp. 160~163.

[5] Rebecca Mac Kinnon, *Consent of the Networked: The World-wide Struggle for Internet Freedom*, New York: Basic Books, 2012.

[6] Declaration of Principles, 2003.

(3) 影响巨大说。比如：欧洲人权法院早在 2011 年 Editorial Board of Pravoye Delo and Shtekel v. Ukraine 判决中指出，互联网在存储和传递信息方面与传统的纸媒不同，互联网在全世界拥有数十亿用户，互联网上的内容对于人权的影响要更为巨大，因此对其规制应有别于传统纸媒，受到更多的限制。[1]

（三）网络中立论

网络中立（Network Neutrality），是指在法律允许的范围内，所有互联网用户都可以按自己的选择访问网络内容、运行应用程序、接入设备、选择服务提供商。这一原则要求平等对待所有互联网内容和访问，防止运营商从商业利益出发控制传输数据的优先级，保证网络数据传输的"中立性"。自 1996 年起，以哥伦比亚大学法学院教授 Tim Wu、万维网发明者 Tim Berners Lee、互联网协议的共同发明者 Vinton G. Cerf 为代表，认为互联网中为社区免费提供服务的宽带网络，应当对多数人配置的设备和使用的通信模式保持中立，且不因一种通信而降低另一种通信的服务等级，以确保互联网"非歧视性的互联互通"。[2] 该学说主要是防止通信运营商从技术层面阻止互联网的信息流动，确保平等使用互联网。

比较以上三种理论，笔者认为，第二种理论即网络规制论更为合理。因为无论是从国家主权理论、还是互联网产生的影响来看，网络都应该受到一定的规制，网络人权不是绝对权利。从世界范围来看，很多国家也采取各种机制对网络进行规制，比如澳大利亚采取黑名单制度，越南、白俄罗斯以及我国采取

---

[1] Editorial Board of Pravoye Delo and Shtekel v. Ukraine (Application no. 33014/05).

[2] Network neutrality: Insights gained by juxtaposing the US and Korea, 20th ITS Biennial Conference, Rio de Janeiro, Brazil, 30 Nov. -03 Dec. 2014; The Net and the Internet-Emerging Markets and Policies.

了网络实名制，40个多国家对互联网内容进行过滤。问题的关键是如何把握限制的"度"，这是各国都面临的难题。

三、国际保障和限制网络人权的制度实践

由于网络人权的重要性，各国都强调了对网络人权的保护，同时也允许在一定条件下对其加以限制，对于网络人权的保护和限制的国际经验，有如下三方面值得重视：

（一）对网络人权的限制严格遵循三段论原则

法治发达的国家和地区普遍注重对网络人权的保护，一方面需要政府采取措施积极保护，比如修建和改善网络基础设施，提高网络普及率，从而确保人们通过网络受教育权、获得知识的权利；另一方面，政府在对网络人权进行限制的时候，应当遵循一定的法律边界，不能任性而为。《公民权利与政治权利国际公约》《欧洲人权公约》等国际公约都规定了对表达权、人格权、结社自由等权利进行限制的限制，即限制应该符合"三段论"原则。三段论的三个要求缺一不可，具体内容如下：

1. 为法律所规定（Prescribed by Law）

首先，限制应当有国内法的根据。这里的法包括制定法，也包括判例法。法无明文规定不得限制，这体现了法治原则。

其次，欧洲人权法院在 The Sunday Times v. UK 案中，明确了"为法律所规定"这一标准的两个基本要求是：第一，法律必须可充分获知（Accessible）。公民必须能够在法律规则所适用的一定案件的情况中获得充分指引，最基本的要求是法律要公布。[1]在 Silver 案的判决中，欧洲人权法院认为，英国内务

---

[1] The Sunday Times v. United Kingdom, App. no. 6538/74 (ECtHR, April26, 1979).

部发给各监狱长的有关法令和指示因为没有公布,不能为囚犯所用,其内容在监狱须知的材料上也没有说明,因而不具有可获知性,不具备"为法律所规定"这一要件中"法律"一词的要求。[1]第二,可预见性(Foreseeable)。一项规范除非制定得足够准确从而使公民能够用于调整自己的行为,否则就不能被视为"法律"。法律要想使人们"可以预见"自己行为的后果,就必须在表达上具备准确性。

2. 有正当的目的(Legitimate Aims)

对人权的限制还应当具有正当的目的,即符合公约规定的一个或多个合法目的。比如《公民权利与政治权利国际公约》第19条中规定的合法目的包括:第一,尊重他人的权利或名誉;第二,保障国家安全或公共秩序,或公共卫生或道德。《欧洲人权公约》第10条第二款所提及的目的更加广泛,大致可以区分为三类,第一类属于公共利益,包括国家安定、领土完整或公共安全,防止秩序混乱或犯罪,维护公众健康或公共道德等;第二类属于私人利益,包括保障他人的名誉或权利,防止披露保密获得的消息等;第三类是维护司法的权威和公正无偏。这类目的兼顾公私利益,一方面,维护司法权威和公正无疑是公共利益之所在;另一方面,维护司法的权威和公正又常常关涉诉讼当事人的权利,以及要求不损毁法官个人的名誉。关于人格权的限制,《欧洲人权公约》第8条也规定了合法目的包括:国家安全,公共安全或国家的经济福利的利益,防止混乱或犯罪,保护健康或道德,或保护他人的权利与自由。

3. 为民主社会所必需(Necessary in a Democratic Society)

较之于前两个要件,证明限制是"为民主社会所必需"更

---

[1] Council of Europe (ed.), The exceptions to article 8 to 11 of the European Convention on Human Rights, 1997, p.10.

为关键。这又包含了两个层次的含义：其一，应当有"紧迫的社会需要"（Pressing Social Need）。其二，手段和目的之间充分且相关（Relevant and Sufficient），合乎比例。当涉及国家安全、道德等问题时，成员国有较为宽泛的裁量权（Margin of Appreciation）。就表达权的限制而言，不同类型的表达也会影响到成员国裁量权的大小。从政治表达到艺术表达再到商业表达，呈现为国内裁量范围的递增和欧洲监督力度的递减。因为政治表达具有特殊重要性，构成了民主社会的一个核心特征。就人格权而言，公众人物（Public Figure）及政治家（Politician）由于自愿将其置身于公众监督之下，其名誉权、隐私权要受到更大的限制。[1]三段论的限制原则强调合法性、合目的性以及合比例性，与我国行政法上的比例原则有类似之处。

（二）有效运用合作规制

国际上对于网络领域的规制，主要有三种模式，分别是政府规制（Statutory Regulation）、自我规制（Self-regulation）和合作规制（Co-regulation）。政府规制以国家强制力为基础，体现了政府的干预。[2]自我规制则是一种自律，包括企业自我规制[3]和行业协会的自我规制。[4]政府规制和自我规制代表着规制的两个极端，而合作规制则介于二者之间，是政府与企业、行业

---

[1] Jacobs, White & Ovey, *The European Convention of Human Rights*, New York: Oxford University Press, 2010, pp. 325~328.

[2] Bettina Lange, "Understanding Regulatory Law: Empirical versus Systems-Theoretical Approaches?", *Oxford Journal of Legal Studies*, (1998), pp. 449~450.

[3] John T. Scholz, "Managing Regulatory Enforcement in the Unites States", in Handbook of Regulation and Administrative Law (edited by David Rosenbloom & Richard D. Schwartz), 1994, p. 431.

[4] Cary Coglianese, Evan Mendelson, Meta-Regulation and Self-Regulation, in Robert Baldwin, Martin Cave and Martin Lodge (eds.), Oxford Handbook on Regulation, 2010, pp. 146~153.

协会等以解决问题为导向,共同制定标准,共同寻找对策的过程。[1]合作规制是对传统政府规制的有益补充,能够提高政府规制的能力。[2]

合作规制目前得到越来越多发达国家的提倡。从具体运作上来说,合作规制需要政府、国际组织等规制主体拟定行为规范、原则与政策,最终有赖于企业组织等自律的实施。[3]实际上,合作规制的重心和落脚点是自律,它的最终目标是促使企业等被规制对象高度自治,自觉维护公共利益。

20世纪70年代以来,一些西方国家对政府垂直监管的有效性产生了怀疑,开始寻找替代性的规制方式,并且在理念上也出现了"从管理到治理"的转变(from Government to Governance)。[4]在之后的几十年里,合作规制逐渐产生并发展起来。合作规制一开始主要应用于与经济民生相关的领域,比如食品安全、医疗、烟酒及保险等等。例如,澳大利亚消费者协会(Australian Consumers Association,ACA)和澳大利亚竞争和消费者委员会(ACCC)以合作监管的方式来制定了酒类广告守则。酒精生产商可以开展积极的自律,但其行为同时也要符合一些政府或其他行业外部制定的行为准则,澳大利亚政府和规范竞争的监管机构要参与制定行为准则,要与之协商,并且要和消费者代表组织协商。[5]而在互联网领域,由于网络所涉及

---

〔1〕 [美]朱迪·弗里曼:《合作治理与新行政法》,毕洪海、陈标冲译,商务印书馆2010年版,第34~35页。

〔2〕 Jacob Torfing, *Governance Networks*, in David Levi-Faur (Editor), Oxford Handbook of Governance, New York: Oxford University Press, 2012, p. 103.

〔3〕 李继东:"复合规制:媒介融合时代的规制模式探微",载《国际新闻界》2013年第7期。

〔4〕 张文峰:"西方国家传媒治理中的替代性规制",载《新闻界》2015年第5期。

〔5〕 Christopher T. Marsden, *Internet co-regulation: European Law, Regulation Governance and Legitimacy in Cyberspace*, Cambridge: Cambridge University Press, 2011, p. 54.

范围的广泛性、内容的复杂性和动态性,单纯由政府来进行规制是不符合实际的,而纯粹的自我规制又存在缺陷,因此合作规制就逐渐成为许多国家的选择。

欧盟委员会是合作规制的主要倡导者。2000年,里斯本欧盟理事会峰会提出了改进规制的议题,峰会号召欧盟各机构和成员国采取简化与改进规制的措施。承接此提议,在2001年,欧盟委员会发布了《欧洲治理白皮书》。在这份白皮书中,欧盟提出必须革新其共同体的治理方法,应减少使用从上至下的(Top-down)管理方式,而采用非法律的手段以更有效地执行各项政策,也可以把法定规制与其他非强制性(Non-binding)手段结合起来。并且白皮书也指出,由于规则的制定要考虑技术与市场的变化,从而导致政策与立法也变得复杂、费时,成为一个缺乏灵活性与有效性的行为。科学与技术的发展以及市场的变化,也带来一系列难以预测的问题,需要各领域的专家一同参与到政策制定的过程中。所以,为了提高立法的质量、有效性和简化规制活动,可以将规制的实施引入合作规制的框架之中。[1]此白皮书成为关于欧盟治理的重要文件。

1998年欧盟理事会发出了一份建议文件,对国家层面的传媒领域保护未成年人的自我规制提出了指导意见,此文件是欧盟第一份涵盖所有电子媒体(包括网络视听内容与信息服务)的法规。而在对此建议的评估报告中,欧盟委员会称,合作规制意味着公共规制机构的适度介入,是公共规制机构与产业部门、其他利益相关者相互合作的规制形式,具有灵活性、适应性和效率高的特点,在未成年人保护方面,合作规制常常是达

---

〔1〕 European Commission: "European Governance: A White Paper", Brussels, COM (2001) 428 final, July 25, 2001.

成目标较好的约束机制。[1]

此外，在欧盟2007年颁布的《视听媒体服务指令》（Audiovisual Media Services Directive）中也特别规定，"成员国应该在各自法律所允许的前提下，鼓励在国家层级上使用行业自律与合作规制的方式贯彻本指令的要求"。此指令也是对媒介融合背景下欧盟视听内容传播的最全面的立法。[2]

在美国，虽然传统上对于互联网的规制以自我规制为主，但在涉及未成年人保护的一些高度敏感的问题上，也开始采用合作规制。首先，在刑事层面，1998年《保护儿童不受性侵犯法令》强制要求私营部门揭发违法行为。如果网络服务供应商发现了与儿童色情有关的内容，必须主动向执法机构报告。如果没有报告而被执法部门发现的话，可能会为网络服务提供商带来一笔高额的罚款，第一次是处以5万美元，之后为10万美元。[3]同样，2000年的《儿童互联网保护法》也有类似的要求。这部法案要求公共图书馆如果不能有效地限制人们在图书馆的电脑上浏览色情内容，他们的联邦基金有可能会被撤销。[4]

（三）在网络立法时开展人权影响评估

在人权保障方面，英国、爱尔兰、新西兰、欧盟委员会都在立法之前把该法案对于人权或公民权利的影响作为评估标准

---

[1] Second Evaluation Report from the Committee to the Council and the European Paliament on the Application of Council Recommendation of 24 September 1998 concerning the protection of minors and human dignity, COM（2002）776 final.

[2] 载http://www.wipo.int/wipolex/en/text.jsp?file_id=199673.，访问日期：2016年10月27日。

[3] Protection of Children From Sexual Predators Act of 1998，载https://www.congress.gov/105/plaws/publ314/PLAW-105publ314.pdf.，访问日期：2016年10月27日。

[4] Children's Internet Protection Act of 2000，载http://ifea.net/cipa.pdf.，访问日期：2016年10月27日。

之一。爱尔兰要求评估实施主体应当考虑规制对于宪法和爱尔兰所加入的国际公约（如《世界人权宣言》及《欧洲人权公约》）所规定权利的影响，在保护个人自由和增加社会福利之间保持平衡。[1]欧盟委员会也列举了许多规制需要考虑的公民权利，具体包括：①平等权；②财产权；③获得正义的权利；④获得社会保障、健康及教育的权利；⑤隐私权；⑥知情权；⑦犯罪嫌疑人的权利，受害人和目击证人的权利。[2]而英国对于人权的审查规定最为详细，要求评估实施主体根据1998年制定，2000年生效的《人权法》（Human Rights Act of 1998）的规定，对规制是否侵犯人权进行评价。这些权利可以分为三类：一是绝对权利（Absolute Rights），即任何时候都绝对不能被国家限制或剥夺的，如免于酷刑或受到非人道或侮辱性对待及惩罚；二是受限制的权利（Limited Rights），即在明确且限定的情形下可以被限制，如自由权；三是有限权利（Qualified Rights），即需要在个人权利和广泛的国家或社会利益之间求得平衡，如个人隐私和家庭生活受到尊重的权利，宗教和信仰自由、表达权，结社与集会的自由，财产权和教育权等。[3]而评估时，应当遵

---

〔1〕 "RIA Guideline, How to conduct a Regulatory Impact Analysis", Published by Department of the Taoiseach, 载 http://www.Publications_ Archive/Publications_ 2011/Revised_ RIA_ Guidelines_ June_ 2009. pdf, 访问日期：2016年10月27日。

〔2〕 Impact Assessment Guideline, 载 http://ec. europa. eu/governance/impact/commission_ guidelines/docs/iag_ 2009_ en. pdf, 访问日期：2016年10月27日。

〔3〕 该法律将《欧洲人权公约》及议定书中的十六项权利规定为"公约权利"（Conventional Rights），包括：①生存权；②免于酷刑或受到非人道或侮辱性对待及惩罚；③免于奴役或强制性劳动；④自由和人身安全的权利；⑤公正审判的权利；⑥法无规定不受惩罚；⑦个人隐私和家庭生活受到尊重的权利；⑧思想、良心和宗教自由；⑨表达自由；⑩结社和集会的自由；⑪结婚和组成家庭的权利；⑫不受歧视的权利，除非基于正当理由，不得因种族、宗教、性别、政治见解或其他个人地位而受到歧视；⑬财产权；受教育的权利；以及自由选举的权利；⑭教育权；⑮选举权；⑯废除死刑。Making sense of human rights: a short introduction, 载 http://www.

循以下步骤：①判断该规制是否涉及公约权利；②判断该规制是否限制了这些权利；③判断被限制的权利的属性是否属于绝对权利、受限制的权利还是有限权利；④如果属于受限制或有限权利，需要判断这种限制是否在法律所允许的范围内。最后，决定该规制合法还是违法。

四、国际经验对我国的启示

近年来，我国的网络人权保障体系不断完善。根据2016年我国发布的《〈国家人权行动计划（2012-2015年）〉实施评估报告》，截至2015年年底，互联网网民达到6.88亿，互联网人口普及率达到50.3%。网民通过各种互联网平台发表言论，对各级政府的工作提出批评和建议，对公务人员的行为进行监督，对公民的知情权、参与权、表达权、监督权的保障也不断加强。互联网建设也为公民享受文化权利提供了更便捷的条件。2016年《国家人权行动计划（2016—2020年）》也强调要依法保障公民的互联网言论自由，继续完善为网民发表言论的服务，重视互联网反映的社情民意。

但实践中我国网络人权保障也面临一些问题，主要包括：

第一，网络立法层出不穷，但层级不高，且与上位法之间存在一定冲突。例如：自2014年，国务院授权国家网信办负责互联网信息内容管理工作以来，国家网信办发布了一系列互联网监管的规范性文件，包括：《即时通信工具公众信息服务发展管理暂行规定》《互联网用户账号名称管理规定》《互联网信息搜索服务管理规定》《移动互联网应用程序信息服务管理规定》等，对网络服务提供商的义务作了细化和严格的规定。然而，这

（接上页）justice.gov.uk/docs/hr-handbook-introduction.pdf, p.3, 访问日期：2016年10月27日。

些规范性文件中的一些要求与上位法相违背：如《移动互联网应用程序信息服务管理规定》第 7 条中"视情采取警示、限制功能、暂停更新、关闭账号等处置措施"属于行政处罚，却缺乏明确的上位法依据，与《行政处罚法》第 14 条中"规章以下的规范性文件不得设定行政处罚"的要求相违背。而且，由于规范性文件位阶低，难以设定违反义务的法律后果，导致其规制目标难以实现。

第二，网络监管力度的加强容易对网络表达权、监督权、知情权、隐私权等权利造成过度限制。随着网络违法行为数量的不断增加，我国对网络监管的力度也逐渐加大，对网络实名制的推进也引发了社会各界对于个人信息以及表达权保护的担忧。而对网络违法不良信息（淫秽色情、谣言等）的严厉打击，由于执法标准的不统一，也容易对公民正常的表达权、知情权、监督权等权利造成过度干涉。比如 2012 年，重庆职工方某因在微博上发表批评性言论被劳动教养。法院认为，方某在腾讯微博上发表的评论，虽然言辞不雅但不属于散布谣言，也未造成扰乱社会治安秩序的严重后果，更不具备"严重危害社会秩序和国家利益"这一基本要件。国家公务人员对公民基于其职务行为的批评，应当保持克制、包容、谦恭的态度。法院依据被告以原告方某虚构事实扰乱社会治安秩序作出劳动教养一年的决定事实不清、证据不足为由，判决此决定违法。在 2013 年最高人民法院和最高人民检察院联合发布的《关于办理利用信息网络实施诽谤等刑事案件适用法律若干问题的解释》司法解释出台后不久，甘肃省张家川县初三学生杨某因发帖质疑该县一名男子非正常死亡案件有内情，被当地警方援引该司法解释以寻衅滋事罪刑拘，引发社会各界对于该司法解释可能会导致警察滥用公权力的担忧。后杨某被予以行政拘留后获释。

第三，网络监管以集中整治模式为主，常态化、日常化监管机制尚不健全。从国家网信办的监管实践来看，集中整治模式占主导地位。从 2014 年 9 月开始，国家网信办陆续开展了"整治网络弹窗"专项行动、扫黄打非净网行动、清理整治网络视频有害信息的专项行动、网络弹窗专项整治行动、网络敲诈和有偿删帖、跟帖评论专项整治等专项行动，公布了一批典型案例，处罚了一批企业，在短期内抑制了违法的势头。这种集中整治往往是集中执法力量在一段时间内从重从快打击违法行为，体现政府对某类违法行为严惩的决心，比较容易取得立竿见影的效果，但也容易出现选择性执法、滥用裁量权、执法成本太高等问题，弱化了法律权威，有损政府的信用，治标不治本。[1]

笔者认为，国际上对于网络人权的保障和限制的成功经验对我国改进网络人权保障提供了有益参考，我国可以考虑从以下几个方面来改进网络人权保障：

（一）依法保障网络人权，对网络人权的限制应当合法

网络人权是全球各国都重视和保护的基本人权，虽然国际公认的标准是基于国家安全、社会公共安全和他人合法权益的理由，可以对网络人权进行一定的限制，但是也要给限制设定边界。笔者认为，在我国对于网络人权的限制应当遵循以下两个基本原则：

1. 依法行政原则

这一原则包括法律优先和法律保留两部分内容。所谓法律优先是指一切行政活动的法律依据均不得与上位法相抵触，如：行政法规不能违反宪法和法律，部门规章不得与宪法、法律、

---

〔1〕 严春银、吴高学："运动式行政执法现象评析"，载 http://fzb.nc.gov.cn/InfoDetails.aspx?InfoID=89，访问日期：2016 年 10 月 27 日。

行政法规相抵触。例如：上位法已经规定了对某一侵犯隐私权行为的处罚幅度，则下位法只能在此幅度范围内进行处罚，而不能超过该幅度进行处罚，否则就构成违法。而法律保留是指特定的行政行为，必须有法律授权的依据。我国《立法法》第8条规定了只能由全国人大或全国人大常委会制定法律的10类事项，但第9条又规定了："本法第八条规定的事项尚未制定法律的，全国人民代表大会及其常务委员会有权作出决定，授权国务院可以根据实际需要，对其中的部分事项先制定行政法规，但是有关犯罪和刑罚、对公民政治权利的剥夺和限制人身自由的强制措施和处罚、司法制度等事项除外。"换言之，有关犯罪和刑罚、对公民政治权利的剥夺和限制人身自由的强制措施以及处罚、司法制度等事项均属于绝对法律保留的范畴，只能由全国人大或全国人大常委会制定。如果某一行政法规规定了对侵犯网络人权的行为可以判处刑罚，则违背了这一原则。

因此，在保障网络人权时，需要考虑行政行为的依据是否与上位法相抵触，是否存在职权违法、程序违法等情形，该行为是否需要法律保留。

2. 比例原则

产生于19世纪德国警察法的比例原则被尊奉为行政法的帝王条款。比例原则涵盖了适当性、必要性及均衡性三个层层递进、环环相扣的步骤，成为判断行政行为适法性的有效工具。这一原则要求行政权应当考虑手段和目的之间的关系，确保手段能够达到目的且对相对人造成的侵害最小，成本与收益之间成比例。因此，在保护网络人权时，应当考虑是否符合比例原则的要求。如果对某一侵犯网络隐私权的行为，只需通过罚款即可解决，而行政机关采取了行政拘留的手段，则属于不合比例的行为。

（二）实现从网络监管到网络治理的转变

在我国大力推进依法行政，建设法治政府，并推动"互联网+"行动计划的背景下，我国互联网监管应当实现以下四个转变：

1. 从单中心监管到多主体治理的转变

监管（Regulation）和治理（Governance）具有不同的内涵。传统的互联网监管强调政府的控制和主导地位，监管工具主要是设定许可、限定禁止内容、设定互联网服务提供商的各种义务等，以干预行政为主，而互联网治理内涵更丰富。根据2005年联合国互联网治理工作小组（WGIG）的定义，是指各国政府、私营部门和民间社会根据各自的作用，制定和实施旨在规范互联网发展和使用的共同原则、准则、规则、决策程序和方案。[1]因此治理强调多主体的协调、合作、互动，综合运用政府监管、合作监管、自我监管等多种机制。互联网产业具有很强的技术性和创新性，新的问题层出不穷，在互联网监管机关人力和技术水平都有限的情况下，仅靠行政机关的刚性监管，往往成本很高而且效果不佳。在我国政府大力推行简政放权的背景下，积极发挥政府、企业、行业协会、社会公众的共同作用，通过合作监管、自我监管等方式能够降低监管成本，提升监管效果。其中政府应当扮演的角色包括：设定最低标准，召集多方协商机制，支持和鼓励各方主体参与协商，提升其参与协商的能力，以及进行最终的监督。政府和企业应该共同制定标准、共同执行，同时发挥行业协会自律、公民投诉举报等机制的作用，才符合多主体治理的要求。

---

[1]《信息社会突尼斯议程》，载http://www.un.org/chinese/events/wsis/agenda.htm，访问日期：2016年10月27日。

2. 从刚性监管到刚柔并济的转变

互联网治理强调治理手段的刚柔并济，不仅包括行政处罚、行政许可、行政强制等硬法机制，也包括行政指导、行政资助、行政奖励、行政调解等软法和非强制性监管手段，通过利益诱导机制引导行政相对人纠正违法行为，鼓励他们积极创新和提升守法意识。这些柔性监管手段具有平等协商性和自由选择性，从挖掘和满足行政相对人的需求入手，符合民主行政、建设服务型政府的趋势，容易取得行政相对人的认同和配合。行政指导手段更加灵活，运用领域更加广泛，不仅是在行政相对人存在严重违法违规之前可以运用，在其存在轻微违法苗头时，或者为了促成行政相对人事业的发展壮大时均可采用。当然，需要处理好刚性和柔性手段之间的关系，既不能以指导、奖励等柔性手段取代处罚等刚性手段，也不能单纯地一罚了之、以罚代管，而是刚柔并济，采用能够达到行政目标的最佳方式。

3. 从集中整治到常态化监管的转变

实践证明，集中整治模式具有较多弊端，容易导致选择性执法，执法裁量权滥用等情形，因此监管机关应当转变观念，以常态化监管为主，从依赖突击和集中整治的粗放型监管模式向依靠多方参与、建立长效机制和加强技术手段的监管模式转变。同时，科学划分监管机关的权限，合理配置执法力量，推进综合执法；严格遵守执法程序，完善监督制约机制，对监管机关为追求政绩搞集中整治执法而忽略日常执法的行为渎职和行政不作为加大问责力度；建立健全科学的公务员考评机制，将公务员的提升和奖惩与其日常执法绩效相结合。

4. 从重实体、轻程序到树立程序正当理念的转变

程序正义是实现实体正义的前提和保障。互联网监管领域存在着重实体、轻程序的问题，立法决策不够公开透明，监管

程序不周全，与现代法治强调程序正当的理念不相契合。笔者认为，在互联网监管的立法、决策、执法全过程中都应当贯彻程序正当理念。互联网监管机关不仅应当在规范性文件中设计出能够有效保障行政相对人的民主权、参与权、知情权、获得救济权的程序，更应当在出台法律法规和重大行政决策做出之前，按照《国务院关于加强法治政府建设的意见》（已失效）的要求，公开征求意见，鼓励社会公众、利害关系人、专家、行业协会的广泛参与。同时，应当建立行政立法评估制度，对立法和决策的合法性、有效性等问题进行定量和定性分析，引入人权影响评估，及时修改或者废止那些不合时宜的条款。同时，在行政执法中完善执法程序，明确具体操作流程，建立执法全过程记录制度，完善行政执法公示和结果公开制度。

（四）完善保障网络人权的具体制度

1. 完善相关立法

首先，我国还应该尽快出台互联网领域的基本法，或者修改《互联网信息服务管理办法》，对互联网法律关系主体的权利、义务、责任加以明确，细化网络信息的传播规范，网络监管的标准、程序、救济途径，避免出现上位法缺失，下位法任意扩权的问题。

其次，在全面推进网络实名制的同时，应当加强个人信息保护。我国已经在《网络安全法》中加入个人信息保护专章，明确界定了个人信息的范围，个人信息保护的基本原则，网络运营者的个人信息保护的义务，信息主体的删除权、更正权等。但这些规定还有待进一步细化和落实。

再次，在出台相关立法时以及立法实施后，我国可以借鉴国际经验，就该立法对人权的影响进行评估，使得立法在人权保障方面发挥重要作用。

2. 完善网络人权的监管体制

针对我国网络监管中重政府监管，轻合作监管和自我监管的情形，笔者认为：

首先，政府监管部门应当从行业资质、隐私保护、实名注册、备案审核、内容限制等方面对网络服务提供者进行指导和合作，合理界定平台责任，实现政府监管和行业自律并行。

其次，加强网信办、工信部、公安部、国家新闻出版广电总局等网络监管部门之间的协调分工，推进综合执法，避免"政出多门"。

再次，在网络知情权、公共事务参与权方面，依据"互联网+政务"的精神，发挥微博、微信作为政务公开和舆论监督的平台作用，进一步推动"微博、微信问政"，通过平台发布政府信息，接收违规违纪、政府效能等方面的举报。完善从平台建设、信息推广、公众参与到对于举报的反馈、处理再到处理结果的公开等完整的制度链条，最大限度地为公众对于公共事务的参与和舆论监督提供便利。

最后，监管部门应当大量采取行政指导、行政奖励、行政资助等柔性手段进行监管，例如给公民和企业发提示信息，指导其提高防范意识；对违法的个人或企业给予警告；对有功的企业和个人给予奖励等。

（原文载于《人权》，2016 年第 5 期）

第二章
网络监管的法治化

互联网信息内容监管领域的约谈制度：
理论阐析与制度完善

一、问题的提出

2010年以来，我国调整了互联网监管方针，将"加强管理"的表述调整为"依法管理"。[1]党的十八届四中全会进一步要求深入推进依法行政，加快建设法治政府，依法规范网络行为。在此背景下，对于在2011年成立，并于2014年重组的互联网信息内容监管机构——中共中央网络安全和信息化委员会办公室 中华人民共和国国家互联网信息办公室（简称"国家网信办"）[2]

---

〔1〕 2010年之前的互联网监管16字方针是："积极发展、充分利用、加强管理、趋利避害"；2010年之后，调整为新16字方针："积极利用、科学发展、依法管理、确保安全"。

〔2〕 我国的互联网监管采取的是多头监管体制，国家网信办负责互联网信息内容监管以及互联网新闻信息服务的审批和监管。工业和信息化部负责互联网行业管理，负责对互联网信息服务的市场准入、市场秩序、网络资源、网络信息安全等实施监督管理。公安部负责互联网安全监管，维护互联网公共秩序和公共安全，防范和惩治网络违法犯罪活动。此外，一些部门负责互联网领域的准入监管，如国家新闻出版广电总局负责网络游戏、网络视听、网络出版等准入许可，食品药品监督管理部门负责互联网药品信息服务的准入审批，卫生行政部门负责互联网医疗保健信息服务的准入审批。

而言，当务之急是有效规范互联网信息传播秩序，提升互联网信息内容监管的依法行政水平。2015年4月28日，国家网信办发布《互联网新闻信息服务单位约谈工作规定》（业界简称"约谈十条"），正式建立了互联网信息内容监管领域的约谈制度。在这一规定推出之前，国家网信办和北京市网信办已经对网易、新浪等互联网企业负责人开展了约谈的实践，且取得了明显成效。[1]此次确立的约谈制度受到社会各界的积极评价，认为该制度将依法办网和依法治网相结合，不仅对互联网信息内容监管机构的权力边界和程序作了规定，而且通过行政主体（网信办）和行政相对人之间的柔性沟通交流，推动互联网信息内容监管法治化、常态化、程序化。[2]然而，和其他行政监管领域已经建立的约谈制度相比，互联网信息内容监管领域的约谈制度刚刚起步，目前学界对其性质、法律依据、制度构建等问题缺乏深入细致地研究，对于互联网信息内容监管机构可能面临的行政诉讼风险估计不足，本文力图从行政法的视角对互联网信息内容监管领域约谈制度的相关理论进行阐析，并提出完善建议。

---

[1] 2015年2月2日和4月10日，国家网信办对违法违规情形严重的网易和新浪的相关负责人进行了约谈，两家企业进行了积极整改，成效显著。北京市网信办针对年检中出现的问题，也先后约谈了搜狐、百度、和讯、天天在线等网站的相关负责人。参见"国信办就约谈工作规定答问"，载http://gov.163.com/15/0428/14/AO9VQ3BA00234KO7.html，"国家互联网信息办公室约谈网易公司负责人"，载http://news.xinhuanet.com/politics/2015-02/02/c_127449862.htm，访问日期：2015年9月28日。

[2] 业界专家和学者普遍认为，约谈对于推动互联网行业建立良性竞争秩序、净化网络空间具有积极意义。参见马冉冉："支持国信办请'喝茶'各方热议'约谈十条'"，载《网络传播杂志》2015年4月28日；"约谈十条的权力与边界"，载http://news.xinhuanet.com/politics/2015-04/28/c_1115122003.htm，访问日期：2015年9月15日。

二、约谈的性质

明确约谈的性质,进而分析其是否具有可诉性。一方面,在《行政诉讼法》修改和立案登记制改革推进的背景下,对于预判互联网信息内容监管机构的诉讼风险具有重要价值;另一方面,也是判断"约谈十条"作为规范性文件是否合法的前提。

约谈并非新鲜事物,在美国、日本的税务监管领域都已被广泛运用,2003年被引进我国税收征管领域,也被其他众多行政监管领域采用,如国土资源部(已撤销)约谈违法用地严重的地方政府负责人,[1]住房和城乡建设部约谈疯狂涨价的房地产企业,国家发改委约谈哄抬物价的日化企业和方便面企业等。[2]不少行政机关还专门出台了规范性文件予以规范,如《环境保护部约谈暂行办法》(2014年)、《交通运输部安全生产约谈办法》(2011年)、《海南省海口市地方税务局税务约谈办法》(2012年)。

目前关于约谈的性质,主要存在两类观点,下文分别予以辨析:

(一)属于行政指导或类行政指导

一类观点认为约谈属于行政指导[3]或者类行政指导[4],因为约谈具有双向互动性,行政主体在谈话中必然要听取行政相对人的意见,了解情况,提供警示、指导,帮助其认识并纠正违法行为,而行政指导也注重行政主体和相对人的双向互动、

---

[1] "土地违法问责启动 国土部约谈12县市一把手",载《上海证券报》2010年12月17日。

[2] "发改委:已约谈日化和方便面涨价企业",载《钱江晚报》2011年3月3日。

[3] "专家:规范'约谈'制度有利于完善网络监管",载http://finance.ifeng.com/a/20150428/13670421_0.shtml,访问日期:2015年9月15日。

[4] 郑毅:"现代行政法视野下的约谈——从价格约谈说起",载《行政法学研究》2012年第4期。

沟通、引导。根据2000年最高人民法院《关于执行〈中华人民共和国行政诉讼法〉若干问题的解释》（简称《若干问题的解释》，现已失效）第1条第（四）项的规定，不具有强制力的行政指导行为不具有可诉性，因此约谈不可诉。

笔者认为，这类观点只看到了约谈的柔性色彩，忽略了约谈的刚性特征。为确保约谈取得实效，"约谈十条"设计了多项制度对其加以保障，使得约谈具有更多强制性，包括：①网信办履行约谈职责时，互联网新闻信息服务单位应当予以配合，不得拒绝、阻挠。②网信办通过监督检查和综合评估检查行政相对人落实整改情况。③对未按要求整改，或经综合评估未达到整改要求的，依法予以处罚；多次约谈仍然存在违法行为的，依法从重处罚。④约谈情况记入互联网新闻信息服务单位日常考核和年检档案。我国其他行政监管领域的约谈制度也设有多重强制性保障，如北京市市政市容管理委员会2012年出台的《北京市燃气供应与安全生产约谈制度（试行）》第9条规定："被约谈人无故不参加约谈或没有认真落实约谈要求的，约谈部门应将情况记录在案，并予以通报批评，必要时可在媒体上曝光。对不改正违法违规行为的，纳入本市企业信用信息管理系统。"

可见，约谈和行政指导存在本质区别。行政指导的本质特征是非强制性，它透过利益诱导和道德引导机制发挥作用，行政相对人可以自愿接受指导或拒绝指导，并且不会因为拒绝指导遭受制裁。[1]而约谈具有强制性，约谈由行政主体主动启动，行政相对人无法自愿选择是否接受；不服从约谈会导致相应的惩处。

（二）属于行政行为

另一类观点把约谈界定为一种行政行为。如"约谈十条"

---

[1] 莫于川等：《法治视野中的行政指导》，中国人民大学出版社2005年版，第23~25页。

第 2 条规定："本规定所称约谈，是指国家互联网信息办公室、地方互联网信息办公室在互联网新闻信息服务单位发生严重违法违规情形时，约见其相关负责人，进行警示谈话、指出问题、责令整改纠正的行政行为。"这类观点的主要问题是，由于对行政行为内涵存在不同的理解，容易导致适用上的模糊不清。

在行政法理论界和实务界，对于行政行为的内涵有着不同的理解。主要的分歧在于：行政行为是否包括了行政事实行为。行政法律行为和行政事实行为是以是否以发生法律效果为目的为标准进行区分的。一派观点认为，行政行为包括行政事实行为和行政法律行为；[1]还有一派观点则认为，行政行为仅包括行政法律行为，不包括行政事实行为。[2]新修改的《行政诉讼法》为拓宽行政诉讼受案范围，对"行政行为"的内涵和外延进行了扩展，将具体行政行为、行政事实行为、部分抽象行政行为和行政协议都纳入其中，使之更具包容性。[3]

笔者认为，无论行政行为内涵如何界定，行政法律行为和行政事实行为的区分仍然是有意义的，二者在对外法律效力、判决形式上都有所不同，比如具体行政行为往往具有可诉性，而行政事实行为如果没有发生对外法律效果，就不具有可诉性；具体行政行为适用于撤销判决、确认判决、变更判决等各种判决形式，而行政事实行为则不适用撤销判决或变更判决。因此，笼统地将约谈界定为行政行为，并没有揭示该行为的本质特征，也没有解决该行为是否具有可诉性的问题。

---

〔1〕 姜明安主编：《行政法与行政诉讼法》（第 5 版），高等教育出版社 2011 年版，第 153~154 页。

〔2〕 莫于川主编：《行政法学原理与案例教程》，中国人民大学出版社 2007 年版，第 138~139 页。

〔3〕 袁杰主编：《中华人民共和国行政诉讼法解读》，中国法制出版社 2014 年版，第 7~8 页。

"行政过程论"为分析约谈行为的性质提供了一个较好的理论视角。根据该理论,行政行为不是一个个单一、孤立、静止的行为类型,而是一系列不断运动、相互关联并具有承接性的过程;每一个实际存在的行政行为都呈现一种时间上的持续过程,都包含着若干程序环节和发展阶段,而每一个程序环节和阶段都有着特殊的法律意义,需要遵循不同的法律规则。[1]同样地,约谈不是单一行为,而是由多个行为组合而成的制度,在不同的阶段,会做出不同的行为,形成不同的文书。虽然"约谈十条"中规定的约谈制度还较为初步和原则,但参考其他领域较为成熟的约谈实践,笔者认为"约谈十条"中所规定的行为应该包括以下几种:①约谈之前:发出《约谈告知书》;②约谈期间:制作《约谈记录》;③约谈之后:发出《责令整改通知书》《综合评估报告书》《行政处罚决定书》。

鉴于约谈的多阶段性和综合性,不能笼统地说约谈属于哪种行为,而是要分别对约谈各个阶段中的每个行为的性质进行分析。《行政处罚决定书》是一种对外发生法律效果的行政法律行为,在可诉性方面不存在争议。下文重点讨论其他几种行为的性质。

1. 《约谈告知书》《约谈记录》《综合评估报告》通常属于行政事实行为

行政事实行为的表现形式是多种多样的,包括准备行为、行政检查、执行性事实行为等。《约谈告知书》旨在告知行政相对人约谈的时间、地点、参加人员、事由等信息,《约谈记录》目的在于客观记录约谈的内容和过程,《综合评估报告》是为了评估分析行政相对人的整改情况,这三类行为都只是为后续的行政命令、行政处罚等最终决定的作出进行准备,本身对行政

---

[1] 参见[日]盐野宏:《行政法》,杨建顺译,法律出版社1999年版,第63~67页。

相对人的权利义务不产生最终的实际影响。根据《行政诉讼法》及《若干问题的解释》，上述行为通常都不具有可诉性。行政相对人若不服，只能就行政主体最终作出的行政决定提起行政诉讼。

但是，在司法实践中，《约谈记录》《综合评估报告》中如果包含有规定行政相对人权利和义务的确定性内容（例如：行政相对人必须在10日内改正违法行为或提交整改报告等），且正式送达给行政相对人，就会被视作行政法律行为，具有可诉性。[1]因此，行政主体在送达和公开这些文书时应当谨慎。

2.《责令整改通知书》的性质则需要视具体情况而定

对于责令整改通知，司法实践区分了两种情形，情形一：如果在《责令改正通知书》发出之后，行政机关还需要重新进行行政处罚的全部程序（立案、调查取证等），那么它就被视为一种警示性的行政指导，没有强制力，不会对最终行政处罚的作出产生法律效果，因而不具有可诉性。[2]情形二：如果《责令改正通知书》是在行政主体已经进行并启动了处罚程序之后再

---

[1] 参见《延安宏盛建筑工程有限责任公司诉延安市安全生产监督管理局生产责任事故批复案判决书》（2009）陕行终字第28号。宏盛公司因承接项目引发事故，由市安全生产监督管理局等单位组成的事故调查组向延安市人民政府作出《子长县"10·21"建筑工地塔式起重机倒塌事故调查报告》，市安全生产监督管理局作出了《关于子长县"10·21"建筑工地塔式起重机倒塌事故调查报告的批复》，该《批复》同意《报告》中对事故原因的分析、事故性质和事故责任的认定。《批复》虽未由市安全生产监督管理局正式给宏盛公司送达，但作为事故调查成员单位之一的子长县监察局将批复作为谈话内容告知宏盛公司，并送达了复印件，已将批复的内容外化，而该批复中将宏盛公司列为责任单位，并要求给予处罚，为被上诉人设定了一定的义务，该批复与被上诉人有利害关系，且省安全生产监督管理局复议决定亦告知宏盛公司可以提起行政诉讼，因此，法院认为该《批复》具有可诉性。

[2] 根据国家工商行政管理总局（已撤销）2006年发布，并于2014年失效的《企业年度检验办法》第21条之规定："企业登记机关通过年检，发现企业有违反企业登记管理规定行为的，除责令改正外还可以依照有关企业登记管理规定予以处罚。"实践操作中，工商机关在发出《责令整改通知书》后，要重新启动处罚程序，因此《责令整改通知书》被法院认定是警示性指导行为，不具有可诉性。

作出的，那么就是一种行政命令，对于行政相对人的权利和义务已经产生了直接的影响，就具有可诉性。按照"约谈十条"规定，约谈适用于行政相对人存在严重违法违规情形时，这就意味着约谈之前，行政主体已经收集了相关证据，认定其存在严重违法违规行为，近似于情形二。当然，具体情况还有待实践检验。

综上，约谈的性质应当放到具体语境下进行讨论，有些行为属于行政事实行为，一般不可诉，有些行为属于行政法律行为，具有可诉性。当约谈制度化、常态化之后，如果实施约谈的行政主体违法，可能会引发行政诉讼。互联网行业市场化程度很高，对于监管机关依法行政的要求较之传统的报刊、广播电视等媒体会更高。互联网信息内容监管机关应当对可能面临的行政诉讼风险做好充分的预估。

三、"约谈十条"的法律依据

在厘清了约谈的性质之后，我们需要讨论作为规范性文件的"约谈十条"能否对约谈作出规定呢？

依法行政是我国行政法的基本原则，这一原则包括两个子原则：一是法律优先原则：行政活动必须受法律约束，不得与上位法相抵触，否则无效；二是法律保留原则：某些领域，只能由法律规定，行政主体不得自行规定。如：犯罪和刑罚、对公民政治权利的剥夺和限制人身自由的强制措施和处罚、司法制度等。[1]

按照上述原则精神，根据《立法法》和2010年《国务院关于加强法治政府建设的意见》（已失效）的相关规定，规范性文件规定的事项应当符合以下要求：①不得设定行政许可、行政

---

[1] 详见《立法法》第8条和第9条，《行政处罚法》第9条，《行政强制法》第9、10、13条。

处罚、行政强制；②在有明确的上位法依据的情况下，只能在上位法设定的事项范围内进行解释或细化，不能增设违反上位法的条件，不得违法增加行政相对人的义务；③在上位法依据不明确的情况下，规定的事项不得与上位法相抵触，不得违背法律原则和精神。违法的规范性文件可能会被有权机关（人大或上级行政机关）改变或撤销，或者在行政诉讼中不被适用。

在"约谈十条"中，只有第7条将《互联网信息服务管理办法》《互联网新闻信息服务管理规定》中有关处罚的规定进行了重申，由于这两部法规在设定行政处罚时都赋予了行政主体在选择处罚的方式和幅度上的裁量权，[1]因此，对于第7条后半句"互联网新闻信息服务单位被多次约谈仍然存在违法行为的，依法从重处罚的规定"，可以视为是行政机关在考虑了相关因素（违法动机和态度）后行使裁量权的结果，符合行政活动规律和基本法理，并非设定处罚权。

那么，约谈制度有无相应的上位法依据呢？笔者认为，虽然互联网信息内容监管领域的法规中没有对约谈作出明确规定，但是运用文义解释、目的解释等法律解释方法，我们可以从相关法律和规章中找到约谈的法律依据：

（一）《行政处罚法》

首先，《行政处罚法》第5条确立了处罚和教育相结合原则。该原则强调处罚不是目的而是手段，处罚的目的是促使当事人认识到违法行为的危害，促其改正。处罚和教育相结合，

---

[1] 于2005年已失效的《互联网新闻信息服务管理规定》中，第27条第1款规定："互联网新闻信息服务单位登载、发送的新闻信息含有本规定第十九条禁止内容，或者拒不履行删除义务的，由国务院新闻办公室或者省、自治区、直辖市人民政府新闻办公室给予警告，可以并处1万元以上3万元以下的罚款；情节严重的，由电信主管部门根据有关主管部门的书面认定意见，按照有关互联网信息服务管理的行政法规的规定停止其互联网信息服务或责令互联网接入服务者停止接入服务。"

刚柔并济，才能赢得行政相对人的理解，取得更好的监管效果。因此，在处罚前通过约谈和相对人进行沟通，了解问题，帮助其认识到违法行为并予以纠正，是教育的一种手段。

其次，《行政处罚法》第 41 条规定，行政处罚之前，应告知行政相对人给予行政处罚的事实、理由和依据，听取当事人的陈述、申辩。而约谈在制度方面可以被设计为行政主体告知理由、听取陈述、申辩的一种更为人性化的形式。

(二)《互联网新闻信息服务管理规定》

根据该规定第 22 条，互联网新闻信息服务管理机构有权对互联网新闻信息服务单位进行监督检查，行政相对人应当配合。监督检查是指行政主体对相对人守法、执行命令的情况进行检查、了解、监督的行政行为，包括调取证据、实地检查、鉴定、勘验等多种形式。而约谈的目的也是督促检查行政相对人守法，只是采取的方式不是单向的，而是具有双向互动性的，也可以将其视作是行政监督检查的组成部分。

由此可见，从行政过程论的视角来看，约谈并非一种具有独立意义的制度，而是从属于行政处罚、行政监督检查这些主制度的配套性制度，可以从主制度的相关条款中推导出来，具有上位法依据。但由于上位法规定过于原则，约谈在具体制度设计时不可任性而为，不仅要追求实效性，更需要符合法治精神，不得与上位法相抵触。

四、约谈制度的完善

依法行政要求行政主体在设计约谈制度时，应当在规范互联网新闻信息服务秩序和保障行政相对人合法权益之间实现平衡，兼顾合法性和有效性。目前的"约谈十条"过于笼统，在实体和程序上都存在不少问题，操作性不强，对行政相对人的权益保障不够充分，容易引发行政诉讼。在参考其他领域约谈实践的基础上，笔者提出如下完善建议：

（一）防止行政裁量权的滥用

行政法的精髓在于裁量。按照裁量存在的阶段不同，裁量可以分为要件裁量和决定裁量。"约谈十条"存在着多个裁量条款。第4条对于第2条中"严重违法违规"进行了细化，规定了9种情形，[1]其中6次使用了"情节严重""严重""突出"等不确定法律概念，这些不确定法律概念由于带有很强价值判断色彩，属于行政主体要进行的要件裁量。第8条规定，行政主体可将约谈情况向社会公开。这里的"可"属于行政主体的决定裁量。在实践中，可能会出现行政主体滥用裁量权，任意扩大约谈范围、随意公开约谈记录的情形。为防止行政主体滥用裁量权，一方面，国家及地方网信办可以根据违法涉及数额大小、涉及人数多少、影响力大小等标准出台行政裁量权基准，细化、量化行政裁量标准，规范裁量范围、种类、幅度。另一方面，当无法进行量化时，在行使裁量权时应遵循以下两个标准：①符合法定目的，不作不相关考虑。例如，不能考虑行政

---

[1]《互联网新闻信息服务单位约谈工作规定》第4条："互联网新闻信息服务单位有下列情形之一的，国家互联网信息办公室、地方互联网信息办公室可对其主要负责人、总编辑进行约谈：

（一）未及时处理公民、法人和其他组织关于互联网新闻信息服务的投诉、举报情节严重的；

（二）通过采编、发布、转载、删除新闻信息等谋取不正当利益的；

（三）违反互联网用户账号名称注册、使用、管理相关规定情节严重的；

（四）未及时处置违法信息情节严重的；

（五）未及时落实监管措施情节严重的；

（六）内容管理和网络安全制度不健全、不落实的；

（七）网站日常考核中问题突出的；

（八）年检中问题突出的；

（九）其他违反相关法律法规定需要约谈的情形。"

机关公务员和行政相对人的关系是否密切这个不相关因素。②符合比例原则。比例原则包括适当性、必要性、均衡性三个子原则，即手段能够达到目的，选择能够达到目的且侵害最小的手段，手段与目的之间成比例。例如，如果行政主体选择公开约谈记录，可能会造成对行政相对人声誉的不利影响，这就需要和公开的目的之间进行比较，看公开能否达到目的，有无公开之外的侵害更小的替代手段，公开的收益是否大于公开的成本。

（二）完善约谈程序

"约谈十条"只有第 5 条规定了约谈的程序，包括提前告知、表明身份、制作记录等，较之国家网信办前两部规范性文件是一个进步。[1]然而，笔者认为，要真正符合依法行政的要求，还应当完善以下七个方面的程序：

1. 申请延期的权利

允许相对人申请延期并另行约定时间体现了约谈灵活多样、注重双向沟通的特性，应当赋予相对人这一权利。"约谈十条"对此未作规定，而《海南省海口市地方税务局税务约谈办法》规定，纳税人因特殊原因不能按期接受税务约谈的，应在收到《税务约谈通知书》后，在规定期限前书面提出延期申请，经区局同意后，可以延期税务约谈。当然还需要规范其程序，要求其提前一定期限，说明理由、提交申请，经由行政主体同意。

2. 代理

代理是行政相对人的基本权利之一，在行政程序和行政诉讼中普遍运用，在约谈中也应允许。当然约谈制度设计初衷是提高互联网企业主要负责人或总编辑对违法行为的重视，因此

---

[1] 国家网信办出台的另外两个重要的规范性文件：《即时通信工具公众信息服务发展管理暂行规定》（俗称"微信十条"）和《互联网用户账号名称管理规定》（俗称"账号十条"）对于程序没有任何规定。

可以对代理适用的情形及形式做出要求。如江西省食品药品监督管理局《江西省保健食品生产企业约谈制度（试行）》规定，被约谈企业参加约谈的人员应当是其法定代表人。法定代表人确因特殊情况无法参加约谈而需授权他人的，应当向约谈单位提出书面申请，经同意后，被授权人持法定代表人授权书按时参加约谈。笔者认为，鉴于约谈事项的落实，需要专业的法律知识，约谈中应当鼓励或要求律师或企业法务人员作为代理人或者陪同主要负责人参与。

3. 回避

"自己不能做自己案件的法官"——当参加约谈的执法人员与行政相对人之间存在利害关系时，应当主动回避或由行政相对人申请回避，在具体操作中应补充这一规定。

4. 陈述意见权

既然是约谈，就是双方交流、沟通、了解情况、共同商量解决对策的过程，更有利于理性决策的达成和提高行政相对人的接受度。因此，应当赋予行政相对人陈述意见权而非行政主体单方的警示和责令整改，否则约谈制度就和处罚程序没有区别，失去了其独特价值。实践中，这一制度容易被异化，需要加以警惕。

5. 约谈通知的形式和送达

考察其他部门的约谈实践，一般是以《约谈通知书》形式进行告知的，有些较为全面地规定了通知的形式、内容、送达时间，[1]有些还规定了行政相对人应当进行确认。[2]笔者认

---

[1]《环境保护部约谈暂行办法》第7条规定："由主持约谈部门（单位）起草约谈通知，告知被约谈方约谈事由、程序、时间、地点、参加人等事项。约谈通知以部办公厅函形式印发，于约谈7个工作日前送达。"

[2]《交通运输部安全生产约谈办法（试行）》第12条规定："被约谈单位收到约谈通知书后，应在收到约谈通知2个工作日内以书面或电话形式确认通知事项。"

为,"约谈十条"应当吸纳这些成熟的制度。互联网时代,通知能否通过电话、短信、电子邮件等形式做出,也可以作进一步探讨。

6. 约谈记录

约谈记录是反映约谈情况的证据,对今后作出责令整改通知书、行政处罚决定书,记入日常考核和年检档案都具有重要意义,因此,应对约谈记录的形式、内容、签字等事项进行规定。[1]

7. 时限

时限制度对于提高行政效率,增强行政行为的可预期性具有重要价值,然而"约谈十条"并没有规定对时限进行具体规定,只使用了"及时""提前"等字眼,对此应当进行补充细化。

(三) 规范综合评估制度

"约谈十条"中,第7条规定了综合评估制度,即通过监督检查对行政相对人的整改情况进行综合评估,评估主体可以是行政主体,也可以委托第三方。笔者认为,综合评估应该是对行政相对人整改情况的检查和评价,属于行政监督检查的一个环节,可以为行政主体最终作出处罚的决定提供证据。然而,综合评估所委托的第三方应当具备何种条件,第三方能否转委托,评估程序、评估标准、评估结果的形式和效力、如何监督

---

[1] 例如,《湖州市质量技术监督行政处罚案件约谈制度(试行)》第9条规定:"行政处罚案件约谈过程应当制作《质量技术监督行政处罚案件约谈记录》
《质量技术监督行政处罚案件约谈记录》应当载明下列事项:
(一) 约谈对象的姓名、年龄、工作单位、职务等基本信息;
(二) 约谈人的姓名、职务等基本信息;
(三) 约谈的时间、地点;
(四) 约谈的主要内容;
(五) 约谈对象对其违法行为的认识、拟采取的整改措施或承诺等内容;
(六) 参加约谈人员的签名。"

评估者等问题,都需要进一步明确。

(四)完善监督和救济制度

由于约谈具有相当的强制性,实施约谈的公务人员又具有较大的裁量权,加上公务人员素质的参差不齐,容易导致该制度的滥用乃至权力寻租行为,造成相对人对行政约谈的不信任,甚至损害公共利益或者第三人合法权益。因此,完善约谈的监督和救济制度十分必要。加强监督,主要是完善上级对下级的层级监督制度、行政监察制度,以及对人大、政党、媒体、社会公众、检察院等主体的监督,畅谈举报投诉机制。同时,应强化救济制度,将那些明显违反约谈程序、滥用裁量权、以约谈代替处罚等违法行为通纳入行政复议或行政诉讼审查的范围,并对那些给行政相对人造成人身权、财产权损害的约谈行为进行国家赔偿。

五、结语

随着互联网技术的日新月异以及互联网媒体属性的不断增强,如何确定行政权力的边界,既不对公民表达权、监督权、参与权等基本权利的行使造成过度限制,又能确保监管的有效性,成为始终困扰监管者一个难题。"约谈十条"反映了监管者开始顺应民主行政、服务行政、公开参与、合作监管的现代法治政府要求,在监管理念上从运动式执法开始向日常化监管转变,在监管手段上从刚性监管开始向刚柔并济转变。要做到真正依法有效地监管互联网,监管者还应了解并运用平等、互动、分享、创新的互联网思维,在加强多中心治理、引入行政指导等柔性手段、确保程序正当、鼓励公众参与等方面做出更多探索。

(原文载于《行政法学研究》,2015年第5期。)

互联网约谈制度的法律性质与实施困境研究

一、绪论

(一) 研究背景

自 2015 年 6 月 1 日《互联网新闻信息服务单位约谈工作规定》(简称"约谈十条")实施以来,约谈制度已然成为互联网领域一种"流行"的监管方式,其在保障约谈对象有效地阐释自己的观点与理由、实现与行政机关的沟通交流、降低执法成本、提高行政效率等方面具有积极意义。约谈制度的广泛适用与近年来平衡理论的发展、政府职能的转变以及新时期全球范围内对柔性执法、民主法治理念的倡导和推广有着密切的联系。

但是,判断任何一项制度是否科学、先进与具有生命力,除了需要在理论上进行反复的论证和研究,更离不开实践的检验与完善。从目前我国互联网约谈的实践来看,政府监管部门在约谈过程中不时存在滥用行政裁量权、将约谈作为行政命令强制执行、约谈对象拒绝约谈即被列入失信名单并给予行政处罚等约谈异化问题。这些问题的出现,使得行政约谈强制效力增加,背离了约谈制度作为弱强制性行政监管方式的设立初衷。同时,从约谈对象的角度来看,有些被约谈的互联网企业或者单位也存在对互联网监管部门的约谈通知或者整改意见置若罔闻的问题[1]。因此,如何准确把握互联网约谈制度的法律性质并找

---

[1] 载 http://news.sina.com.cn/c/2018-09-05/doc-ifxeuwwr4153145.shtml,访问日期:2018 年 12 月 9 日。

到解决当前互联网约谈实务操作困境的方法成为当前互联网信息监管领域关注的热点话题之一。

（二）研究现状

当前我国行政法学界对于互联网约谈制度的基本概念、法律性质、法律依据等在理论层面进行了较为深入地研究与分析，但是对于在实际操作中出现的相关执法问题进行研究与分析的著述则付诸阙如。

对于行政约谈的法律性质，主要包括两个方面：一是从立法文件来看，许多行政机关制定的规范性法律文件都将约谈界定为"行政指导行为"的具体表现形式之一，但在理论界对于约谈则有着"行政指导行为说""类行政指导行为说""行政法律行为说""具体新型行政行为说"以及"阶段性行政行为说"等多种不同的观点。对此，笔者比较赞成分阶段对行政约谈的法律性质进行界定。例如"约谈告知"与拒绝整改后的"行政处罚"要区分讨论。前者宜被定性为行政事实行为，通常不具有可诉性；后者往往会对约谈对象的权利义务产生较大影响，应当界定为具有可诉性的行政法律行为。二是从实践进展来看，约谈制度虽然属于弱强制性的"柔性监管"方式，但是受执法者执法理念以及被约谈企业法律风险意识与权利救济意识薄弱等多重因素的影响，当前互联网约谈实践中偶尔出现网信部门滥用约谈裁量权、约谈强制化以及被约谈对象对于"约谈通知"或置之不理，或整改后违法违规行为很快"死灰复燃"等约谈异化现象。因此，本文将聚焦讨论当前互联网信息监管领域约谈制度的理论难点与实施困境，并通过对约谈制度基础理论、主流观点、典型事例等的总结与分析，探求解决当前互联网约谈制度适用难题的路径和方法。

（三）研究方法及创新之处

本文通过对 2018 年 1 月至 2019 年 1 月互联网信息监管领域

典型约谈事件的归纳总结，探讨当前互联网领域约谈制度立法现状与实践应用中的难题，然后通过对问题产生原因的细化分析，探求解决当前互联网约谈制度实施困境的路径与方法。

二、互联网约谈概述

（一）行政约谈

"约谈"源自我国香港地区税务主管部门对纳税人适用的"喝咖啡"制度，官方表述为"会晤"。[1]2002年9月在辽宁省地方税务局施行的有关外籍人员个人所得税相关的约谈通知首次正式将"约谈"作为一项制度写入官方文件。[2]之后，约谈制度被中国政府部门在"食品药品安全责任""国土资源、能源""互联网新闻信息服务"等众多领域被广泛适用。

对于"约谈"，目前并没有形成一个统一权威的规范性含义，通常由行政主体在行政法律法规以及其他规范性文件中加以界定，或者由研究此领域的学者在其著述中加以概括和总结。官方文件常见的提法有："行政监管措施""行政行为""工作制度"等。[3]在理论界，有学者将"约谈"定义为"行政主体依法定职权与可能作出违法违规行为的行政相对人在约定的时间、地点就特定的问题和事务进行沟通、交流，并给予警示、劝告的非强制性行政行为"。[4]而有的学者则将行政约谈界定为

---

[1] 胡贲："部委'约谈'——刚柔兼具的监管新概念"，载《价格与市场》2011年第7期。

[2] 《辽宁省地方税务局关于〈开展外籍人员个人所得征税约谈工作〉的通知》（辽地税函［2002］296号），该通知涉及"约谈小组""约谈程序及步骤""约谈内容"等规定，并已于2006年1月6日被废止。

[3] 例如"约谈十条"将"约谈"界定为"行政行为"；国家铁路局发布的《铁路专用设备产品质量安全监管约谈暂行办法》将"约谈"定义为"一种行政监管措施"。

[4] 张珏芙蓉："我国行政约谈制度存在的问题及其法治化探析"，载《天中学刊》2014年第4期。

"由相关行政机关作出的一系列行政行为的概称"。[1]

从约谈的主体及适用范围来看,行政约谈有广义和狭义之分。广义的行政约谈既包括行政机关依法或依职权对行政相对人进行的约谈,也包括行政机关内部上级机关对下级机关的约谈。狭义的行政约谈,专指针对行政相对人的外部约谈行为,是行政主体依法或依职权对行政相对人的违法违规经营行为开展的警示对话、沟通、协商。[2]从约谈的适用范围来看,行政约谈包括新闻信息服务约谈、价格约谈、环境卫生约谈等。这些行政约谈的内容细化规定在各具体行政机关约谈的通知、办法或者规定中,而非仅仅进行泛化的区分界定。这在一定程度上降低了行政裁量权滥用给相对人造成不必要损害的可能,但也使得约谈的法律效力位阶不高,规范化程度及实效性受到影响。

此外,根据约谈功能、效用的不同有学者将约谈分为:决策参谋型、纠纷协调型、违法预警型、执法和解型、督办处罚型五类。[3]笔者认为这种分类,对于确定具体领域中行政约谈强制性的程度、行政相对人是否有权自主决定接受约谈、行政约谈的诉讼可行性以及对于准确界定行政约谈的法律性质具有重要的参考价值。

(二) 互联网约谈的含义与分类

互联网约谈有广义与狭义之分。广义的互联网约谈,是指各级网信办针对涉及互联网业务的企事业单位的严重违法违规行为,开展的约见企业主要负责人并与其进行协商、对话,要

---

[1] 郭少青:"环境行政约谈初探",载《西部法学评论》2012年第4期。

[2] 目前,约谈制度已经广泛适用于我国中央部委、各级政府机关、司法机关等,但从写作目的出发,本文下文论述中所称"约谈"仅限于"行政约谈"。

[3] 孟强龙:"行政约谈法治化研究",载《行政法学研究》2015年第6期。

求企业依法进行整改的非强制性行政行为。狭义的互联网约谈仅是指由"约谈十条"规定的，各级网信办对互联网新闻信息服务单位就新闻信息内容进行的约谈。[1]狭义的互联网约谈，行政主体是各级网信办，约谈对象是互联网新闻信息服务单位，针对的状况是互联网新闻信息服务单位在提供互联网新闻信息发布、转载以及传播平台等服务时出现的严重违法违规的情形，约谈措施是警示谈话、指出问题、责令整改等。

从互联网约谈的形式来看，互联网约谈除了单一行政主体对行政相对人（一个或者多个）进行的约谈外，还存在联合约谈的情形。联合约谈中，多个部门从约谈效果、成本、涉及领域等方面考虑，对有互联网相关违法违规行为的行政相对人进行约谈。例如，2018年6月1日国家广播电视总局、文化和旅游部、属地网信办等就"美拍"涉未成年人低俗不良信息现象进行联合约谈。此外，还存在多个行政主体联合对多个行政相对人进行集体约谈的情形。

为了深入细致地分析互联网监管领域的约谈制度，本文将互联网约谈界定为各级网信办对互联网企业做出的涉及互联网信息监管内容的违法违规行为进行的约谈，这其中也包括网信办与其他行政部门在该领域进行联合约谈的情形。

三、互联网约谈的法律性质

弄清楚行政约谈行为的法律性质，进而对其进行诉讼可行性分析，对于行政机关在施行行政约谈的过程中准确把握约谈诉讼风险以及对于判断行政相对人是否有权自主选择接受行政约谈具有重要参考价值。

---

〔1〕 载http://www.cac.gov.cn/2015-05/06/c_1115196742.htm，访问日期：2019年2月6日。

(一)"行政约谈"法律性质分析

目前在实务中,多数行政机关制定的行政法律规范将行政约谈界定为行政指导行为。[1]然而,在理论上则观点不一。具体来讲,主要有以下几种观点:

观点一:认为约谈作为一种新型的行政监管方式,属于行政事实行为,可以归为广义的行政指导范畴。[2]

观点二:将行政约谈界定为"类行政指导",认为约谈虽与行政指导存在相似之处,但在行为依据、诱导机制以及救济途径等方面存在显著不同,应归为行政法律行为的范畴。[3]

观点三:行政约谈应属于与行政指导、行政许可、行政处罚等并列的一种全新的具体行政行为。[4]

观点四:行政约谈是否具有强制性、属于行政法律行为还是行政事实行为,要放到具体的语境中分阶段地进行具体的分析。[5]

此外,还有学者主张可以从行政法的具体领域出发,对行政约谈的性质进行界定。例如,有观点认为,税务约谈是税法在引入平等协商的私法精神上确立的[6],而有的观点则认为税

---

[1] 例如,《苏州市市场价格行为监督管理办法》第21条规定:"……政府价格主管部门可以采取建议、提示、引导、劝勉、告诫、约谈、警示等方式指导经营者规范价格行为……"

[2] 葛然:"当代行政法视野中的行政约谈研究",苏州大学2013年硕士学位论文。

[3] 郑毅:"现代行政法视野下的约谈——从价格约谈说起",载《行政法学研究》2012年第4期。

[4] 徐永涛、林树金:"我国行政约谈的理论基础及法治化",载《东岳论丛》2014年第12期。

[5] 郑宁:"互联网信息内容监管领域的约谈制度——理论阐析与制度完善",载《行政法学研究》2015年第5期。

[6] 巴海鹰:"税务稽查约谈制度研究——以'新公共管理运动'的视角",载《税务与经济》2009年第1期。

法是解决征纳双方利益冲突的一种非对抗性的纠纷解决机制。[1]

总结以上主要观点可以看到,目前在理论界对行政约谈主要存在"行政指导说""类行政指导说""行政事实行为说""行政法律行为说""全新具体行政行为说""阶段性行政行为说"等观点。诸多争议一方面说明当前官方法律文件对行政约谈性质的规定不够统一和规范;另一方面也说明,对行政约谈法律性质的界定具有重大的理论探讨价值和实践指导意义。

(二)"行政约谈"法律性质争议聚焦

通过前面对行政约谈法律性质主流观点的介绍与总结,笔者认为,对于行政约谈的法律性质争议主要聚焦于三个方面:第一,行政约谈应界定为行政指导行为还是其他具体行政行为?第二,行政约谈应界定为独立行政行为还是附属行政行为?第三,行政约谈应归类为行政事实行为还是行政法律行为,还是无须再进行进一步的区分?

1. "行政约谈"应界定为行政指导行为还是其他具体行政行为

行政指导是指行政主体为实现特定行政目的,依法在其职权范围内要求行政相对人做出或者不做出一定行为的指导、劝勉、建议以及其他非行政处分的行为。[2]行政指导具有规制性、单方性、指导性、利益诱导性等基本特征,而这些特征与行政约谈的警示、引导、纠纷协调等非强制性功能的一面颇为相似。

由于行政约谈中行政主体更加注重与行政相对人的沟通、协调,而行政指导也多以指导、建议、劝告的形式存在,因此

---

[1] 金灿、张鸿顺:"税务稽查约谈:解决非对抗性争议的有效途径",载《中国税务》2007年第1期。

[2] [日]盐野宏:《行政法Ⅰ [第四版] 行政法总论》,杨建顺译,北京大学出版社2008年版,第133页。

有观点将约谈归为行政指导的具体表现形式[1],或者认为是一种"类行政指导"。[2]对此,笔者不予认同。这种观点只注意到了约谈制度"软性执法"的特点,却忽略了其强制性的一面。[3]就互联网领域的约谈而言,"约谈十条"有很多颇具强制意味的制度设计:①被约谈企业未按要求整改或整改未达标的,将被依法给予行政处罚;②约谈情况记入被约谈企业的日常考核和年检档案;③约谈过程中,被约谈的企业必须予以配合,而不得拒绝和阻挠。这些规定都使得互联网约谈具有较强的强制性,约谈对象拒绝约谈将承担不同程度的不利后果,并非如行政指导一般,行政相对人有权自主决定是否接受行政机关的指导与意见而不被追责。除了互联网领域以外,在其他领域有的行政约谈规定更为严格,甚至已达行政处罚的严厉程度。例如,在我国食品药品监管领域,约谈会直接与企业信誉体系以及承接活动的资格挂钩,且没有任何强制性由弱及强的渐进式规定。[4]

总之,行政指导并不具有行政强制性,无论行政相对人接受指导与否,都不会受到处罚或追责。[5]行政约谈虽然也以"柔性执法""沟通协调"为主要特征,但其仍然具有一定的行政强制性,某些领域约谈的处理结果甚至带有明显的、超出一般行政处罚严厉程度的追责性。因此,不宜把约谈简单地界定为行政指导行为。

---

[1] 孟强龙:"行政约谈法治化研究",载《行政法学研究》2015年第6期。

[2] 郑毅:"现代行政法视野下的约谈——从价格约谈说起",载《行政法学研究》2012年第4期。

[3] 郑宁:"互联网信息内容监管领域的约谈制度——理论阐析与制度完善",载《行政法学研究》2015年第5期。

[4] 国食药监食[2010]485号。

[5] 莫于川等:《法治视野中的行政指导》,中国人民大学出版社2005年版,第23~25页。

此外，有人认为"行政约谈是一种全新形式的、不具有强羁束力的具体行政行为"。[1]这就意味着行政约谈要被放到与行政许可、行政处罚、行政合同等具体行政行为相同的研究视域中。但是，一种新型行政行为的产生从来都不是一蹴而就的，其既需要在实践中大量的、反复的适用，也需要在理论上进行高度的概括与建构，然后通过立法活动或者司法判例使其规范化和固定化。[2]目前，无论在实务上还是在理论上，对行政约谈的认识与研究尚不充分，因此不宜盲目地将其单独归为一类已经成熟的具体行政行为。同时，在未进行必要的"效益分析"之前，也不宜简单地将其设置为与行政许可、行政处罚等并列的新型行政行为。[3]

2."行政约谈"应界定为独立行政行为还是附属行政行为

弱强制性和对约谈对象不必然具有法律拘束力是行政约谈区别于其他传统行政行为的主要特征。正因为如此，有学者将行政约谈界定为行政处罚、行政征收、行政命令等传统行政行为作出之前的前置程序。[4]在该观点看来，行政约谈类似一种告知与获取信息的手段，是行政主体最终作出某一具体行政法律行为的预先性必经环节，在功能上与行政调查无异。对此，笔者持有异议。从当前各领域行政约谈的规定来看，虽然确实存在将行政约谈视为行政处罚前置程序的规定，但是尚且不论此类约谈是否属于行政约谈制度适用异化的现象，现实中有许多约谈是独立存在的，并没有后续的处罚、和解等程序。因此，

---

〔1〕 徐永涛、林树金："我国行政约谈的理论基础及法治化"，载《东岳论丛》2014年第12期。

〔2〕 叶必丰：《行政行为原理》，商务印书馆2014年版，第62~63页。

〔3〕 郑毅："现代行政法视野下的约谈——从价格约谈说起"，载《行政法学研究》2012年第4期。

〔4〕 "贞丰工商推行罚前约谈制"，载《法制生活报》2010年11月16日。

简单地把约谈制度归为某一具体行政行为的阶段之一是不全面的，也是不科学的。

3. "行政约谈"应划归为行政法律行为还是行政事实行为

《行政诉讼法》在立法上并没有对行政行为进行明确的具体类型划分，而是统一使用了"行政行为"的用词，因此目前理论界有将"行政行为"与"行政法律行为"等同混用的观点。同时，出于对不同行政行为法律效果的分析需要，也存在不同的主张。其中，前者认为，行政行为就是指行政法律行为，两者可以等同适用；[1]而后者则主张，行政行为不仅包括行政法律行为，还应包括行政事实行为。[2]虽然各方看法不一，但是从我国目前的实务与理论研究现状出发，出于对法学概念沿用习惯方面的考量，笔者认为，行政行为仍有具体区分的必要。其中，行政行为的范围最宽泛，其通常是指行政机关依法定职权所实施的所有行政管理活动，包括行政事实行为与行政法律行为；而行政事实行为与行政法律行为则存在着法律效果、构成要件以及是否可诉等较大差异。因此，不宜把行政约谈简单地归为"行政行为"，而应作进一步的细化区分。

（三）互联网约谈制度的法律性质

1. "传统行政法学理论"与"行政过程论"之于互联网约谈

传统行政法基础理论以"公私法二元论"为理论基点，以"行政行为"为理论核心，强调"依法行政""行政法律解释"，并进行行政法总论与各论、公法关系与私法关系的区分与考察。这一理论虽然在部门法发展、独立学科建设、行政合法性监督

---

[1] 莫于川主编：《行政法学原理与案例教程》，中国人民大学出版社2007年版，第138~139页。

[2] 姜明安主编：《行政法与行政诉讼法》第5版，高等教育出版社2011年版，第153~154页。

等方面具有重要意义，但是随着政府执政理念的转变、行政活动的日益复杂以及行政目的实现方式的多样化，传统行政法基础理论越来越难以适应现代行政的发展，并逐渐暴露出各种问题与不足。例如，传统行政法基础理论注重对个体行政行为的静态关注，却忽略了整个系列行为的全过程以及个体行为之间的联系与影响，从而对于某一具体行政行为的实际法律效果也会缺少正确的认识和把握。

"行政过程论"作为伴随现代行政的发展，为克服传统行政理论的缺陷而出现的一种行政法理论，其强调动态、全面地对行政行为的全过程进行把握，注重行政行为的阶段性和联系性，并将传统理论未重视的内部行政行为、行政事实行为以及非强制性新型行政行为纳入行政法研究的视域，对于实现行政法治化与执法监督具有重要理论意义。[1]

就互联网信息监管领域而言，"约谈十条"将互联网领域的约谈制度界定为"行政行为"，并列举出了约谈主要适用的行为方式。[2]但是，如前所述，行政法律行为与行政事实行为之分，并且存在主客观要件、表现形式、法律效果等方面的诸多不同。行政法律行为多表现为行政机关通过行政权力的行使产生行政法律效果达到政府行政管理的目的，通常行政相对人可以提起诉讼，例如行政处罚行为；而行政事实行为则不以某种行政法律关系的产生、变更或者消灭为目的，通常表现为一种客观状态而不具有可诉性，例如政府信息公开的行为。因此，从当前我国政府监管方式的转变、约谈争议的诉讼可行性等方面考虑，不宜依照传统行政法基础理论以静态、孤立的视角把互联网领

---

〔1〕 江利红："以行政过程为中心重构行政法学理论体系"，载《法学》2012年第3期。

〔2〕 《互联网新闻信息服务单位约谈工作规定》第2条。

域的行政约谈制度简单地定性为"行政行为"。可以"行政过程论"为理论基础，将互联网约谈的系列行为（包括通知、实施、整改、监督复查等环节）全部纳入行政监管的研究范畴，通过分析约谈各个阶段不同行为的基本特征、法律效力、行为间的联系与区别等，分阶段和分步骤地界定"互联网约谈"的法律性质，并进行可诉性的研究。

2. 互联网约谈制度适用的三阶段

在"行政过程论"看来，行政行为是由一系列互相联系、动态发展、时间承续的行为过程构成的。行政行为的每一部分与环节都不可替代又紧密相连，其受不同法律规范的约束，而非单一、定点、静态的存在。[1]根据"约谈十条"以及其他领域对于行政约谈制度的规定，互联网领域的约谈基本可以分为三个阶段[2]：

（1）约谈启动阶段。第一，约谈启动。互联网约谈制度作为政府管理方式创新的一种弱强制性监管手段，其本身并不会产生太强的强制性法律效果，但是如果约谈过于泛滥，仍然会对被约谈企业的商业声誉和经营活动产生不可避免的影响。因此，对于约谈的适用应坚持合理性、合法性及比例适当原则，在正式约谈之前对企业的生产经营活动进行一个基本的抽查和评估，以判断企业是否构成违法违规，是否应该对其进行约谈。第二，约谈通知。经过抽查、评估之后，如果网信部门认为互联网企业构成"严重违法违规"，需要进行约谈，那么需要进入到约谈通知程序。约谈通知应该依法进行，目前我国互联网领域唯一的约谈规范性文件——"约谈十条"对此规定得较为简单，只粗略得规定要提前告知约谈的时间、事由、人员与地点，

---

[1] [日]盐野宏：《行政法》，杨建顺译，法律出版社1999年版，第63~67页。
[2] 马迅："行政约谈的法律属性及其规制"，山东大学2016年硕士学位论文。

没有规定约谈通知的具体形式，也没有规定约谈的具体时间限制，而是完全交由网信部门自由裁量。但是，提前通知是有必要的，这有利于被约谈的互联网企业充分地了解约谈事由、准备回应材料和进行约谈陈述。因此，监管部门进行约谈通知工作时，应尽量提前告知约谈对象，避免"紧急约谈"和"拖延约谈"。

（2）约谈实施阶段。第一，资格审查。"约谈十条"规定，各级网信办在约谈中，应当由两名以上执法工作人员参加，并对约谈情况进行记录。[1]目前"约谈十条"以及其他领域的约谈规定中都要求被约谈企业的主要负责人或者相关负责人参加。但是，有一个问题就是——被约谈企业的主要负责人通常负责在总体上把控企业或者部门的经营、管理活动，对于某一具体环节或者部门的违法违规行为以及国家约谈的法律规定往往不够了解，因此约谈时常常会出现"只听不谈"的现象，成为约谈的被动接受者而缺乏与网信部门的沟通与对话。对此笔者认为，对被约谈的企业一方出席约谈的人员资格无须过于严苛，应当允许被约谈企业委托本单位普通工作人员、律师或者法律顾问陪同或者代为出席约谈。只有这样，网信部门才能够更好地掌握企业经营中存在的违法违规经营行为，然后与企业共同商讨整改方案。第二，约谈回避。对于互联网监管领域的回避制度，目前"约谈十条"并没有明确的规定，但是如同诉讼程序一样，回避制度在互联网约谈领域同样必不可少。约谈中适用回避制度，一方面可以有效避免因为约谈活动牵涉约谈执法人员的私人利益而影响约谈的正常开展和实际效果；另一方面也可以实现执法活动程序上的公正和透明，提高政府行政监管的公信力。对于互联网领域上的约谈回避制度，可以借鉴《行

---

[1]《互联网新闻信息服务单位约谈工作规定》第5条。

政诉讼法》规定的回避制度,[1]将约谈回避分为主动回避和申请回避两种情形。前者是指约谈工作人员认为自己与约谈企业具有利益关系或者其他关系时,应当主动提出回避;后者是指被约谈企业、其他利害关系人及社会公众认为约谈执法人员与被约谈企业有利益牵连时,有权提出回避申请。网信办接到申请后,应该组织人员展开调查,如果确认申请属实,则重新指派执法工作人员开展约谈工作。第三,约谈实施。约谈工作的开展需要分阶段、分步骤地依程序推进。虽然目前我国的法律文件尚未对约谈实施阶段的程序作出明确的规定,但是从有利于实现政企互动和发挥约谈实效来看,互联网约谈至少应包括以下三个步骤:首先,由约谈执法工作人员就调查或者监管到的被约谈企业的违法违规经营行为进行通报和核对,避免出现数据或信息上的错误。其次,由被约谈企业就调查、核实的结果进行解释和说明。如果违法违规经营活动确实存在,那么约谈执法工作人员则要对被约谈企业进行警示、告诫,并与企业充分沟通交流和平等对话,听取企业的看法和认识,有专家参与时还要听取专家学者的专业性的解释和建议;然后由执法工作人员向企业提出自查自纠、认真整改的要求。最后,在约谈执法工作人员与被约谈企业平等协商、真挚对话的基础上,由企业提出整改的措施和方案。约谈工作的主持人应当代表网信办与被约谈企业签署约谈协议,约谈协议应与约谈记录一起留存备案,以作为后续约谈复查及处理纠纷的依据。此外,如果约谈实施过程中出现约谈执法人员违法进行强制、暴力或者欺诈约谈的行为,被约谈企业有权拒绝约谈,并依法提起行政复

---

[1]《中华人民共和国行政诉讼法》第7条、第55条。

议、行政诉讼以及行政赔偿[1]。

（3）约谈复查阶段。约谈之后，被约谈企业应当按照整改方案和约谈协议积极进行整改和修正，并应将整改的情况及时向网信部门报告。整改应严格按照整改方案的要求进行，不得迟延履行。依照法律法规及约谈协议需要经专业机构评估的，可委托第三方机构进行综合评估。如果约谈之后，被约谈的企业没有正当的理由拒绝履行约谈协议约定的义务或者拖延整改、消极整改而没有达到整改要求的，网信部门可以依法开展专项调查，并根据约谈对象违法违规的事实及社会危害程度给予警告、罚款、责令停业整顿等行政处罚。[2]

3. 互联网约谈制度法律性质的阶段性分析

根据以上的约谈阶段划分，我们对于互联网约谈法律性质的认定以及行为类别的区分不宜单一、孤立地看待，而应该将约谈行为置于特定的环节或者阶段进行具体的分析。[3]

（1）前期阶段的"约谈评估""约谈告知"等行为属于互联网约谈的前置、准备行为，其意在确定被约谈的行政相对人，并告知约谈对象对其进行约谈的时间、地点、参加人员、事由以及约谈的具体要求，通常不具有强制性和可诉性。"约谈回避"程序具有确保约谈合法合规的程序保障性特点，可能会对行政相对人的权利义务产生实质性的影响，应当具有可诉性。"约谈记录""整改评估报告"则是对约谈的内容、过程及整改结果进行记录与评估，其本身并不会对被约谈的对象产生实质性的影

---

[1] 张珏芙蓉："我国行政约谈制度存在的问题及其法治化探析"，载《天中学刊》2014年第4期。

[2] 《互联网新闻信息服务单位约谈工作规定》第7条。

[3] 郑宁："互联网信息内容监管领域的约谈制度——理论阐析与制度完善"，载《行政法学研究》2015年第5期。

响,也不会产生法律上的强制力,通常不具有可诉性。但是如果"约谈记录""约谈评估结果"已经具体规定了被约谈对象的权利与义务,则属于约谈记录与评估结果相关内容的异化,已经对约谈对象相关权利义务产生影响,应当具有可诉性。

(2)"责令整改通知"则需要视情况而定。一般来说,行政约谈的"责令整改通知"分为两种情况:一种情形是"责令整改通知"发出之前已经启动了处罚程序,那么这种责令整改的通知就产生了行政命令的法律效果,会对行政相对人产生实质性的法律影响,因此应认定为行政法律行为。如果行政相对人认为自己的权利受到侵害,可以提起行政复议、诉讼及赔偿。另一种情形是"责令整改通知"发出之后,如果被约谈对象没有进行整改或者整改未达到约谈主体提出的整改要求时,依据有关领域的法律法规等再给予相应的行政处罚。笔者认为,互联网新闻信息监管领域的约谈即属于此种情形。例如"约谈十条"第7条就规定,如果被约谈的互联网新闻信息服务单位未整改或者整改未达标,那么行政机关有权按照互联网领域的有关法律法规对其采取相应的行政处罚措施。由于行政处罚是在企业未整改或者整改未达标的情况下作出的,其针对的是违法违规行为而非约谈活动本身,因此,此前的约谈活动或者"责令整改通知"应被视为警示性的行政指导,不产生法律意义上的行政强制力,也不具有可诉性。如果被约谈的互联网企业对后续的警告、罚款、责令停业整顿等行政处罚存有异议从而提起诉讼,那针对的也是其他具体行政行为而非约谈行为本身。

总之,对约谈制度的适用领域、适用对象、表现形式以及法律实效的考量是动态发展并存在差异的。以传统行政行为理论对互联网约谈制度的法律性质作出单一、静止的界定,很容易陷入"非此即彼"的误区。既难充分地发挥约谈制度在互联网领域的功能和作用，也无法了解约谈制度的全貌。[1]因此，本人认为对于约谈的性质可以借鉴"行政过程论"和"社会规制回应理论"，将约谈作为一种新型的政府监管手段，置于政府执法监管的最底层，然后对行政约谈以及互联网约谈的性质分阶段、分步骤地进行分析。约谈告知、约谈记录等宜被定性为行政事实行为，不具有可诉性；约谈回避、行政处罚，因为会对被约谈单位的权利义务产生重大影响，应为具有法律效力的行政法律行为，具有可诉性；而对于责令整改的通知，则要视其是否具有强制性进行具体的分析。

四、互联网约谈制度现状与问题分析

理论与实践是相辅相成、相互促进的。脱离理论搞实务容易激进和盲目，而离开实践积累和检验的理论也通常只是"纸上谈兵"，囿于"就事论事"，使得理论研究既缺乏现实依据也难以达到指导实践的预期目的。[2]从当前我国互联网约谈的立法与实务现状来看，约谈制度在取得积极成果的同时，仍然存在立法层级不高、程序性规定笼统模糊、约谈强制化等难题。

（一）互联网约谈立法现状与问题所在

约谈活动的规范化与法治化离不开约谈相关立法活动的不断开展与完善，而制定约谈制度相关法律法规不仅有利于实现执法活动法治化，而且也为其他弱强制性、规制劝导类型的监管活动提供了立法借鉴的可能。

---

〔1〕 周佑勇："作为过程的行政调查——在一种新研究范式下的考察"，载《法商研究》2006年第1期。

〔2〕 杨解君：《中国行政法的变革之道——契约理念的确立及其展开》，清华大学出版社2011年版，序言第2页。

1. 当前我国互联网约谈的立法现状

对于约谈相关立法活动的分析应该从法律法规的制定主体、效力层级、规制范围、程序规范化程度等多方面进行综合评价和考量。截至2019年2月，根据笔者在"北大法宝"数据库中获得的检索数据，标题直接涉及约谈相关内容的法律法规及其他规范性文件等共有274篇，其中中央法规18篇，地方法规256篇。全文内容涉及约谈的法律法规以及其他规范性法律文件则多达21 405篇，其中中央法规1544篇，地方性法规19 861篇。[1]具体到本文聚焦讨论的互联网监管领域的约谈制度，目前可以检索到的只有《网络安全法》和"约谈十条"，并且《网络安全法》只是粗略地规定了省级政府工作部门对可能存在网络安全危险以及发生安全事件的网站经营者进行约谈，并没有具体的程序性与内容性的规定。总而言之，我国目前的约谈立法活动存在着诸如制定主体多样、立法工作分散、法律效力等级不高、规范性文件规定过于粗略致使约谈缺乏程序性和具体内容等一系列的问题，这些问题都使得我国的约谈相关法律法规在约谈实践中的指导性与规制性功能受限。

2. 当前互联网约谈在立法上存在的问题

从我国目前互联网监管领域的约谈立法来看，主要存在以下四个问题：

（1）规范性法律文本不多，缺乏直接、详尽的法律依据。目前互联网领域，涉及约谈制度的只有"约谈十条"[2]这一部规范性法律文件。文本法律效力层级较低，而且只针对互联网新闻信息服务内容，这使得其他网络违法违规经营行为或者联合约谈的情形在适用约谈制度时难以找到直接有力的法律依据。

---

[1] 载http://www.pkulaw.cn/北大法宝，访问日期：2019年2月16日。
[2] 《互联网新闻信息服务单位约谈工作规定》第2条。

当然，从联系、发展的角度来看，我们可以从我国其他法律法规及规范性文件中寻求某些间接的法律依据，例如《行政处罚法》[1]《网络安全法》[2]《互联网新闻信息服务管理规定》[3]等。但是，从约谈规定的针对性、实效性等方面考虑，若将这些行政法律规范中的"约谈"规定直接适用于互联网信息监管领域，难免会出现"水土不服"的情况，最终造成约谈适用异化现象的频发。

（2）具体性与程序性规定不够详细。除了有些互联网业务领域缺乏约谈相关立法文件外，即使在有"约谈十条"规范的新闻信息服务领域，约谈仍然存在着一些问题和不足。具体而言，"约谈十条"规定了约谈的含义、行政主体、约谈的适用情形、约谈的程序等内容，但规定相对模糊，甚至缺少规定。例如"约谈十条"没有规定约谈的通知、回应及整改时限，而且在被约谈企业的具体权利义务和救济途径、企业整改后的综合评价标准等方面也缺乏相应的具体条款。这些问题的存在极易造成实务操作中约谈异化现象的发生，最终使得约谈的实际效果背离制度设计之初规制遵从、政企双赢的目的。

（3）原则性规定相对较少，信息公开度不高。法律基本原则在指导法律解释和法律推理、弥补法律漏洞、确定行使自由裁量权的范围[4]，尤其是对于行政约谈这类强制性较弱，经常需要行政主体自由裁量的行政行为具有特别重要的意义。因此，大部分的法律法规在立法文件中都会作出一般原则性的规定，

---

[1]《行政处罚法》第5条、第41条。
[2]《网络安全法》第56条。
[3]《互联网新闻信息服务管理规定》第21条规定。
[4] 邹瑜、顾明主编：《法学大辞典》，中国政法大学出版社1991年版，第1043页。

以指导和规范自由裁量、填补法律空白。[1]然而,"约谈十条"则对互联网新闻信息服务单位的约谈缺少基本原则的规定。同时,对于约谈情况用了"可公开",而非"应该公开"的用语,这就为网信执法人员选择不公开约谈信息提供了可能,也因此加大了执法腐败的风险。

(4)具有较强行政强制性。"约谈十条"将约谈制度与信用机制关联,规定将约谈情况记入对新闻信息服务单位的日常考核和年检档案,并规定约谈时被约谈的新闻信息服务单位"应当予以配合,不得拒绝、阻挠"。[2]因此,互联网领域的行政约谈带有明显的行政强制色彩,背离了约谈制度设计的初衷。

(二) 互联网约谈实施现状与常见问题

1. 互联网约谈实施现状

根据中国网信网统计,2018年全国网信系统依法约谈网站1497家,警告738家,暂停更新网站297家,关闭违法网站6417家。[3]这表明,目前我国互联网领域的行政监管力度在加强,政府更加重视网络安全、网络环境以及网络秩序的净化与维护,同时也说明当前我国互联网行业违法违规行为多发,市场环境有待进一步的规制与完善。

2. 2018年至2019年典型互联网约谈事件

笔者对2018年1月至2019年1月一年间互联网监管领域典型的约谈事件及其整改情况进行梳理,以便更好地聚焦互联网

---

[1] 例如,《关于建立餐饮服务食品安全责任人约谈制度的通知》(国食药监食〔2010〕485号)开篇第一部分就明确规定了该领域适用约谈的基本原则:分级约谈原则、适时约谈原则和依法约谈原则。

[2] 《互联网新闻信息服务单位约谈工作规定》第8条、第9条。

[3] 载http://www.cac.gov.cn/2019-01/24/c_1124034877.htm,访问日期:2019年2月17日。

约谈实务操作中的规律与难题。具体如下：

表 2-1　2018 年 1 月至 2019 年 1 月互联网领域典型约谈事件及整改状况表

时间	行政主体	约谈对象	约谈事由	法律依据	整改要求	约谈效果
2018年1月6日	国家网信办	支付宝、芝麻信用公司主要负责人	将服务协议设置为"同意"的自动勾选状态，并且置于非常不显眼的位置，涉嫌违反相关法律规定，在用户不知情的情况下获取用户信息。	《互联网交易管理办法》《个人信息安全规范》	要求支付宝全面排查、专项整治、采取有效措施。[1]	约谈后，企业积极整改。支付宝已经取消了同意服务协议的默认勾选，设置为用户自主进行选择。
2018年1月11日	上海市网信办	万豪国际集团、万豪酒店管理公司主要负责人	万豪的会员邮件与APP页面将中国西藏自治区、港澳台地区标注为"国家"。	《宪法》《网络安全法》等	要求企业全面进行自查自纠，关闭涉案网站与APP一周。	已完成信息修改工作。

[1]　载 http://news.163.com/18/0110/10/D7PKCFQA000187VE.html，访问日期：2019 年 2 月 17 日。

续表

时间	行政主体	约谈对象	约谈事由	法律依据	整改要求	约谈效果
2018年4月4日	国家网信办	"快手""火山小视频"短视频平台的主要负责人	被约谈短视频平台对于未成年主播发布的低俗不良信息疏于账号管理，未尽职履行主体责任。	《网络安全法》《互联网信息服务管理办法》《互联网直播服务管理规定》《互联网新闻信息服务单位约谈工作规定》等。	要求被约谈的平台暂停算法推荐功能，并将违规网络主播纳入跨平台禁播"黑名单"，暂停频道更新。	被约谈企业积极回应，表示会扩大审核人员数量，健全审核管理制度，加大对违法低俗信息的过滤，树立平台正能量价值观。[1]
2018年8月2日	北京市和上海市网信办	上海佩珀文化传播有限公司主要负责人	非法组建新闻采编团队、违规开设原创新闻栏目，并擅自提供新闻时政类网络服务。	《网络安全法》《互联网新闻信息服务管理规定》等。	责令停止违法违规行为，"好奇心日报"网络平台暂停更新一个月并进行全面整改。	进行了全面整改，合法合规开展互联网业务。

[1] 载 http://www.sohu.com/a/227587381_145183，访问日期：2019年2月17日。

续表

时间	行政主体	约谈对象	约谈事由	法律依据	整改要求	约谈效果
2018年9月26日	北京市网信办	凤凰网主要负责人	凤凰网部门频道、客户端及官方网站传播违法不良信息、篡改新闻标题、违规转载新闻信息。	《网络安全法》《互联网新闻信息服务管理规定》《互联网新闻信息服务单位约谈工作规定》等。	责令停止违法违规行为，进行全面整改。	凤凰网负责人表示，将积极进行整改，切实履行主体责任。整改期间凤凰网部分频道与应用APP暂停更新。[1]
2018年10月12日和15日	上海市网信办	"1号店""拼多多""小红书"等23家运营这些APP的企业主要负责人	存在过度获取用户个人信息的问题。	《网络安全法》《移动互联网应用程序信息服务管理规定》等。	要求企业认真做好各项应用权限工作，加强用户数据信息管理，完善网络安全防护措施，提高网络安全能力。	大部分进行了积极整改，部门因管理需要尚未整改的也制定了详细的计划。[2]

---

[1] 载 https://news.china.com/socialgd/10000169/20180927/34021009.html，访问日期：2019年2月18日。

[2] 上海网信办微信公众号"网信上海"，载 https://mp.weixin.qq.com/s/3by1v71RLVho0bu99bnsuw，访问日期：2019年2月18日。

续表

时间	行政主体	约谈对象	约谈事由	法律依据	整改要求	约谈效果
2018年11月	国家网信办	微信、新浪微博、百度等12家客户端自媒体平台的主要负责人	平台内自媒体账号存在"标题党""黑公关""低俗色情"等六大自媒体乱象。	《网络安全法》《互联网新闻信息服务管理规定》《互联网用户公众账号信息服务管理规定》《电信和互联网用户个人信息保护规定》。	责令互联网平台切实履行平台主体,全面进行整改。	约谈后,被约谈的12家企业积极制定自查自纠办法、调整账号数量、关停违法违规账号,并完善平台自查审核系统。[1]
2019年1月底	国家网信办	"微信7.0""聊天宝""马桶MT""多闪"等四款社交类新功能新应用企业的主要负责人	被约谈的四款应用企业未依法履行互联网新技术新应用安全机制程序。	《网络安全法》《互联网新闻信息服务新技术新应用安全评估管理规定》《具有舆论属性或社会动员能力的互联网信息服务安全评估规定》等。	责成有关企业认真履行法律法规规定的安全程序,依法依规经营,积极开展安全评估工作。	未知

---

[1] 例如,腾讯微信将个人主体注册公众号的数量上限由2个调整为1个,企业主体注册公众号的数量由5个调整为2个。新浪微博关闭了"电影资源攻略""减肥健身女王"等违规自媒体账号,并聚焦平台内传播政治有害、低俗色情、造谣传谣等问题,从内容和账号两个方面落实整改措施。

以上约谈事例表只是笔者选取的 2018 年 1 月至 2019 年 1 月一年间国家网信办及地方各级网信办开展得比较典型的部分互联网约谈执法事件。鉴于当前约谈工作的普遍化，表格内的事件自然无法穷尽当前所有互联网约谈的情形和状况，但是以微知著，我们仍然可以看到当前互联网领域约谈制度的适用情形及问题。

3. 互联网约谈的主要事由

互联网约谈的事由或者起因主要包括但不限于"约谈十条"第 4 条规定的情形，具体包括：①违法违规或者不合理的获取、利用用户个人信息；②发布、转载、散播涉及危害国家安全、国家统一、民族团结等政治敏感信息；③编造、散播损害英雄烈士名誉、荣誉等有悖于中国优秀民族精神和爱国精神的广告、信息；④未经新闻主管部门许可，未取得相应资质，违法违规设置新闻信息服务频道、发布时政类新闻信息的；⑤网络信息内容及安全管理存在技术性风险的；⑥其他违反法律法规需要网信部门进行约谈的。

（三）实践中互联网约谈面临的主要问题

1. 约谈启动随意化

法律赋予行政机关权力与裁量权往往是并行的。[1]网信部门在约谈互联网企业时，首先应该是网信部门（或者联合其他执法部门）对相关企业的经营活动进行审查和抽检，然后针对互联网企业具体的违法违规经营行为进行政策、法律法规等方面的警示、告知，在充分听取企业陈述、说明之后，要求企业进行自查自纠，提出整改方案并及时进行整改，这样才能促进企业经营的合法化，而非单纯约谈企业进行国家相关政策、法

---

[1] Timothy Endicott, *Administrative Law*, Oxford University press, 2011, p.239.

规的宣传与讲解。实践中,有些地方网信办会以"约谈"的名义召集当地互联网企业进行国家政策方针的宣传与教育,这虽具有一定的普法宣传作用,但却严重背离了约谈制度设立的初衷,也会因为缺乏具体的针对性,而达不到预期的约谈效果。

2. 约谈强制化倾向严重

行政约谈作为一种"软性执法"的监管工具,其主要是通过警示谈话、规制劝勉、通知整改等弱强制性的方式实现监管目的的。但是实践中,网信办很多情况下都是在未与互联网企业进行约谈而直接下达强制整改的通知,有时则是约谈整改通知甚至与行政处罚、"黑名单"制度同时采用,这就使得约谈制度成为"鸡肋",既没有实现政企之间的良性互动,也没有达到避免挫伤企业发展积极性的实效。

3. 约谈信息公开化程度低

从实践来看,约谈的时间、地点、事由、依据及整改实效等信息,公众都无法通过一个官方、有效的途径获得。通常,人们只能通过国家网信办官方网站——中国网信网以及其他一些主流媒体的报道等检索到约谈相关的法律法规及新闻,但是看到的往往是一些"网信办责令××企业停止违法违规行为,全面深入进行整改"以及"被约谈企业主要负责人表示已经深刻认识到错误,一定深刻汲取教训,全面进行整改"等言辞,而对于公众更为关注的约谈详情以及被约谈企业后续的整改效果则不得而知。

4. 被约谈企业参与积极性低

在实务中,约谈常常表现为网信部门对被约谈企业提出一系列规范性的警告和整改要求,而被约谈的企业往往只是完全按照网信部门的要求行事,对于约谈抱有"只听不谈"的消极怠态度。

5. 权利救济途径不明

如今,随着政府执政方式的转变和柔性执法理念的深入,互联网约谈这一新型监管方式适用越来越普遍,而广泛适用的同时必然不可避免地产生了很多适用异化之处。

五、解决当前互联网约谈困境的路径选择

(一) 加强约谈立法,完善互联网约谈法律依据

完善的立法是约谈制度有效推行和达到预期目的的正当性基础,也是从源头上避免约谈适用异化的重要保证。目前,我国互联网监管领域已经有"约谈十条"这一部规范性法律文件,但是随着我国互联网产业经济的迅速发展以及约谈制度在互联网领域的大量适用,针对"新闻信息服务单位"的"约谈十条"显然无法满足当前互联网领域日益繁杂的监管需求。因此,笔者认为,应该在吸收当前"约谈十条"相关有益规定的基础上,结合我国多年的约谈适用经验,制定出一部专门针对互联网约谈的行政法规出来。

1. 明确约谈适用对象、法律性质与基本原则

首先,"约谈十条"将约谈对象限定于"新闻信息服务单位",但是当前实务中网信部门约谈的主体绝非这一类互联网企业,还包括诸如求职招聘网站、房屋出租售卖网站等,因此互联网领域的约谈对象不宜设置过窄。其次,鉴于约谈制度是一项弱强制性的监管措施,行政主体具有较大的自由裁量权,因此,进行立法活动时应设置约谈相关的适用原则,适当导入比例原则、信赖利益原则等行政法基本原则,降低约谈对企业的不利影响,促进政企互信和双赢,避免因新情况出现但法律法规未明确规定而出现约谈适用异化现象。最后,要明确互联网

约谈的适用范围，界定清楚被约谈的互联网企业违法违规的具体情形与严重程度。

2. 明确约谈对象在约谈中的权利义务及救济途径

目前，我国互联网领域的约谈多数情况下都是各级网信办指出约谈对象经营活动中的违法违规行为，然后提出整改要求，而被约谈的企业往往扮演被动配合的角色，并没有体现出约谈双向互动的特点和优势。如何保障被约谈企业负责人充分地表达自己对企业涉违法违规经营活动的看法，如何保障整改方案实际可行并防止整改方案过度行政化与程式化应成为后续约谈立法活动亟待解决的事宜。

（1）明确和规范互联网约谈适用的法律程序。行政程序是行政权力运行规范化的重要保障，对于实现社会的公平、正义、效率等具有重要意义。[1]目前"约谈十条"对于约谈的程序规定相对简单，并且只规定了约谈的提前告知、身份表明、约谈记录及整改评估等几个方面，而这显然不能满足当前日益频繁适用的约谈需求。对此，在后续的立法活动中至少要对约谈的时限（约谈的通知、回应以及整改时间）、代理（委托专业的法律工作者陪同或者代为参加约谈）、回避、约谈救济等几个关键程序环节进行详细、具体的规定[2]，以达到提高互联网约谈效率与质量、维护被约谈企业合法、正当权益的目的。

（2）增强互联网领域约谈事务的信息公开和公众参与程度。如前所述，"约谈十条"第8条对约谈情况的公开用了"可以"的用词，这意味着网信办对于约谈情况是有权选择公开或者不公开的。"阳光是最好的防腐剂""公开是专断的天敌，是对抗

---

［1］马怀德主编：《行政程序立法研究》，法律出版社2005年版，第2~4页。

［2］郑宁："互联网信息内容监管领域的约谈制度—— 理论阐析与制度完善"，载《行政法学研究》2015年第5期。

非正义的天然盟友"。[1]因此，设置专门的约谈查询渠道，使得约谈实施的各环节能够为被约谈企业、利益相关人甚至是一般公众所获知。当然，如果约谈信息涉及被约谈企业的商业秘密、经营信息等，企业有权提出不公开或者部分不公开的申请。

(二) 转变执法理念，增强权利观念与参与意识

约谈作为一种柔性执法方式，本应具有平等协商、沟通交流等弱强制性特点，但实务操作中却常常出现暴力约谈、强制整改的现象，而这与约谈监管部门及其工作人员"官本意识"和"权力本位"的落后执法理念仍然根深蒂固有着很大的关联。因此，提高执法人员专业素养，转变其保守、落后的执法理念，树立"以人为本""执法为民"的服务型监管意识，对于实现互联网约谈过程中政企良性互动交流具有重要的意义。对此，有三点要谈：第一，注重加强当前国家行政监管法律法规及政策方向的宣传与普及，注重对执法工作人员专业技能的提升和职业素养的培训，改变部门工作人员陈旧、落后的执法理念，树立政企互动双赢、避免尖锐对抗的全新监管理念。第二，注重约谈信息的及时公开与更新，加强公众参与度，通过舆论和社会监督降低约谈过程中的异化现象，在确保国家监管政策有效实施的基础上，更加注重对行政相对人合法权益的保护。第三，创新约谈评价机制，完善执法监督与奖惩制度。设立约谈评价工作窗口，允许被约谈的互联网企业和社会公众对约谈执法活动与约谈效果进行评价，并对于可行性的建议予以及时反馈。

从企业角度来看，互联网企业应该重视专业互联网法律服务团队的引进，注重法律与政策风险防控与自审，减少违法违

---

[1] [美] 肯尼斯·卡尔普·戴维斯：《裁量正义：一项初步的研究》，毕洪海译，商务印书馆 2009 年版，第 258 页。

规现象的发生。同时,当被约谈时,企业应做到及时回应,并与约谈执法部门进行积极有效的沟通、协商。如果发现企业经营确实存在违法违规问题,要及时地进行整改和反馈;如果遇到被错误约谈的情形,也要敢于积极地与约谈机关进行对话,若仍被强制约谈或者整改,则需要学会借助行政复议、行政诉讼以及行政赔偿等一系列行政法律措施,维护企业自身的正当权益。

六、结语

约谈制度作为当前快速发展的互联网领域中的一种创新型监管方式,其在实现软法而治、政企双赢、构建服务型政府方面产生了积极有益的影响。但是,由于我国目前互联网约谈制度仍存在约谈概念模糊不清、约谈性质界定不明、约谈程序规定简单粗糙、企业救济途径狭窄等一系列问题,因此我国互联网领域约谈制度的法治化与规范化,无论是从立法活动还是执法实践上仍然有待进一步的提高和完善。

行政法视野下视频网站服务提供者的第三方义务研究

一、绪论

(一) 选题依据及意义

在我国现阶段,各大视频网站已成为违法行为孕育、传播和实现的主要平台,网络违法行为的频频发生对于我国互联网秩序的维护和网络空间的净化起到了严重的阻碍作用。然而我国目前对于互联网秩序管理和规制以及涉及视频网站的相关法律法规仍不够健全和完善,这与行业的迅猛发展形势不相匹配、不相适应。对于网络违法行为的处置,我国目前的立法趋势是将这一责任主要赋予视频网站平台,如果视频网站平台没有及时发现或者处理违法行为就要依法承担相应的法律责任,这在无形之中加重了视频网站平台的负担,而且视频网站平台也没有足够的能力和权力去解决这一问题。反观目前我国行政机关对于违法行为的规制能力也极为有限,对于违法行为的管理能力也亟待提高,海量的违法事件与我国行政资源紧张之间的矛盾突出。本文试将视频网站服务提供者在行政法上的第三方义务做进一步明确的界定和分析,通过对案例的分析寻找法理依据和解决方案。

(二) 国内外研究现状

1. 国内研究现状

行政法上第三方义务制度目前已经成为现代行政法体系中的一个重要领域,成为行政规制实施体系中的前沿问题,对于我国而言，我国的法律、行政法规等对于一些影响到国计民生的领域，如在食品安全、经营者责任、生态环境等领域有着一系列的立法实践，但对于"行政法上第三方义务制度"这一概念的基本结构和基础理论，鲜有学者进行说明和阐释。高秦伟教授对于这一制度进行了初步的探索，他认为，一些私人主体与行政部门比起来，具有技术上的优势和经营上的经验，对于互联网服务提供平台的运营模式和操作流程更为熟悉，因此，互联网服务提供者承担一定的在行政法上的第三方义务，可以用更低的成本和更高的效率发现和阻止违法事件的发生，有利于达到政府和互联网服务提供者在效益上的共赢。同时他提到了行政法上第三方义务制度要谨慎适用，在具体实践过程中需要调动互联网服务提供者履行义务的积极性，防止其承担过重的义务负担。〔1〕此外，薛红教授认为第三方交易平台通过在实际的经营中制定和实施相关规则，其实在一定程度上已经取得了对电子商务的实际管理权。在我国的司法中，政府主管部门对于第三方交易平台的行政监管越来越严格，给予其在行政法上的第三方义务越来越重，第三方交易平台承担的责任也越来越多。〔2〕而赵鹏副教授则认为，近年来我国的立法有逐渐加强互联网服务提供平台义务的趋势，并且这种幅度越来越大。这种做法不仅在严重加重互联网服务提供平台责任的同时，违背了互联网交易的本质，而且不利于互联网的发展与创新。〔3〕

行政法上的第三方义务在我国起步较晚，相关的文献研究

---

〔1〕 高秦伟："论行政法上的第三方义务"，载《华东政法大学学报》2014年第1期。

〔2〕 薛虹："论电子商务第三方交易平台——权力、责任和问责三重奏"，载《上海师范大学学报（哲学社会科学版）》2014年第5期。

〔3〕 赵鹏："私人审查的界限———论网络交易平台对用户内容的行政责任"，载《清华法学》2016年第6期。

也不够充分和全面。同时，对于行政法上的第三方义务对互联网服务提供者的适用是否具有社会价值也存在着一定的争议，比如互联网服务提供者在行政法上的第三方义务如何定性，属于行政授权还是行政委托；目前我国法律法规等对互联网服务提供者在行政法上的第三方义务设定比例是否合理，是否存在较重的情况；如何合理构建政府与互联网服务平台的管理模式，等等。

2. 国外研究现状

行政法上第三方义务制度在国外得到一些学者的关注，并进行了一系列的研究，国外研究专家对于行政法上第三方义务制度的研究主要体现在私人规制和公共治理理念。

Adami Muchmore 在《私人规制与外部行动》文章中指出，在现实生活中部分行政机关将其部分职权委托给私人主体的现象已经十分普遍。[1] 19世纪80年代至90年代，美国就已经出现了私人行政的内容，在火灾防控领域出现了由私人公司直接制定建筑材料和电器质量安全标准的状况，同时这些私人公司有权对相关企业是否符合安全标准进行认定。[2] 这一由市场自发形成的私人规制在当时的美国对于预防和控制火灾起到了关键性的作用。同时，在一些发达国家，私人认证逐渐成为规制产品服务质量和相关风险的主要方式。在2001年，美国发布了关于美国私营部门产品认证目录，其中包括大约有180个非政

---

[1] Adami. Muchmore, "Private Regulation and Foreign Conduct", *San Diego Law Review*, Vol. 47, No. 2 (May~June, 2010), pp. 371~380.

[2] Timothy D. Lytton, "Competitive Third-Party Regulation: How Private Certification Can Overcome Constraints That Frustrate Government Regulation", *Theoretical Inquiries in Law*, Vol. 15, No. 2 (July, 2014), pp. 539~572.

府性认证机构，对 850 多项产品进行认证。[1]这一私人认证的制度在缓解政府监管压力的同时有效地提高了行业的自律意识。1877 年至 1890 年间，由于德国蒸汽锅炉技术的粗糙和行业管理制度的落后，蒸汽锅炉破裂造成的人员伤亡数量逐年上升。为了防止蒸汽锅炉对国民的伤害，在德国政府制定相关监督政策的同时，蒸汽锅炉的使用者自发地形成了蒸汽锅炉监督协会，定期对于蒸汽锅炉进行维修检查，并提供一些富有针对性的意见。随着该协会的不断壮大，德国政府授予该协会会员蒸汽锅炉的监督权，形成了政府职权监管与授权或委托协会监管的新模式，极大地促进了当时蒸汽锅炉的发展，同时也有效地维护了国民的人身财产安全。[2]

公共治理作为治理的一部分，其包括了"国家—社会—个人"三个不同的层次，由这三个不同的主体共同参与社会治理。1995 年，哈佛大学的 Marc Moore 在《创造公共价值：政府的战略管理》（Creating Public Value：Strategic Management in Government）一书中提出了"公共价值"的概念，而公共价值的概念阐释为公共价值管理提供了理论基础，同时也促进了公共治理理念不断丰富完善和发展。[3]澳大利亚政府在其政府改革蓝图中明确提到要加强政府与私人部门以及社会公众的联合，充分

---

[1] Lesley K. McAllister,"Harnessing Private Regulation", *Michigan Journal of Environmental & Administrative Law*, Vol. 3, No. 2 (Spring, 2014), pp. 291~320.

[2] [日]米丸恒治：《私人行政——法的统制的比较研究》，洪英、王丹红、凌维慈译，中国人民大学出版社 2010 年版，第 125 页。

[3] Mark H. Moore, *Creating Public Value：Strategic Management in Government*, Cambridge, Massachusetts：Harvard University Press, 1995, p. 28.

发挥公民和私人主体的作用。[1]英国政府在积极统筹内部机构协调性的同时,注重于与私人主体合作以及公民参与。[2]澳大利亚和英国政府都着力于积极引导公众参与社会治理,并积极促进政府与私人主体之间的信息互通,从而提升服务效果,实现公共治理的最大效益。

3. 我国视频网站监管研究分析

目前我国对于视频网站服务提供者在行政法上的第三方义务方面的研究文献寥寥无几,对于如何构建在行政法视野下视频网站服务提供者的第三方义务的研究更是接近空白。近年来,随着互联网技术的快速发展,视频网站呈现爆发式的增长,根据《2018 年网络视听发展研究报告》,截至 2018 年 6 月,我国手机视频用户共计 5.78 亿,短视频用户共计 5.94 亿,直播用户共计 4.25 亿,音频用户共计 3 亿。[3]视频网站作为信息传递的主要媒介,相较于其他网络服务提供者在传播上具有极强的生动性与影响力,已经逐渐成为社会文化生活的重要组成部分,营造良好的视频网站传播环境对于推动我国文化事业的繁荣发展和促进社会的文明进步意义重大。

(三) 研究方法

本文将采用案例分析法、比较分析法等多种研究方法,通

---

[1] See Blueprint for the Reform of Australian Government Administration,https://www.baidu.com/link?url=bjJ1pLhXzotfDu6UW1kq7FM_UsOZasHHiJHBnvpmhOc-Migsc1RV-DfAEmjW7dMv&wd=&eqid=a213bf20000079bc000000035bf3bd9c,访问日期:2018 年 11 月 20 日。

[2] Cabinet Office. Excellence and Fairness:Achieving World Class Public Services,https://www.baidu.com/link?url=6mLyYcDOBkuMENAkWKedlbzVOQhLQHeDIqN1rtZkC44Hxhe5khoLMH6yCEBEXH-7_anzYcWnDW0Y5GY9mkYL3NHZwE_zat01ph3ysm8tUIK&wd=&eqid=81f16dc6000031a6000000035bf3be0c,访问日期:2018 年 11 月 20 日。

[3] 载 http://www.cnsa.cn/index.php/infomation/dynamic_details/id/63/type/1.html,访问日期:2019 年 1 月 13 日。

过研读大量文献把握学术研究动态，通过分析我国关于视频网站提供者的相关立法来研究我国的立法基本趋势，通过具体的案例剖析来论证视频网站提供者行政法义务的必要性和可行性，最后得出结论。

（四）创新性

由于我国目前对于行政法上的第三方义务研究大多处于理论研究层面，相关研究落实到具体领域的少之又少，本文将对行政法上的第三方义务进行深入研究，并与我国视频网站的监管状况进行全面结合。通过研究和借鉴管理学上的"风险防控与回报"理念与社会学上的"社会自治"理念，探索构建视频网站平台和政府"合作治理—利益平衡"的新模式，即在政府的主导和宏观把控下，赋予视频网站平台一定的监管义务，共同维护视频网络空间秩序的稳定。

二、行政法上第三方义务的基本理论

现代政府的职能不仅包括管理国家事务和社会公共事务，还包括管理政治、经济、文化等各方面事业，其主要目标是全面构建和推进服务型政府，最终服务于人民。在互联网日益发展、违法事件纷繁复杂的背景下，政府在进行管理和规制社会的同时，需要切实发挥好政府的主导作用，积极引导和创建个人、社会团体与政府的合作关系，优势互补。继而，平台承担必要的主动审查义务已经成为时代的选择。[1]这也就是在行政实践中出现的"行政法上第三方义务"制度，且已经在众多实践案例中得到实际运用。

（一）行政法上第三方义务的理论基础

对于行政法上的第三方义务，美国学者 Kraakman 曾对于由

---

[1] 中国信息通信研究院《互联网平台治理研究报告（2019年）》。

政府部门以外的其他主体对于违法事件的发生进行预防和阻止的现象进行了阐释,并由此提出了"第三方执行机制"(Third-party enforcement)的理论。[1]该理论认为政府指定的主体虽然不是违法行为的实施者与受害者,但其具有管理该违法事件的能力与优势,在政府的统一指导下与政府相关部门共同对违法事件进行事前预防和事后处理。在"第三方执行机制"理论影响下,Gilboy曾提出了"第三方义务"的概念,将第三方义务的适用限制"在政府规制不能或需要投入大量的社会资源"的情形中,对于在何种场合施加何种第三方义务进行了进一步的说明。在这些理论中,最具有代表性的理论为三方主义理论(Tripartism)[2]。该理论为建构行政法上的第三方义务制度提供了学理上的支持。三方主义这一概念主要是由澳大利亚学者Ian Ayers & John Braithwaite 共同提出来的,他们的观点认为,在社会中因为不同的产业具体情况不同,政府管理的目的也不相同,因此,政府的管理权应当赋予服务提供者本身或者其竞争者,由此来更好地实现政府的管理目的。[3]

这些理论都具备这样的共性,即提倡由政府、互联网服务提供者对于违法行为规制的同时,更注重发挥社会公共利益团体的优势力量,通过政府、服务提供者与社会公共利益团体的联动,突破政府管理方式的局限性,共同维护社会秩序

---

[1] Reinier H. Kraakman, Corporate Liability Strategies and the Costs of Legal Controls, 93 *Yale L. J.* 857, 898-99 (1984). And Kraakman R H., Gatekeepers: The Anatomy of a Third-Party Enforcement Strategy, *Journal of Law Economics & Organization*, 2: 53~104 (1986).

[2] Bronwen Morgan & Karen Yeung, *An Introduction to Law and Regulation: Text and Materials*, Cambridge University Press, 2007, pp. 53~76.

[3] Ian Ayers & John Braithwaite, *Responsive Regulation: Transcending the Deregulation Debate*, Oxford University Press, 1992, pp. 57~58.

的稳定。

(二) 行政法上第三方义务的概念界定与特征

所谓第三方，具体是指相对于违法者和受害者而言的，违法行为实施者作为第一方，该违法行为的受害者作为第二方，在这一过程中，提供产品或者服务的主体即是第三方，第三方提供的产品或者服务成为违法行为生存发展的基础。[1]（参见图2-1）

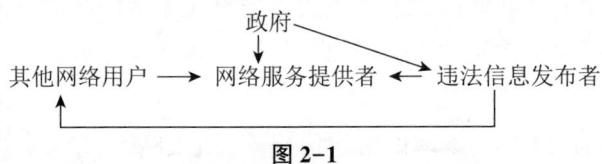

图 2-1

行政法上的第三方义务是指，政府指定的私人主体虽然不是违法行为的实施主体和该违法行为的受益者，[2]但是需要被强迫履行一些违法行为的发现和阻止工作，包括上报私人信息给行政机关或者自己采取阻止性措施等。[3]这同时也是私人主体行政参与的一种途径，辅助政府进行行政规制和治理。在现实生活中，存在着大量的行政法上的第三方义务，如网络服务提供者具有保护用户个人信息义务、信息披露与审核义务、广告发布审核义务、对于违法事件协助查处、提供有关资料并报告有关机关的义务，等等。我国法律在视频网站、食品安全等领域大量地给予第三方主体一定的"平台责任"，促使第三方平

---

[1] Jeffrey Manns, "Private Monitoring of Gatekeepers: The Case of Immigration Enforcement", 2006 *U*. 111. *L. Rev*. 887（2006）.

[2] Reiner H. Kraakman, "Corporate Liability Strategies and the Costs of Legal Controls", 93 *Yale L. J*. 857（1984）.

[3] 高秦伟：" 论行政法上的第三方义务"，载《华东政法大学学报》2014年第1期。

台对于发布在平台上的信息履行一定的审查和自我规制义务。在我国现阶段行政法上的第三方义务有如下特征：

（1）强制性。在现实生活中，政府通常会设定一定的规制方式来强迫第三方网络服务平台实施一定的作为义务来协助政府相关部门预防或者阻止违法事件的发生，在这一过程中，政府部门扮演了"强迫者"的角色，第三方网络服务平台则属于"被强迫者"，政府通过设定具体的责罚制度来迫使第三方网络服务平台必须履行该行政义务，不能放弃也不能拒绝履行。例如，我国《互联网广告管理暂行办法》规定，互联网广告信息服务提供者如果知道或应该知道他人使用其信息服务平台发布非法广告，应予以制止。[1]

（2）惩罚性。当第三方网络服务平台未有效地对于违法行为的发生尽到一定的作为义务时，其将会受到相关的惩罚措施。主要包括罚款等，情节严重的将会受到刑事处罚。例如，我国《食品安全法》规定，相关经营者或组织者对入场销售的食品经营者履行检查、报告等义务，否则将受到食品药品监督管理部门的处罚。[2]我国《网络安全法》规定，网络运营商应当协助公安机关和国家安全机关工作，拒绝或阻挠有关部门依法监督检查，或者拒绝提供技术支持和帮助的，由有关主管部门责令改正，拒不改正或者情节严重的，处以相应的罚款。[3]

（3）一定的社会公益性。在实践中，第三方网络服务平台履行行政法上的第三方义务往往得不到政府或者其他社会团体的直接经济补偿，可能还会因履行该义务付出大量的人、财、物资源，比如人员配置、技术升级、线上线下管理等支出。比

---

[1] 参见《互联网广告管理暂行办法》第17条。
[2] 参见《中华人民共和国食品安全法》第61条、第62条第2款、第130条。
[3] 参见《中华人民共和国网络安全法》第69条。

如《北京市控制吸烟条例》规定，在禁止吸烟场所的经营者与管理者，他们具有建立禁止吸烟管理制度，做好宣传教育工作以及对在禁止吸烟场所内的吸烟者进行劝阻等义务。[1]

(三) 行政法上的第三方义务与其他相关概念辨析

1. 行政法上的第三方义务与私人规制

私人规制与行政法上的第三方义务均是为了弥补政府规制的系统缺陷而产生，私人规制是以市场的内在发展为基本推动力，以自愿和成本自担原则为主要的行动基础，着力解决行业内部问题的规范机制。[2]虽然两者均是由政府以外的其他私人主体进行规制，但从规制者主观意识来看，私人规制更加注重自愿性，规制者以现有的行业资源为依托，其产生和发展均具有一定的自发特征；行政法上的第三方义务更加偏向于被动性，往往在政府的指导或者规范下从事系列活动。在广义上，私人规制包括了行政法上的第三方义务，因此从二者的参与范围来看，私人规制的种类更加多样化，包括行业标准制定、产品认证检验等，而行政法的第三方义务主要负责范围为具体规制的实行，且属于强制性的实行。

2. 行政法上的第三方义务与举报制度

举报制度在我国比较普遍，涵盖了大多数的服务领域，比如我国《价格违法行为举报规定》(已失效) 中规定，公民、法人或者其他组织对违反价格和收费法律、法规等规范性文件，有权向有关部门举报。[3]再如，我国《宪法》规定，我国公民对于国家机关和国家工作人员的违法失职行为，有申诉、控告

---

〔1〕 参见《北京市控制吸烟条例》第13条。

〔2〕 胡斌："私人规制的行政法治逻辑：理念与路径"，载《法制与社会发展》2017年第1期。

〔3〕 参见《价格违法行为举报规定》第2条。

或者检举的权利。[1]举报制度在一些欧美国家也被称为"吹哨人"制度（whistle blower），通过"哨声"来震慑或者阻止违法事件的发生，协助政府进行社会规制。举报制度与行政法上的第三方义务最主要的区别在于大多数情况下举报不需要或者很少需要经济成本，举报成功者还有可能获得一定程度的奖励，而反观行政法上的第三方义务的履行则要花费大量的成本，该强制性义务如履行不尽或者履行不能还有可能因此受到行政处罚。

3. 行政法上的第三方义务与侵权责任法中的"第三方责任"

我国《侵权责任法》对网络服务提供者的第三方责任有明确的规定。[2]《侵权责任法》中的第三方责任承担的前提是网络服务者对于已经发生的危害行为疏于管理或者未尽到合理的注意义务，造成的结果是将该危害行为的损害范围扩大或者加深。在《侵权责任法》中，网络服务提供者的第三方责任是一种过错责任，只有在过错状态下才受到法律惩罚。而网络服务提供者在行政法上的第三方义务对于政府而言是一种"严格责任"，即不论网络服务提供者是否有过错，只要其未实际履行或履行不尽该义务就需要承担一定的法律责任。同时，对于《侵权责任法》上的网络服务提供者的第三方责任，目前我国对其研究逐渐趋于成熟，而对于网络服务提供者在行政法上的第三方义务的范围还在不断探索当中。

---

[1] 参见《中华人民共和国宪法》第41条。
[2] 参见《侵权责任法》第36条第2款："网络用户利用网络服务实施侵权行为的，被侵权人有权通知网络服务提供者采取删除、屏蔽、断开链接等必要措施。网络服务提供者接到通知后未及时采取必要措施的，对损害的扩大部分与该网络用户承担连带责任。"

目前，行政法上的第三方义务在各互联网服务平台领域普遍应用，其在取得不错成效的同时也带来许多法理层面、社会层面的问题。本文将研究主体集中于视频网站服务提供者，同时本文研究的视频网站服务提供者主要是指通过互联网向公众提供在线直播、在线点播或者制作下载等服务的主体，包括腾讯视频、爱奇艺、抖音、快手，等等。

三、视频网站服务提供者行政法上的第三方义务现状研究

近年来，我国视频网站迅猛发展，内容形式也呈现多样化的特点，其正由传统的视听影音逐渐延伸到短视频、网络直播等新型模式，并快速占领了视频网站市场。比如，抖音、快手、斗鱼直播等一系列视频网站，这些视频网站相较于传统的视频网站，内容更加丰富、形式更加具有趣味性，由于其具有较快的传播速率与广泛的群众基础，使监管难度和管理强度逐渐加大，出现的问题也越来越多。

（一）我国对视频网站监管的现状

目前，我国对视频网站的监管主要有两个方面，在监管资质方面，国家广播电视总局是最直接的监管主体；在形式内容方面，国家网信办是最主要的管制机构。同时，中共中央宣传部、文化和旅游部、工业与信息化部、国家版权局等部门在各自职责范围内参与视频网站的内容管制，监管执法实践中，我国公安部、国家税务总局、市场监督管理总局还对网络视听节目经营企业有一些明确要求。部分机构职能具体如表2-2所示。监管内容包括：版权、新闻信息、视听节目内容等领域。

表 2-2

机构	职能
国家网信办	主要负责统筹协调涉及经济、政治、文化、社会及军事等领域的网络安全问题,推动我国网络和信息安全化。[1]
中共中宣传部	主要负责制定思想文化事业发展的指导方针,并制定促进文化发展的系列政策法规。[2]
国家广播电视总局	主要负责拟订广播电视、网络视听节目管理的政策措施,起草广播电视、网络视听节目管理的相关法律法规草案等。[3]
文化和旅游部	主要负责研究制定文化发展战略和发展规划,制定文化产业规划和政策,指导和协调文化产业发展,规划和指导国家重点文化设施建设。[4]
工业与信息化部	主要负责监管网络视频服务行业。与此同时,工业和信息化部通信发展司负责协调公共通信网、互联网等,以促进网络资源的共享。[5]

对于我国的视频网站监管,从严趋势越来越明显。近些年来,监管部门针对视频网站出台了一系列的监管政策,我国行政监管部门对于视频网站的违法行为明显加大了规范力度,并严格地把控视频网站的资质准入和事后监管制度,着力于提高视频网站内容和形式的标准和质量(详见表 2-3),这在一定程度上促使视频网站管理制度更加规范化,同时也净化了网络空间环境。

[1] 载 http://www.cac.gov.cn/bgszz.htm,访问日期:2018 年 11 月 9 日。
[2] 载 http://cpc.people.com.cn/GB/64114/75332/5230610.html,访问日期:2018 年 11 月 9 日。
[3] 载 http://www.nrta.gov.cn/col/col2013/index.html,访问日期:2018 年 11 月 9 日。
[4] 载 https://www.mct.gov.cn/,访问日期:2018 年 11 月 9 日。
[5] 载 http://www.miit.gov.cn/,访问日期:2018 年 11 月 9 日。

表 2-3

时间	监管主体	被监管者	监管内容
2014年4月	北京市文化市场行政执法总队	新浪	新浪读书频道和新浪网视频节目传播色情内容，其《互联网出版许可证》和《信息网络传播视听节目许可证》被吊销
2015年4月	全国"扫黄打非"办公室	网易、百度、陌陌等	利用弹窗、搜索引擎等传播淫秽色情信息
2016年4月	文化部（已撤销）	斗鱼、熊猫TV等多家网络直播平台	视频主播需实名认证且年满18岁，网络直播视频保存不低于15天
2017年2月	北京市网信办、市公安局、市文化市场行政执法总队	梨视频	在未取得互联网新闻信息服务资质、《信息网络传播视听节目许可证》（下称"AVSP"）的情况下，非法经营时政类视听新闻信息服务
2017年6月	国家广播电视总局	新浪微博、ACFUN等网站	在不具备AVSP证的情况下，大量播放不符合国家规定的时政类视听节目和宣扬负面言论的社会评论性节目

第二章　网络监管的法治化

续表

时间	监管主体	被监管者	监管内容
2018年4月	国家广播电视总局	今日头条、快手	关停"内涵段子"客户端和公众号。对今日头条和快手上的低俗、色情、有害问题节目要立即下线；追究相关人员责任
2018年9月	国家版权局	抖音短视频、西瓜视频、秒拍、小影、56视频、快视频、土豆、好看视频等15家企业	责令相关企业进一步提高版权保护意识，着力加强版权保护制度建设，履行社会责任

通过表2-3我们可以看出，目前我国视频网站主要存在三个问题：第一，"不具备资质"，在我国从事信息网络传播视听节目业务，应当依法取得法律法规规定的相关资质，其中一项是需具备AVSP证（信息网络传播视听节目许可证）。同时，AVSP证申请单位必须符合一些强制性条件，如该单位是国有独资或国有控股单位、在申请之日前3年内无违法违规记录等。[1] 由于取得该项资质的条件限制，目前行业内拿到此证的平台寥寥无几。一些视频网站在没有取得AVSP证的情况下，非法经营视听新闻节目，扰乱了我国视频网站管理的规范性。第二，内容扭曲，一些视频网站播放的内容不符合当代主流思想，淫秽色情信息、侮辱英烈、导向不正确等视频屡屡出现。比如，今

---

[1] 参见《互联网视听节目服务管理规定》第7条、第8条。

日头条下的"内涵段子"内容低俗,格调不高,最终被监管部门永久关停;虎牙直播平台的女主播"莉哥"因在直播中篡改国歌,价值观导向扭曲,其直播账号被封;月光宝盒网络直播平台,通过云储存的方式向其会员用户提供涉黄低俗视频并从中谋取暴利,被永久禁封。第三,版权侵权问题突出,一部分视频网站的版权意识匮乏,法律意识和自律约束性较弱,侵犯版权现象严重。因视频网站对版权管理松散,依然存在大量盗版侵权、争夺版权等问题,由此引发的诉讼也出现逐年增多的趋势。其中包括北京爱奇艺科技有限公司诉"今日头条"运营商北京字节跳动科技有限公司因擅播其享有独占信息网络传播权的热播影视作品《延禧攻略》信息网络传播权纠纷案等。[1]视频侵权现象的频频发生已经影响到我国正常的行业秩序,为此,2018年7月,由国家版权局、工业和信息化部等联合开展第十次打击网络侵权盗版专项治理"剑网行动"启动,以网络侵权多发领域为重点,并下架了57万部作品,全面改善网络版权环境。[2]

根据中国网络视听节目服务协会发布的《2018中国网络视听发展研究报告》显示,截至2018年6月,中国在线视频用户数为6.09亿,占互联网用户总数的76%,较2017年底增加3014万,半年增长率为5.2%。[3]在如此庞大的网络视频用户

---

[1] 载 https://www.baidu.com/link?url=Mcdg2mOuoaJ2b62BPZQuKcnnWaZJOguXnOTSH8Mk4x7lAk1OnDuG83z4kn3PfqKev2Hdt1WzeMbLXXeDe4R4EtIA-r4YXeDbZiQuI_tD8AS&wd=&eqid=e1d2df5500000c20000000035bea7cdf,访问日期:2018年11月13日。

[2] 载 http://www.cac.gov.cn/2018-11/12/c_1123700616.htm,访问日期:2018年11月13日。

[3] 载 http://www.cnsa.cn/index.php/infomation/dynamic_details/id/63/type/1.html,访问日期:2019年1月13日。

基础上存在的大量网络视频节目的规制问题，带给监管部门的是在执法有限资源之下的重压，同时也导致如今视频网站上违法行为依然存在。

（二）我国视频网站在行政法上的第三方义务的具体表现

近些年来，我国视频网站在行政法上的第三方义务不断地完善与发展。2016年9月，"快播案"的宣判引发了社会各界关于视频网站对其播出内容是否负责的热烈探讨。在本案中，虽然王某的辩护人在法庭上一直强调技术的中立性与无罪性，但是技术一旦失控或者被操纵将会给社会带来极其严重的后果。[1]长期以来，视频网站作为第三方，在政府监管部门进行规制管理的过程中，往往处于被动地位，被动地按照监管部门的要求进行整改或调整，被动地对在其平台播出的内容进行实质性审查，这就导致了政府部门的监管往往达不到预期的效果，[2]也不利于对违法行为进行有效控制。

随着政府部门一系列法律法规或规范性文件的出台，视频网站主体的管理观念逐渐从"被动"转变到"自主"，从"消极"转变为"积极"，在政府监管部门的统一协调下，积极主动承担起自我审查、自我约束和自我管理的社会责任，并积极探索完善技术的升级，预防和阻止违法事件在其视频网站的发生。但这也同时意味着视频网站承担的义务越来越多。表2-4所列了近些年来相关部门发布的部分规范性文件。

---

[1] 参见（2015）海刑初字第512号判决书。
[2] 王长潇、位聪聪："乱象与回归：我国网络视频政府规制的现状、特点与发展"，载《当代传播》2018年第2期。

表 2-4

1	名　称	《中华人民共和国电信条例》
	时　间	2000 年（2016 年修订）
	发布主体	国务院
	位　阶	行政法规
	内　容	电信业务经营者发现违法内容应立即采取相应切断、保存与报告等措施[1]
	义务范围	停止传输，保存记录，报告义务
2	名　称	《互联网信息服务管理办法》
	时　间	2000 年（2011 年修订）
	发布主体	国务院
	位　阶	行政法规
	内　容	互联网信息服务实行许可制度，对于违法行为进行处罚[2]
	义务范围	保密和用户信息保护义务，禁止传播或者从事违法犯罪行为
3	名　称	《互联网视听节目服务管理规定》
	时　间	2007 年制定（2015 年修订）
	发布主体	国家新闻出版广电总局（已撤销）
	位　阶	部门规章
	内　容	互联网视听节目服务单位要履行一定的管理和上报义务，对违反本规定内容的视听节目，应当立即删除，并保存记录，向有关主管部门报告[3]
	义务范围	审查+上报

---

[1] 参见《中华人民共和国电信条例》第 61 条。
[2] 参见《互联网信息服务管理办法》。
[3] 参见《互联网视听节目服务管理规定》第 18 条。

续表

4	名　称	《关于加强互联网视听节目内容管理的通知》
	时　间	2009年
	发布主体	国家广播电影电视总局（已撤销）
	位　阶	部门规范性文件
	内　容	互联网视听节目不得含有和应当及时进行剪节、删除的内容[1]
	义务范围	审查
5	名　称	《广播影视知识产权战略实施意见》
	时　间	2010年
	发布主体	国家广播电影电视总局（已撤销）
	位　阶	部门规范性文件
	内　容	加强对视听节目服务网站播放正版节目的监督工作，严厉打击互联网侵权盗版[2]
	义务范围	审核+行业自律
6	名　称	《互联网直播服务管理规定》
	时　间	2016年
	发布主体	国家互联网信息办公室
	位　阶	部门规范性文件
	内　容	互联网直播服务提供者的信息审核义务、处置义务、技术保障义务和信息安全管理义务[3]
	义务范围	审核+处置+技术保障+安全管理

---

[1] 参见《关于加强互联网视听节目内容管理的通知》。
[2] 参见《广播影视知识产权战略实施意见》。
[3] 参见《互联网直播服务管理规定》第7条、第14条。

续表

7	名　称	《关于进一步加强网络视听节目创作播出管理的通知》
	时　间	2017
	发布主体	国家新闻出版广电总局（已撤销）
	位　阶	部门规范性文件
	内　容	切实履行审核义务，同时要求各机构要提高内部人员政治素养，建立失职人员追责制度[1]
	义务范围	审核+工作人员政治素养+失职追责

通过表2-4我们可以看出，我国监管部门对于视频网站在行政法上的第三方义务主要体现在事中监管和事后协助两方面，同时视频网站所应该履行的义务越来越多。所谓事中监管义务，即需要视频网站服务提供者在视频内容的播出、传播过程中，严格把控传播的途径和渠道，并对播出内容进行监控。在目前事中监管的内容形式中，问题最突出的是"网络直播"一类。网络直播作为一种可以满足各类人群需求的新型娱乐模式，逐渐成为大众生活的一部分，当形形色色的直播充斥着人们眼球的同时，相关问题也越来越多，如表演低俗色情、内容封建迷信等。从2016年开始，网络直播的负面新闻呈现井喷之势，负面事件频频爆出。而视频网站的有效事中监管可以避免大多数的类似事件，对低俗暴力的直播内容可以及时制止并进行有效管理。相对于事中监管，事后协助具有一定的滞后性，我国法律将视频网站的事后协助规定为一种强制性义务，具体包括了向监管主体披露违法行为人的个人信息、关闭账号、违法视频的保存和其他相关事项。

近些年来，我国对于视频网站在行政法上的第三方义务的

---

[1] 参见《关于进一步加强网络视听节目创作播出管理的通知》。

规定越来越具体和全面,对于视频网站违反该义务的处罚也越来越重。2007年《互联网视听节目服务管理规定》中规定,网络运营单位未规范运营或者未对传播的有害内容进行提示、删除和报告义务的,予以警告、责令改正,可并处罚款。[1]2016年《网络安全法》中规定,网络运营者对法律法规禁止发布或者传输的信息未停止传输、采取消除等处置措施、保存有关记录的,责令改正,给予警告,拒不改正或情节严重者,进行相应的罚款。[2]

同时,视频网站在行政法上的第三方义务的表现形式也发生了一些变化,具体可表现为行政机关逐步将其对视频网站的规制意图借助于社会组织的形式来传递。2019年1月,中国网络视听节目服务协会正式发布了《网络短视频内容审核标准细则》和《网络短视频平台管理规范》,主要规定了网络短视频内容审核的相关标准,包括短视频节目,及其标题、名称、评论、弹幕、表情包等,其语言、表演、字幕、背景中不得出现的100种形式。[3]中国网络视听节目服务协会作为国家广播电视总局管理下的社会组织,其主要任务是加强行业自律和行业规范,促进网络视听行业科学健康发展。可以看出,《网络短视频内容审核标准细则》和《网络短视频平台管理规范》的制定意图也是国家广播电视总局对视频网站管理基本理念的再现。

三、合理构建视频网站服务提供者在行政法上的第三方义务制度的必要性

视频网站服务提供者作为视频播放平台的直接管理者,相

---

[1] 参见《互联网视听节目服务管理规定》第23条。
[2] 参见《网络安全法》第68条。
[3] 参见《网络短视频内容审核标准细则》和《网络短视频平台管理规范》。

较于政府监管部门具有先天的管理优势，能够在违法事件的源头直接进行有效处理，包括事先提前预防、事中及时制止、事后披露信息等。充分有效地发挥视频网站服务提供者这种天然的管理优势对于互联网秩序的维护和社会的发展极具现实意义。

（一）对于社会发展的良好作用

1. 有利于预防和阻止视频网站违法事件的发生

视频网站服务提供者有效履行其在行政法上的第三方义务的最直接意义即可以有效地控制和减少在视频网站上违法事件的发生数量。由于近些年来我国视频平台的火爆，各种类型的长、短视频不断喷涌而出，各种问题也是层出不穷。2018年上半年以来，国家广播电视总局分别约谈了今日头条、快手等视频网站服务平台并责令其进行整改，相关视频网站的自我监管也卓见成效。2018年3月，抖音被曝光其平台存在大量涉嫌非法售卖假货的短视频，随后，抖音为此开展了专门整治项目，一共查处并删除短视频805个，禁封抖音账号677个。在对视频网站监管的过程中，政府部门往往都是事后规制，而视频网站服务提供者在处理和应对违法事件具有高度的便捷性和协调性，相较于行政监管部门，视频网站对于违法事件的预见性也比较强，视频网站服务提供者在其视频网站的运营过程中，对于行业发展的实时动态、内容模式都比较熟悉，对于违法事件发生频率高、危害影响范围广的特定领域具有一定的预见性。充分发挥好视频网站服务提供者在预防、阻止视频网站违法事件中的作用，将大大减少此类违法事件的发生数量。

2. 缓解政府监管压力，提高行政监管效率

在我国，由于视频网站数量较多，待监管审核的播出内容量庞大，行政监管往往不能全面覆盖。在日常生活中，常常是一件违法事件在社会上已经造成了恶劣的影响，相关监管部门

才开始采取相关事后措施。行政监管的滞后性与我国视频网站上频频爆发的违法事件的矛盾越来越突出。尽管从 2000 年开始我国对于网络视频传播内容的监管力度已经逐渐加大，相关的法律法规逐步发布施行，但仍然满足不了网络传播新媒体快速发展带来的监管需要，而这些网络传播新媒体的表现形式更加灵活，监管难度也越来越大。网络视频违法事件往往需要监管者在第一时间作出反应并进行管控，在现实生活中网络视频时效性较强的特征对于我国的行政监管者提出了更高的审查要求和技术条件。同时，我国对于视频网站的监管体制也存在问题，一方面，我国监管机构众多导致职能交叉、权力重叠，各监管机构权力边界模糊，对于一件违法事件往往许多的监管机构都具有管控权，这就容易导致监管混乱、监管缺位等现象，达不到监管的目的。另一方面，我国对于视频网站的监管体制在一些地方不协调，缺乏系统性。[1]因此，视频网站服务提供者事中对于违法行为的及时处理和事后的积极配合有利于缓解政府的监管压力。同时，对于一个国家来讲，实现社会整体效益最大化是其最大的价值追求。[2]视频网站服务提供者相对于行政监管者来讲，掌握着更多的直接管理资源，通过与政府部门的协调合作、优势互补，能够使行政部门的监管职能与视频网站服务提供者的管理职能得到最大的利用与发挥。

（二）对于视频网站服务提供者的积极意义

1. 有利于提升视频网站的发展效益

发展效益作为互联网服务提供者的最基本的生存条件，对

---

〔1〕 王欢、庞林源："网络直播监管机制及路径研究"，载《出版广角》2017 年第 6 期。

〔2〕 谢永霞、周佑勇："论行政法的效益原则"，载《湖南社会科学》2014 年第 1 期。

于其健康持续稳定的运营起到了关键的作用,发展效益具体包括了互联网平台的运营收益、风险防控成功率、社会效应等各个层面。在行政法视野下视频网站服务提供者的第三方义务制度中,视频网站发展效益和社会效益分析主要体现在如下几个方面:

(1) 在视频网站提供者盈利途径以及影响盈利因素方面。目前我国各大视频网站提供者主要依靠流量收入、会员收入、视频前播放广告和页面广告收入等,主要是依靠广告收入。[1]在一个视频网站上,广告的投放量与广告费往往由该视频网站的知名度与播放的节目内容关注度有关。对于视频网站来说,提升其播放平台社会影响力与良性健康运作是实现盈利最基本的途径。反之,如果其播放平台遭遇不法分子恶性攻击或者传播内容颓废低俗则会对其社会评价造成巨大打击,直接影响到该视频播放平台的广告收入以及其他收益。如果视频网站提供者能够积极履行行政法上的第三方监管义务,提前做好预防措施,则可以大量减少或者避免此类事件的发生,不断提升其服务质量和自身影响力,实现经济效益的最大化。

(2) 从视频网站提供者与行政监管者二者的关系方面考虑。政府行政部门作为视频网站的监管者,对于其从各个领域施行全方位的监管,一旦视频网站违反相关规章制度,轻则由政府监管部门对其进行警告、罚款或其他处罚方式,重则直接责令其关停整改。关停整改对于视频网站来讲,将在一定期间内流失大量的用户和广告投放商,还有可能会承担因违约带来的巨额经济赔偿。因此,视频网站积极对其网站上的内容进行及时的维护和管理,将会大大减小该视频网站因播出内容低俗违法

---

〔1〕 李晓红、朱辉颖:"视频网站盈利模式与运作创新",载《重庆社会科学》2012年第10期。

等原因被关停整改的风险。

（3）从社会评价方面入手。社会评价具有一定的意识形态属性，对于视频网站的长远发展来讲有着重要的作用。消费者在选择服务产品时，在很大程度上是依据该服务的社会评价来进行自身的感官体验。视频网站对其服务平台积极采取预防措施并建立健全相关的应急管理机制，将会在一定程度上大量减少含有色情、暴力等元素的低俗内容，这十分有利于视频网站树立良好的企业形象，提升社会评价，并将良好的社会评价转化为充裕的经济收益。

2. 自觉承担的社会责任

哈贝马斯认为公共领域具体可以理解为一个由私人集合而成的公众领域，其中个体公民聚集在一起，共同讨论与公共权力机关有关的事务。[1]20世纪80年代以来，世界社会政治经济生活中有一个重要的新现象，那就是在全球各地，各国的非政府组织（NGO）的快速兴起，以及它成为党政机关、企业之外的新角色多方位地参与了各领域的社会活动。改革开放以来，我国政府在不断提高其社会治理水平的同时，也不断倡导私人参与社会治理，共同维护社会秩序。在我国，"共同治理"的概念最早出现于2011年，在第十一届全国人民代表大会第四次会议批准的《国民经济和社会发展第十二个五年规划纲要》中提到"坚持多方参与、共同治理"。[2]对于一个治理良好的社会来说，每个公民都需要积极参与社会治理，自觉地承担社会责任。[3]

---

〔1〕［德］哈贝马斯：《公共领域的结构转型》，曹卫东等译，学林出版社1999年版。

〔2〕王名、李健："社会共治制度初探"，载《行政论坛》2014年第5期。

〔3〕任剑涛："国家释放社会是社会善治的前提"，载《社会科学报》2014年5月15日。

视频网站作为信息传播平台，逐渐成为社会大众获取信息、休闲娱乐的主要方式，同时也是传达社会价值取向和思想观念的主要途径。对于视频网站服务者而言，应该积极履行社会责任，不断提升服务意识，增强履行义务的能力。视频网站自觉承担起社会责任，这不仅是提升视频网站社会影响力的必然要求，也是构建和谐安全网络环境的必要准备。近年来，越来越多的企业都深入社会公益事业，回报社会。视频网站积极主动地维护平台信息的安全与健康，从一定意义上来讲也是投身社会公益事业的一种积极体现。

视频网站积极履行行政法上的第三方义务，不论是对其自身发展还是对其社会影响力的提升都具有积极的意义。在谋求自身发展的同时仍能为维护社会健康安全秩序作出贡献，是视频网站不断前进的动力和欣欣向荣的活力源泉。

四、视频网站服务提供者行政法上的第三方义务制度存在的问题及完善建议

关于行政法上的第三方义务制度的研究近几年在我国逐渐开展，其作为行政法领域内较为前沿的问题得到了社会各界的广泛关注。具体定位到对于视频网站服务提供者行政法上的第三方义务的制度，对于该第三方义务的来源、设定和实施等方面仍然存在着许多问题，因此，要结合我国具体国情进行合理的构建。

（一）视频网站服务提供者在行政法上的第三方义务制度存在的问题

1. 行政定性不明确

政府主体部门通过相关法律、行政法规等给视频网站设定了在行政法上的第三方义务，但在我国行政法学和行政监管实践方面，只有第三方义务之实，却没有第三方义务之名。对于

该第三方义务的行政法定性没有明确的法律、行政法规,相关的理论研究也没有对其进行明确的界定。但部分行政法上的第三方义务与我国的行政授权和行政委托在内容上有相似之处,这三者在一定意义上有着一定程度的重合。但这并不意味着视频网站服务提供者在行政法上的第三方义务可以笼统地归属到行政授权或是行政委托领域内。行政授权是指行政主体依据法律或其他相关规定在其职权范围内授权其他主体的法律行为,而行政委托简单来说,是指行政主体在其职权和职责范围内,根据实际需要将其全部或者部分职权委托给其他主体的法律行为。[1]行政授权与行政委托最本质的区别在于法律依据和法律后果的不同。行政授权必须有明确的法律、法规或者规章作为依据,且被授权主体以自己的名义独立实施的法律行为的后果由自己独立承担。相较于行政授权来说,行政委托不需要由具体的法律、法规或者规章作为依据,且被委托主体实施法律行为的后果由委托者承担,其在实践中的具体操作也具有一定的灵活性。对于视频网站服务提供者在行政法上的第三方义务,在对其进行界定时应当依据其权力来源、履行途径、法律责任等因素进行综合判断。网络服务提供者在行政法上的第三方义务与行政授权和行政委托是单项的交际关系,也就是说,网路服务提供者在行政法上的第三方义务中,有一部分属于行政授权的范畴,如代扣税款。[2]有一部分则属于行政委托的领域,如《上海市公共场所控制吸烟条例》授权轨道交通线路运营单位对有关公共场所的控烟工作进行监督执法。[3]对于视频网站

---

[1] 莫于川:"行政职权的行政法解析与建构",载《重庆社会科学》2004年第1期。

[2] 王天华:"行政委托与公权力行使———我国行政委托理论与实践的反思",载《行政法学研究》2008年第4期。

[3] 参见《上海市公共场所控制吸烟条例》第18条。

在行政法上的第三方义务在行政法意义上的基本界定还需要不断深入地研究,不能简单地对其进行盖棺定论。(如图2-2)

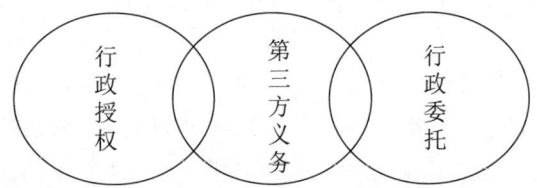

图2-2　行政授权、第三方义务、行政委托三者关系图

2. 立法理念存在冲突

根据我国相关法律法规的规定,视频网站服务提供者要积极履行第三方义务,否则会受到相应的惩处。在我国的民事领域,也有关于类似于行政法意义上第三方义务的规定,我国《侵权责任法》中对于互联网服务平台的民事侵权行为有具体的规定,即规定网络服务提供者接到通知后未及时采取必要措施的,对损害的扩大部分与该网络用户承担连带责任。[1]我们从该法律规定可以看出,在民事领域,我国立法仅赋予平台一定的"通知—删除义务",即面对大量的网络信息,视频网站服务提供者没有足够能力,也没有必要的义务去进行事前监控。视频网站平台不具有主动审查义务,只有其对于权利人的被侵权通知不作为时才需要承担一定的法律责任。而在我国行政法上,则赋予了视频网站平台主动审查义务,包括事前预防、事中处理和事后配合等。由此可见,我国行政法对于视频网站服务提供者的第三方义务的规定与我国民法上对于视频网站服务提供者义务的阐述大相径庭。前者要求主动审查,否则会被处以相应的惩处措施,而后者要求积极的事后作为,对于已经发生的

---

〔1〕 参见《侵权责任法》第36条第2款后半部分。

违法行为不主动采取措施才需要承担相应的责任。同时，我国行政法对于视频网站服务提供者的第三方义务越来越严格，与美国和欧盟的相关立法理念具有明显差异。在欧盟，当第三方主体在网络服务平台上发布的内容违法时，只要可以确定该平台不是"明知"（actual knowledge），就可以不用承担责任。[1]美国在其立法理念中也体现出网络服务平台对利用其媒介传播的信息没有主动监控的义务。[2]

我国相关法律法规等赋予视频网站服务提供者的第三方义务，虽然与我国的民法中对于网络服务平台的立法内涵和国际上对于网络服务平台规定的义务相冲突，但是究其原因应该与我国现阶段的基本互联网国情有关。作为一个互联网大国，网民数量庞大，而且相关的网络安全技术手段不尽完善，加上我国行政资源紧张等问题，共同导致了我国政府对于视频网站服务提供者提出了更高的立法要求。

（二）政府给视频网站服务提供者设定第三方义务所遵循的基本原则

1. 合法原则

行政法上的合法原则是指行政权力的设定、行使和运用的各个环节必须符合法律的要求，不能与相关的法律相抵触。行政合法原则贯穿于整个行政法的立法之中，是其核心内容。根据《立法法》的相关规定，没有法律、行政法规、地方性法规的依据，地方政府规章不得设定减损公民、法人和其他组织权

---

[1] Art. 14. 1. a of Directive 2000/31/EC, "The provider is not aware of facts or circumstances from which the illegal activity or information is apparent – with regard to civil claims for damages, and he does not have actual knowledge of illegal activity or information – with regard to other claims".

[2] Anupam Chander, "How Law Made Silicon Valley", *Emory Law Journal*, vol. 63, 2014.

利或者增加其义务的规范。[1]同时，国务院于 2010 年发布的《关于加强法治政府建设的意见》（已失效）中明确提到，各类规范性文件不得设定行政许可、行政处罚、行政强制等事项，不得违法增加公民、法人和其他组织的义务。[2]因此，我国对于视频网站服务提供者的第三方义务的设定，一定要有明确的法律基础和依据，不能随意强加义务于视频网站服务提供者之上，并且不能超出法律所设定的义务范围。但目前我国的现状是，不仅仅是立法者在不断地将行政法上的第三方义务大量地赋予视频网站服务提供者，而且一些没有义务设定权的政府机关主体也试图通过规范性文件或者行政命令的方式给视频网站服务提供者设定相关第三方义务。[3]这些行为与我国《立法法》等相关法律法规的立法精神相背离。

2. 比例原则

视频网站服务提供者在行政法上的第三方义务的履行虽然有诸多优势，但在具体的实际操作中，需要遵循一定的比例原则，即相关法律在给视频网站服务提供者设定义务时不能畸轻或畸重，需要符合设定义务的适当性、必要性和比例原则。目前，我国对于视频网站服务平台的归责原则越来越严格化，视频网站服务平台承担的义务越来越多。因此，对于第三方义务的设定，其范围不应该随意扩大，如需要进一步扩大也须是在必要的前提下，防止其承担过重的责任义务，丧失行为积极性。在我国当前对视频网站服务提供者的行政法监管体系中构建第三方义务，除了要在设定的义务种类和范围之中进行比例原则

---

〔1〕 参见《立法法》第 82 条第 6 款。
〔2〕 参见《关于加强法治政府建设的意见》第 10 条。
〔3〕 高秦伟："论行政法上的第三方义务"，载《华东政法大学学报》2014 年第 1 期。

的协调，还需要考虑第三方义务如何顺利地与已有的相关制度相融合，保持它们之间的协调与促进关系，减少相关制度之间的冲突，使得监管手段之间保持相互配合和良性运作的基本态势。

3. 行政公开原则

行政公开原则具体要求行政机关在行政活动中公开相关的由其制定或者决定的文件资料以及其他属于政府信息公开内容的事项。在构建视频网站服务提供者在行政法上的第三方义务时，要在制定、实施和事后规制等方面进行全方位公开。首先，在给视频网站服务提供者设定第三方义务时，政府主体部门要主动将制定的相关规则制度予以公开，并通过举办听证会等形式广泛听取公民和视频网站服务提供者的意见和建议，在此基础上进行修改或完善。其次，在具体实施的过程中，行政主体应当在法律法规等允许的范围内将监管的动态、监管的方式和监管中出现的问题等进行信息公开。最后，行政主体应当将监管的后果向社会公布，具体包括对违法事件的处理过程和结果、视频网站服务提供者第三方义务的履行情况、规制后的工作总结等。

(三) 政府—视频网站服务提供者合作治理模式的构建

视频网站服务提供者在行政法上的第三方义务制度的构建是对目前我国行政资源紧张与违法事件频繁爆发之间存在矛盾的最佳解决方法，社会经济与科技的发展也要求政府主体部门要积极转变治理模式，在充分利用和协调政府和企业资源的基础上，秉持"合作治理和利益平衡"的理念进行双向完善从而摆脱现实中的监管困境。

1. 对于政府主体部门

(1) 增强政府的监管能力，依法治理。政府作为视频网站平台监管的主要主体，在预防和打击视频网络违法事件中起到了关键性和决定性的作用。因此，政府建立职责明确、张弛有度的监管制度体系显得十分必要。第一，要健全相关的法律法规制度和构建合理的监管体系，明确监管的依据、方式以及法律后果等。具体来讲，应当合理分配各部门的具体职责，搭建良好的协同合作机制，建立层次分明严格高效的监管体系。对于突发事件，要积极灵活地构建各部门联动机制，形成组合拳共同精准治理。第二，在构建合理的监管体系的同时完善相关人员配置。目前我国行政监管体系中，行政资源紧张就是一个较为突出的问题，具体包括了执法人员的缺少和人员配置机制的固化。面对我国每年视频网站违法事件数量不断攀升的状况，政府主体部门要适当加大关于视频网站监管的人力资源投入力度，并提升监管人员的行政素养和执法能力。第三，要提升政府监管部门的服务意识，防止权力的滥用。提升政府监管部门的服务意识不仅要求其积极履行法定职责，同时还要求其在具体的行政监管中不违法、不越权，增强执法工作的透明度，自觉接受社会的监督，从而实现更合法更高效的监管模式。

（2）对承担第三方义务的视频网站服务提供者给予一定补偿。在我国对于行政法上视频网站服务提供者的第三方义务而言，该义务具有一定的强制性，区别于传统意义上的私人规制主体一般从自愿或者以一定的利益目的的角度出发。同时，第三方义务的履行必然要付出一定的经济成本，为了避免该经济成本的扩大，在现实生活中可能会出现视频网站服务提供者消极履行义务的情形，[1]这不仅不利于预防和阻止违法事件的发

---

[1] 万柯：“网络等领域垄断看门人的替代责任”，载《环球法律评论》2011年第1期。

生,而且使本文所论述的第三方义务的意义荡然无存。因此,为了解决这一问题,政府主体部门应该对承担第三方义务的视频网站服务提供者给予一定经济补偿,或者建立一定的激励机制(如财政奖励),鼓励和引导其更好地履行第三方义务。施行一定的补偿措施也是对视频网站服务提供者权利与义务的一种平衡,是对其因履行第三方义务花费的成本的一种实质补偿。该补偿措施能够在调动其积极性的同时实现政府与视频网站服务提供者之间治理模式的平衡。

2. 对于视频网站服务提供者

(1)遵守相关法律法规,不侵害网络用户基本权利。在视频网站违法事件的治理体系中,视频网站服务提供者居于十分重要的协同者地位,对于视频网站空间的净化起到了举足轻重的作用。视频网站服务提供者的重要性决定了其在履行第三方义务时,要遵守相关法律法规的规定,在法律法规等允许的范围内从事管控职能,履行监管义务。在现实生活中,政府主体部门将控制权和制止权等一些强制性的权力赋予视频网站服务提供者,可能存在权力滥用的现象,而且由于第三方义务的特殊性,在一些情况下必然会涉及隐私权的保护问题。[1]比如,作为视频网站的管理者,有权收集用户的基本信息但却不能利用用户的个人信息从事违法犯罪行为。应当着重培养视频网站服务提供者的自我约束、自我管理意识。

(2)提升对违法事件的应急和处置能力,促进技术革新,提升社会责任感。网络技术在促进视频网站迅速多样化发展的同时,也对其相关的管理和审核提出更高的技术要求,包括应对突发事件的处置能力和对视频内容的分析辨别技术。2017年,

---

[1] 梁志文:"论第三方责任的合法性基础——以版权法之公共政策为视角的分析",载《电子知识产权》2007年第4期。

360公司旗下水滴直播事件（以下简称"水滴事件"）在社会上引起轩然大波，该事件起源于2017年12月12日的一篇标题为《一位92年女生致周鸿祎：别再盯着我们看了》文章，该文章称360公司旗下的水滴直播涉嫌侵犯公众隐私。对此，360公司发布声明称：该侵权内容是商家上传到直播平台的，2017年12月20日，360宣布关闭水滴直播平台。[1]"水滴事件"的发生，反映出的不仅仅是视频网站行业管理和技术的落后，也是其责任意识的匮乏。对于视频网站服务提供者而言，一方面要通过不断地研究与创新，建立起强大的技术支撑体系，加大对暴力、色情等不健康视频的服务器自我识别能力的研究，逐步实现该类视频一旦播放就可以立即切断其视频数据传输的目标。同时，视频网站服务提供者应该建立违法信息或者违法画面的识别数据库，并在此数据库的基础上对播出视频进行自我分析、自我审核与自我阻止。

在政府主体部门的主导下，视频网站服务提供者积极配合，履行相关义务，在技术上双方相互支持、相互补充，充分发挥各自优势，实现"合作治理和利益平衡"的规制目标。

五、结语

面对我国视频网站上频频爆发的违法事件，社会公众往往寄希望于行政主体部门能够及时有效地履行其监管职能，通过严格的惩罚措施对违法行为进行打击，但在现实的行政监管中，行政资源短缺和对于视频网站平台管理上的劣势已成为制约行政主体部门进行有效监管的一大障碍。行政法上的第三方义务

---

〔1〕 载https://www.baidu.com/link? url=---AluqnOoBsK-6i4rttP9X9s5hwunon8Qksyr-Gs3Puull66znXRoE8xf3NssXVqEKXIhR3LWa3SR5VNuN4321RJ9TwJtcRaPoCRGborKCS&wd=&eqid=eb081a180000142d000000035bf50b20，访问日期：2018年11月21日。

制度对于现代国家而言是一项新型的规制手段，对于在缓解行政资源紧张、有效提高行政监管效率等方面具有一定的作用，有利于充分发挥视频网站平台对于违法事件在管理上和技术上的优势。同时，行政法上的第三方义务制度的实施能够有效地控制视频网站违法事件的发生数量，缓解政府监管压力，提高行政监管效率。对于视频网站提供者来说，也符合成本收益分析原则。当然，由于行政法上的第三方义务制度在我国的发展还不够完善，相关的研究理论也不够成熟，在具体的应用中还存在着一系列的问题。比如，第三方义务制度在行政法上的行为界定问题、该义务的设定依据问题、设定该义务后政府主体部门对其如何监督的问题等。这一系列问题要求我们在构建第三方义务制度时要遵循合法原则、比例原则、程序正当原则等，在有效赋予视频网站服务提供者第三方义务的同时，注重对用户基本权利的保护。

十九大报告提出，要打造共建、共治、共享的社会治理格局，社会共建、共治、共享理念也一直是现代国家积极追求的目标，这一目标的实现需要国家、社会组织和公民个人的共同努力。在如今互联网高速发展的背景下，我国的视频网站运营会出现越来越多、越来越棘手的现实问题，这也对社会共建、共治、共享这一理念提出更高的要求。视频网站服务提供者在行政法上的第三方义务制度目前虽然发展的不够成熟，但在政府主体部门与视频网站服务提供者合作共治的实践下，该制度会越来越趋于完善，视频网站违法事件的发生机率和其所带来的社会影响会逐渐减少，我国的网络空间也会越来越澄澈、安全。

美国政府数据开放的法律制度研究

一、前言

(一) 研究背景

国际网络基金会在《开放数据晴雨表全球报告》(第3版)[1]中提到,在运转良好的民主社会中,公民需要了解情况并获得有关政府政策和进展的信息,免费获得且可免费共享的数据会大大减少公民需要投入的时间和金钱。与此同时,由于开放数据以批量的、计算机程序可以分析的格式提供,因此即使跨越国界,比较和组合来自不同来源的数据也会变得越来越快和容易,这将大大提高决策者、科学家和企业家找到解决复杂发展问题的能力。

美国在数据开放的领域已经率先展开布局,2009年1月,美国总统奥巴马签署《开放透明政府备忘录》[2],要求建立更加开放透明、参与、合作的政府,并相继出台多部行政命令,初步建立了美国数据开放的框架。其后,"开放数据"运动在全球兴起。2011年9月20日,美国、英国、挪威、南非、墨西哥、巴西、印度尼西亚、菲律宾等八个国家联合签署《开放数

---

[1] Open Data Barometer-Third Edition [EB/OL]. [2017-11-09]. Available: http://opendatabarometer.org/3rdedition/report/.

[2] Open Government Directive [EB/OL]. [2017-07-12]. Available: https://obamawhitehouse.archives.gov/open/documents/open-government-directive.

据声明》[1]，成立了"开放政府合作伙伴"（Open Government Partnership）组织[2]。可以说，美国等国家引领了全球数据开放行动，美国的相关政策在很多方面走在前列，非常具有研究价值和参考意义。

综合全世界的数据开放实践来看，各国开展数据开放的过程无一不是从上而下，以法律或政策的力量推动数据开放进程的。这是因为，数据开放中的"数据"是政府在行政过程中采集和储存的数据，"开放"是将由政府掌握的数据资源与社会成员共享，要实现这一目标首先需要政府及政府职员形成开放的理念，其次需要政府承担更多的义务，投入更多的人力物力。政府数据开放制度从无到有的建立过程中，必然需要领导阶层强有力的推动和全面的保障，并以法律、法规、政策等形式确定下来。因此，要研究数据开放就首先要研究数据开放的法律制度。

（二）文献综述

本文的这项研究具有一定的探索意义，因为政府数据开放是近年以来的现象，处于发展的早期阶段，因此很多的研究成果是碎片化的、分散式的。目前，我国国内学界对美国政府数据开放的研究从2013年开始相对增多，但仍处在研究初期，参与研究的学者相对较少。从研究对象看，大部分论文专注于研究我国数据开放的现状和未来，提供建议和可选路径，少部分论文研究外国政府数据开放的情况，包括美国、澳大利亚、英

---

[1] Open Government Declaration [EB/OL]. 2017-11-09. Available：https://www.opengovpartnership.org/open-government-declaration.

[2] 2011年9月20日，巴西、印度尼西亚、墨西哥、挪威、菲律宾、南非、英国和美国等八个国家联合签署《开放数据声明》，成立"开放政府合作伙伴"（Open Government Partnership）组织。现有成员国70个，包括世界许多发达国家和发展中国家。Available：https://www.opengovpartnership.org/.

国、加拿大等国。其中,以美国政府数据开放为研究对象的文章在法律文本的选择上较为重合,集中在《开放透明政府备忘录》《开放政府指令》等几个框架性文本上,忽略了其间美国政府推行的大部分行政命令和其中的细节。相比之下,国外对此问题的研究(主要针对英语国家)虽然也处于初始阶段,但更注重比较研究和对细节的研究,并且与国内不同的是,国外学者对政府数据开放实施障碍和困难做了更多的探索。尤为突出的是,在奥巴马执政期间,美国学界对奥巴马政府与此相关的各项政策的探讨非常活跃,实证研究成果也较多。

蔡静璇、黄如花从美国政府数据开放的政策法规保障入手,全面梳理了美国数据开放的机构和岗位设置、开放政策和法律法规,并提出了对我国政府数据开放的启示和建议;赵润娣提出了政府开放数据的政策应该具有的要素,构建了一个通用的内容框架;陆建英、郑磊、Sharon S. Dawes 等学者对美国数据开放平台 Data.gov 进行了细致的分析;钟源全面、详细的梳理、对比了美国地方政府的数据开放政策的内容;Patrice McDermott 在梳理和总结了美国开放政府的建设过程后认为,"奥巴马政府正在采取法规和监管的基石,开始在联邦行政部门建立一种开放文化。……这需要耗费非常大的精力和时间,但该过程已经开始,许多机构都接受了开放的态度,正在努力弄清楚如何跟进,并将其作为其使命和战略的一部分"。

综上所述,本文以美国自 2009 年签订《开放透明政府备忘录》以来相关的法律、政府行政命令为对象,主要采取文献研究的方法,研究美国数据开放的法律制度。本文着眼于涉及美国政府数据开放各方面的多部法律和政策文件,详细的分析美国的政策目标变化、行政机构设置、数据管理、评估策略以及实施效果。第一部分首先对数据开放进行概念的界定,区分数据开放与开放政府、数据开放与政府信息公开；第二部分整体分析 2009 年以来的法律和政府行政命令，并且根据时间顺序对其进行研究；第三部分深入美国数据开放法律制度的具体内容和政府的开放实践中的具体做法；第四部分分析美国已经建立起来的法律制度的实际执行效果。

二、政府数据开放概念辨析

政府数据是指政府在行政过程中因履行行政职能而获得的数据，涵盖各个行业，如气象、交通、医疗、金融、就业等。2012 年德国发布的《数据开放报告》，将政府数据定义为公共行政机构所有的能被第三方重新利用的数据，英国政府于同年发布的《开放数据白皮书》将政府数据定义为公共领域的信息以及开放给公众使用的数据。政府数据开放是指一国政府所实施的将政府数据开放于社会民众，供其查询、下载、利用，以激发社会数据价值，促进数据的二次利用，满足社会对政府数据需求的有组织、有计划的数据开放活动。

很多学者认为，政府数据开放在概念上存在一些模糊的地方，尤其是与政府信息公开、开放政府之间的界限并非十分清晰，部分学者提出，政府数据开放是一个组合性的概念，可以拆分成"开放政府"+"数据开放"，"开放"+"政府数据"，"开放政府"+"数据"等概念[1]。因此，对政府数据开放的概念进行辨析能够帮助理解其内涵。

（一）政府数据开放与信息公开的差异

1. 两种制度的目的和价值

关于数据开放与信息公开之间的差别，有的学者从政策目

---

[1] 陈美："美国开放政府数据的保障机制研究"，载《情报杂志》2013 年第 7 期。

标和价值差异的角度来看待这个问题,政府信息公开的核心目标是"公开",主要强调的是公众知情权和政府透明度,这是现代社会中政治价值的体现;而开放数据的重心是开发数据,更看重数据中蕴藏的经济价值,体现的是政府和社会成员双方面的价值实现[1]。传统法学理论对政府信息公开的研究是将信息公开作为监督政府公权力的一种工具,通过公众的知情权限制政府公权力的滥用或腐败。而当前的数据开放则是在大数据和互联网的背景下兴起的,其目的主要是追求数据资源的充分利用,以此达到最大化的社会效益。

2. 数据与信息的关系

有的学者从数据与信息的关系来看待这个问题,认为数据是第一手的原始记录,不具有明确的意义,未经过加工和处理,而信息则是经过认为的处理、加工后的赋予特定含义的数据[2]。

还有学者认为数据开放是信息开放下的子概念[3]。这与数据开放和信息公开的历史沿革有关,以英国、美国为例,两国都是数据开放水平走在世界前列的国家,而纵观两国数据开放的历史,其政策最初都是在《信息自由法》的框架之下制定的。美国总统奥巴马在上任之初同时签署了《透明和开放政府》与《信息自由法》两份备忘录,随后的《开放政府指令》也将《信息自由法》作为基础和依据。英国政府 2012 年发布的《开放数据白皮书》将开放政府数据定义为公共领域的信息以及开放给公众使用的数据,2014 年发布的《关于公共部门信息的英国政府许可框架》承诺向社会开放政府部门信息,其中"信息"

---

[1] 郑磊:"开放政府数据研究:概念辨析、关键因素及其互动关系",载《中国行政管理》2015 年第 11 期。

[2] Bellinger G, Castro D, Mills A, Data, Information, Knowledge, and Wisdom.

[3] 黄璜、赵倩、张锐昕:"论政府数据开放与信息公开:对现有观点的反思与重构",载《中国行政管理》2016 年第 11 期。

就包含数据形式，因此认为数据开放就是对信息公开的延伸和扩展。

3. 数据开放与信息公开的关系

明析数据开放与信息公开的关系，应当基于对这两种制度的价值以及信息和数据的关系的理解，因此，笔者综合前述两部分认为，数据开放与信息公开并非割裂的概念，从政策目的上讲，两者的倾向的重点不同，但最终目的相同——建设开放、透明和参与性的政府；从开放客体上讲，数据和信息的定义和形式不同，但本质上讲都是政府掌握的数据资源。同时，数据开放与信息公开是一脉相承的，数据开放基于互联网和大数据的时代背景提出，是信息公开的新发展和新要求，在更加强调经济价值和社会共同治理的同时，其公开形式更为主动，格式要求更为严格，范围更为宽广，规模更为宏大。

（二）政府数据开放与开放政府

1. 开放政府的起源

开放政府这一概念最早出现是在二战之后的美国，当时美国联邦政府处于相对不透明状态，公众迫切的需要政府对披露其工作状态，开放政府是公共问责制的代名词。1953年，美国报纸编辑协会（ASNE）刊登了一份报告，名为《人们的知情权：公共记录和会议记录的合法获取》[1]，序言中称："Cross（作者）是在充分理解开放政府的基础上写出此书的"[2]，这是"开放政府"一词第一次出现，这份报告成为了"新闻圣经，

---

[1] See George Penn Kennedy, Advocates of Openness: The Freedom of Information Movement 17-19 (Aug. 1978).

[2] James S. Pope, Foreword to HAROLD L. CROSS, The People's Right to Know: Legal Access to Public Records and Proceedings, at ix (1953).

并最终成为国会关于信息自由的路线图"[1]。

后来,政策利益相关者将"开放政府"一词主要用作公开以前未披露的政府信息的同义词。1974年,美国国会修改《信息自由法》时提到"开放政府已被公认为是政府为了公共利益而进行的最佳保险"[2]。同样,1974年的《隐私法》旨在实现尊重政府掌握的公民隐私信息的同时实现"问责制、责任制、立法监督和开放政府"[3]。国会还制定了开放式会议法律,例如《阳光政府法案》,在"开放政府"的名头之下,它打开了联邦机构会议的大门。[4]作为《信息自由法》的案例法和1970年代、1980年代制定的相关法规,联邦法院的判决也开始使用"开放政府"一词,同样指的是政府的透明度。[5]

2. 数据开放与开放政府密切相关

"开放"这个术语被应用于多种领域,例如"开放存取运动"(Open Access movement)的目的是线免费提供同行评议的科学文献[6],"开放教育资源运动"的目的是创建免费学习资料的数字资料库,以支持全球获取知识[7],"开放技术标准"

---

[1] Michael R. Lemov, People's Warrior: John Moss and The Fight for Freedom of Information and Consumer Right. 49 (2011).

[2] S. REP. NO. 93-854, at 1 (1974).

[3] S. REP. NO. 93-1183, at 1 (1974).

[4] Pub. L. No. 94-409, 90 Stat. 1241 (1976) [codified as amended at 5 U. S. C. § 552 (b) (2006)].

[5] See H. R. REP. NO. 94-880, pt. 1, at 39 (1976), reprinted in 1976 U. S. C. C. A. N. 2183, 2210 (considering how well the bill "balances these three goals … (1) open government (2) cuttingcosts of government and (3) discouraging undue litigation …").

[6] See Peter Suber, Open Access to the Scientific Journal Literature, [J]. BIOLOGY 3. 1 (2002).

[7] See OPEN EDUC. RESOURCES COMMONS [EB], available: http://www.oercommons.org/about, visiting date: 2018-3-1.

(Open technological standards)创造了专利权池,使个体创新者免于谈判专利许可的需要。

因此,"开放"这个术语既有技术上的含义也有哲学上的含义。在技术层面上,这个术语暗示使用计算机来有效地处理信息,而不是手动处理人工信息,这涉及许多技术的细节。在哲学层面上,"开放"暗示了参与,所有可能从信息中受益的人都可以以民主化、可访问的方式分享和重用它。[1]

据查,在法律政策当中,"开放数据"最早出现在美国1970年代的科学政策中:国际合作伙伴帮助美国NASA运营卫星的地面控制站,这些合作伙伴被要求适用一项"数据开放"政策。[2]

近些年来,从美国政府开始,国际上开始将"开放政府"和"数据开放"模糊的使用在一起。2009年,奥巴马政府发布《透明和开放政府备忘录》,开放政府和开放数据的概念愈发紧密结合在一起,也得到了更多学者的关注,备忘录中承诺"要建立透明、公众参与、合作的政府",为了达到这一目的,政府要求大多数联邦机构对其拥有的数据资源必须开放,使公众能够自由的获取和利用。可以说,美国政府数据开放的进程与开放政府的建设过程是息息相关的,建设高透明度的"开放政府"是美国政府的目的,而"开放数据"则是这一过程中逐渐形成的有利途径和主要技术手段。因此,要研究美国政府数据开放的机制就不可避免地涉及美国为建设开放政府推行的部分政策,

---

[1] See Laura DeNardis, Open Standards and Global Politics, 13 INT'L J. COMM. L. & POL'Y, 2009, p168.

[2] Memorandum of Understanding on Remote Sensing, U. S. -It., May 9, 1974, 26 U. S. T. 3078, 3080 [hereinafter U. S. -It. MOU]. Between 1973 and 1975, the United States concluded similar agreements with a number of other countries. E. g., Memorandum of Understanding on Remote Sensing, U. S. -Chile, Sept. 8, 1975, 26 U. S. T. 3040.

这在下文中将体现的非常明显。

三、美国政府数据开放立法进程

(一) 美国信息自由的基础法律制度

如第一部分所提到的，数据开放与信息公开并非是割裂的概念，从某种程度上讲，数据开放是信息公开的扩展和延伸。美国的信息自由和信息公开的历史由来已久，法律体系和配套机制较为成熟、完善，具有坚实的基础，自2009年以来逐渐确立的数据开放法律机制就是在其早期信息公开和信息自由的框架下建立起来的。

1.《管家法》和《行政程序法》

《管家法》(House-keeping Act) 和《行政程序法》(Federal Administrative Procedure Act) 分别于1789年和1946年通过，这两部法律均对美国联邦政府的政务公开作了相关规定，但是由于这两部法律存在法律条文词义的模糊、界定不严等问题，政府机构经常滥用其中的规定，拒绝向公众提供信息，因此导致了与其立法目的相反的效果，成为了美国信息公开的阻碍。[1]

2.《信息自由法》《隐私权法》和《阳光下的政府法》

1966年《信息自由法》(Freedom of Information Act) 通过，这部法律至今仍然是美国公民捍卫知情权的依据，对美国的信息自由产生了极为深远的影响。《信息自由法》规定，美国联邦政府以及各机构信息公开的原则是"以公开为原则、不公开为例外"，"任何人享有平等的公开请求权"和"司法救济原则"。除此之外，该法界定了须披露的信息范围，概述了强制性披露程序。

---

[1] 陆健英、郑磊、Sharon S. Dawes："美国的政府数据开放：历史、进展与启示"，载《电子政务》2013年第6期。

1974 年《隐私权法》(The Privacy Act of 1974) 通过，这部法律可以被定性为一部综合性的"公平信息实践法"，它的目的在于规范美国联邦各个机构收集、维护、使用和传播个人信息的行为。从整个信息利用的角度看，《隐私权法》是对《信息自由法》的补充，《信息自由法》要求政府公开机构信息，《隐私权法》给信息的使用划定了一道界线，即政府机构不管是收集、使用还是公开信息，不得侵犯个人隐私。

1977 年《阳光下的政府法》(Government in the Sunshine Act) 生效，该法最大的影响是规定了每个机构的每次会议的每一部分都应开放给公众观察。依据该法，公众可以观察会议的进程，取得会议的文件和信息，但不能干扰会议的进行。当然公开会议的范围有例外，但是该法将政府数据的公开范围又扩大了。

《信息自由法》《隐私权法》和《阳光下的政府法》构成了美国联邦政府信息公开制度的重要依据和保障，并成为了数据开放政策得以建立的法律基础。

（二）联邦政府数据开放的相关法律文件

美国政府数据开放的法律制度自 2009 年开始正式确立，有的学者提出从 2009 年至今美国政府数据开放政策应分为三个阶段：第一阶段为 2009 年至 2010 年，称为政策提出和推进阶段；第二阶段为 2011 至 2013 年，称为政策健全和完善阶段；第三阶段为 2014 年至今，称为开放总结和再推进阶段。还有的学者将其分为两个阶段，分别为：2009 年至 2013 年，此阶段的理念是尽可能的开放政府各类信息；2013 年至今，其开放理念上升到"数据层"，逐渐着重于"数据"而非"信息"的开放[1]。然

---

〔1〕 朱琳、张鑫："美国政府数据开放政策与实践研究"，载《情报杂志》第 36 卷第 4 期。

而，自 2009 年至今 10 年的时间，美国政府出台的各项政策之间的衔接也相对紧密，阶段性并不十分明显，以法律文本本身为线索进行研究更切合实际。下表为 2009 至 2016 年间，美国政府出台的法律文件。

法律文件名称	文件类型	时间	主要内容
透明和开放政府备忘录	总统备忘录	2009-01-21	承诺将构建一个开放水平前所未有的新政府，强化民主制度，促进政府的效率和效果。
《信息自由法》备忘录	总统备忘录	2009-01-21	重申政府遵守《信息自由法》的承诺。
开放政府指令	行政命令	2009-12-08	对于依照"透明、参与和合作"的原则实施开放做出了更加具体的指示。
国家安全信息分级（13526 号行政令）	行政命令	2009-12-29	建立统一的机制对涉密的国家信息进行分类和保护
管理非机密信息（13556 号行政令）	行政命令	2010-11-04	对于需要保护但是未涉密的信息，提出了统一的保护机制

续表

法律文件名称	文件类型	时间	主要内容
数字政府——建设21世纪的平台，更好的为美国人服务备忘录	总统备忘录	2012-05-09	要求政府向美国民众提供更好的服务，涉及提高效率、建立集中的互联网资源提供中心、采用新的数据标准提高可机读性
将公开和机器可读作为政府信息的新标准（13642号行政令）	行政命令	2013-05-09	提出各机构将数据的公开作为默认原则，并要求各机构公开数据时应该以机器可读作为标准的格式
数据开放政策——将信息作为资产管理备忘录	总统备忘录	2013-05-09	数据是具有极大价值的资源，使开放的数据更具有可机读性能够进一步推动社会创新，
国家行动计划	战略计划	2011、2013、2015	提出联邦政府实施政府数据开放的承诺和计划

1. 提出基本政策

2009年1月21日，奥巴马总统上任的第一天就签署了两份备忘录，分别为《透明和开放政府备忘录》（President's Memorandum on Transparency and Open Government）[1]和《信息自由法备忘录》（Freedom of Information Act: Memorandum for the

---

[1] President's Memorandum on Transparency and Open Government. [EB/OL]. [2018-04-13]. Available：https://obamawhitehouse.archives.gov/the-press-office/transparency-and-open-government

Heads of Executive Departments and Agencies）[1]，成为了美国政府数据开放正式开始的标志。

《透明开放政府备忘录》承诺将构建一个开放水平前所未有的新政府，开放将会强化民主制度，促进政府的效率和效果，提出了构建开放政府需遵循的三个原则：透明、公众参与、合作。透明原则指将政府部门和机构的运行和决策信息公布到网上并且使公众能够便捷的获取；参与原则指给公众提供更多的参与决策制定的机会；合作原则指使用创新性的工具、方法和体系进行合作，包括政府部门和机构间的合作以及政府与非营利性组织、商业主体、和个人在个人领域的合作。

《信息自由法备忘录》重申了《信息自由法》规定的公开原则，强调了政府公开的重要性，公开指出《信息自由法》"应该以这样的一种清晰的理念得到实施：面对质疑时，公开占据优势"，并且"所有机构都应该采取有利于披露的理念，以更新他们对《信息自由法》规定的原则的承诺，并且迎接一个开放政府的新纪元，前述披露的理念应该适用于所有与《信息自由法》有关的决定中。"

2009年12月8日，根据《透明开放政府备忘录》的要求，美国管理和预算办公室制定并发布了《开放政府指令》（Open Government Directive）[2]。《开放政府指令》的对象是政府各部门和机构，其内容对于实施"透明、参与和合作"的原则作出

---

[1] Freedom of Information Act：Memorandum for the Heads of Executive Departments and Agencies. [EB/OL]. [2018-04-13]. Available：https://www.justice.gov/sites/default/files/oip/legacy/2014/07/23/presidential-foia.pdf.

[2] Executive Office of the President, Office of Management and Budget, Memorandum for the Heads of Executive Departments and Agencies：Open Government Directive, Washington, DC, December 8, 2009, http://www.whitehouse.gov/omb/assets/memoranda_2010/m10-06.pdf.

了更加具体的指示。《开放政府指令》提出了向公众提供以往未公开过的具有"高价值"数据集的要求,并且明确要求各机构指定一名高级官员负责联邦支出信息的质量和客观性以及联邦支出信息的内部控制,同时,每个机构都被要求制定一份开放政府计划,详细的说明该机构将如何提高透明度以及如何将参与原则、合作原则与其活动融合,还设置了各部门和机构完成上述要求的期限。指令将政府部门和机构在开放政府数据中需要主动做的事分为四个主要的类型:(1)将政府的信息按照要求在网上发布;(2)提高政府信息的质量,负责人确保符合质量要求;(3)创造公开政府的文化并将其制度化;(4)为开放政府创造有利的政策框架。

2. 机密信息和 CUI

政府数据公开必须要解决的一个问题就是关于公开与保密的界限,即如何处理数据开放与涉及国家安全的机密信息、涉及商业利益的信息、个人隐私等的关系,这在政府信息公开制度中已经存在过很多相关的探讨,但在数据开放这一新发展的制度中,仍有许多疑问。美国政府为了解决这一问题相继出台了两份文件,即 13526 号行政令《国家安全信息分级》(Classified National Security Information)和 13556 号行政令《管理非机密信息》(Controlled Unclassified Information)。

《国家安全信息分级》为了分类、保护和解密涉及国家安全的信息,规定了一个统一的系统,包括有关防范跨国恐怖主义的信息。该文件不仅对机密标准、分类级别、机密类别、标记、机密期限以及分类禁止和限制做出了详细的规定,还对于机密降级、文件的施行、机密保护等也做了相应的规定。该文件对数据公开中属于机密的信息作出了定义、分类,并划分级别、统一标记,规定机密期限和期后处置办法,为政府各机构和部分实施数据开放提供了区分依据。

《管理非机密信息》是对前一文件的补充，此文件针对的是前一文件涵盖的信息之外的应受法律、法规或政府政策保护的信息，包括涉及隐私、安全、个人商业利益和执法调查的信息等。该文件未发布之前，执行部门和机构对这些信息分别采用各自专用的程序和标记来保护和控制。这种管理方式效率低且混乱，导致文件的标识和保护不一致，传播政策受到不同程度的限制，授权信息共享存在很大的障碍。为了解决这些问题，文件将这些信息指定为"CUI"（Controlled Unclassified Information），使用统一的标记，并令国家档案和记录管理局作为执行机构，负责执行这一命令并监督其他部门和机构的行为，以确保这一命令得到遵守。

3. 明确对政府机构的要求

2013年5月9日，美国政府发布了两份文件，分别是《将公开和机器可读作为政府信息的新默认标准》（Making Open and Machine Readable the New Default for Government Information）和《数据开放政策——将信息作为资产管理备忘录》（Open Data Policy-Managing Information as an Asset）。

《数据开放政策——将信息作为资产管理备忘录》强调信息是联邦政府、其合作伙伴和公众的宝贵国家资源和战略资产。为确保联邦政府充分利用其信息资源，备忘录要求各机构必须将信息管理作为资产的整个生命周期来促进开放性和互操作性，并妥善保护。备忘录建立了一个框架，将信息生命周期[1]的每个阶段的有效的信息管理原则制度化，以促进互操作性和开放性。具体而言，备忘录对数据产生到使用的整个周期都提出了

---

〔1〕"信息生命周期"一词是指信息通过的阶段，典型的特征是创建或收集，处理，传播，使用，存储和处置。

要求，包括数据的收集、信息系统的建立、数据管理和开放以及隐私和机密的保护。同时，明确了负责的部门和机构，还对数据开放中的概念做了定义，包括数据、信息、数据开放等。值得注意的是，为了促进政策的实施，奥巴马还要求联邦首席绩效官（the Chief Performance Officer）与总统管理委员会（President's Management Council）建立一个跨部门优先目标来跟踪数据开放政策，评估相关工作的绩效水平，这十分少见，体现了对数据开放工作的重视。

《将公开和机器可读作为政府信息的新默认标准》明确规定政府信息资源新的和现代化的默认状态应是开放的、机器可读的；政府信息应在可能和法律允许的情况下确保数据以易于查找、访问和使用的方式向公众公布。同时，还为机构执行开放数据政策的要求规定了具体的行动及其最后期限；并要求机构在实施开放数据政策时，应将隐私、机密性和安全风险的全面分析纳入信息生命周期的各个阶段，以识别不应公布的信息。

4. 战略计划

2012年5月，美国政府发布了《数字化政府政策》[1]，认为云计算、智能移动设备和协作工具的惊人组合正在改变消费者的视野，新的趋势使得联邦政府需要一个数字战略，使企业家能够更好地利用政府数据来提高对美国人民的服务质量。释放政府数据的力量，促进全国的创新是新政策的重要目标之一，政策确定了"Information-Centric""Shared Platform""Customer-Centric"和"Security and Privacy"四个原则，在"Information-Centric"原则指导下，开发政府数据资源的价值，建立安全的信息共享平台，构建操作性和开放性的数字服务方式。其主要

---

〔1〕 See https://obamawhitehouse.archives.gov/sites/default/files/omb/egov/digital-government/digital-government.html.

措施包括为开放数据、内容和 Web API 制定新的政策和通过 Web API 提供现有的高价值数据和内容。

2014年5月9日，美国又发布了《美国数据开放行动计划》该计划在较为系统的政策框架基础上，对数据开放工作进行了全面总结，并提出了改进与完善的四项举措，分别是：以可发现、可机读、有利用价值的方式公开政府数据，与公众和民间组织合作，优化发布政府数据；支持创新，并根据反馈意见改善数据开放，继续发布和加强与气候变化、健康、能源、教育、经济和公共安全相关的高优先级别的数据。

除此之外，联邦政府每隔两年发布一次国家行动计划，各机构随之更新自己的机构行动计划，每一次的行动计划都在总结数据开放的时间的同时，提出下一阶段的行动方向。第一份国家行动计划发布于 2011 年，该计划包含了 26 个具体且雄心勃勃的具体措施，其核心是给公众更多的话语权[1]。第二份行动计划发表于 2013 年，包括了 23 项基于第一份计划所取得的进展以及未来两年要实现的新承诺，其目标是提升面向公众的服务[2]。第三份国家行动计划发布于 2015 年 10 月，包括 40 多个新的或扩大的举措，核心是数据开放要以公民为中心展开，2016 年 9 月当局在其中增加了新的承诺，其承诺期限为 2017 年 6 月[3]。

美国政府建立数据开放机制的政策体系大致包含以上文件，

---

[1] National Action Plan 2011. [EB/OL]. Available：https://obamawhitehouse.archives.gov/sites/default/files/us_national_action_plan_final_2.pdf.

[2] the Second National Action Plan 2013. [EB/OL]. Available：https://obamawhitehouse.archives.gov/sites/default/files/docs/us_national_action_plan_6p.pdf.

[3] the Third National Action Plan. [EB/OL]. Available：https://obamawhitehouse.archives.gov/sites/default/files/microsites/ostp/final_us_open_government_national_action_plan_3_0.pdf.

这些文件构建了政府数据开放的基本框架。

(一) 州政府的法律文件

除联邦政府之外，美国各州、县政府也出台了相应的法律文件以保证数据开放的实施。例如，田纳西州孟菲斯市于 2009 年 1 月出台《建立透明、公开孟菲斯市政府执行标准指令》[1]，是在奥巴马总统发布《透明和开放政府备忘录》之后最早响应的地方政府；夏威夷州于 2013 年 7 月出台《夏威夷开放数据政策》[2]；伊利诺伊州 2012 年 9 月出台《为伊利诺伊州建立开放操作标准：利用信息技术提高透明度、政府效能和节约》[3]；纽约州于 2013 年 3 月出台《利用技术来提升透明度、政府效能及公民参与度》[4]；康涅狄格州于 2014 年 2 月出台《开放数据行政令》[5]。

美国的各大城市也都有使用于本市的法律文件：纽约市——《开放数据政策和技术标准手册》(2012 年 9 月)[6]，芝加哥市——《开放数据行政令》(2012 年 2 月)[7]，洛杉矶市——

---

[1] MayorsTransparencyExecutiveOrder [EB/OL]. [2018-02-23]. http://www.meraphistn.gov/portals/O/pdf_forms/MayorsTransparency-ExecutiveOrder.pdf.

[2] StateofHawaiiOpenDataPolicy [EB/OL]. [2018-02-23]. Available：https://catalog.data.gov/dataset/state-of-hawaii-open-data-policy.

[3] Executive Order [EB/OL]. [2018-02-23]. http://www.illinois.gov/Govemment/ExecOrders/Documents/2012/execorder2012-03.pdf.

[4] Using Technology to Promote Transparency, Improve Government Performance and Enhance Citizen Engagement [EB/OL]. [2018-4-15]. Available：https://www.governor.ny.gov/news/no-95-using-technology-promote-transparency-improve-government-performance-and-enhance-citizen.

[5] Executive Order39 Connecticut's Open Data [EB/OL]. [2018-4-15]. Available：http://www.ct.gov/opm/lib/opm/secretary/open_data/eo_39_open_data.pdf.

[6] Open Data Policy andTechnical Standards Manual [EB/OL]. [2018-4-15]. Available：https://cityofnewyork.github.io/opendatatsm/.

[7] Open Data Executive Order (No.2012-2) [EB/OL]. [2018-4-15]. Available：https://www.cityofchicago.org/city/en/narr/foia/open_data_executiveorder.html.

《第3号行政指令》（2013年12月）[1]，费城——《开放数据与透明政府》（2012年8月）[2]，旧金山——《旧金山数据：收集供应、刺激需求》（2014年3月）[3]。

  这些文件的内容大多重申数据开放的原则和目标，同时提出具体的实施方法、落实步骤，规定数据提交时间，建立问责机制等。美国地方政府出台的法律文件保证了政府数据开放在地方的实施，与联邦政府出台的法律、政策文件共同构建起了美国政府数据开放的法律制度。

四、美国联邦政府数据开放制度的内容

  有学者通过分析构建开放政府数据政策内容需要把握的关键问题，提出了政府数据开放政策的内容框架，列出了主要要素[4]，归纳为政策目标、机构设置与人员协调、数据管理、政策实施计划与评估策略，本部分以此为导引分析和研究美国政府数据开放制度的具体内容。

（一）政策目标

  美国政府实施数据开放政策，其目标并非一直不变，在政策实施的不同时期有一定程度的发展和变化，这既是政府总结

---

  [1] ExecutiveDirectiveNo.3［EB/OL］.［2018-4-15］.Available：https://www.lamayor.org/sites/g/files/wph446/f/page/file/Executive-Directive-3-Open-Data.pdf? 1426620075.

  [2] OpenDataandGovernmentTransparency［EB/OL］.［2018-4-15］.Available：https://zh.scribd.com/document/189138456/Philadelphia-Open-Data-and-Government-Transparency.

  [3] Data in San Francisco：Meeting Supply Spurring Demand［EB/OL］.［2018-4-15］.Available：file:///Users/simplezhangjiaxin/Downloads/DataInSanFrancisco-FY15-16StrategicPlan.pdf.

  [4] 赵润娣：" 国外开放政府数据政策：一个先导性研究"，载《情报理论与实践》2016年第1期。

政策实施经验的结果,也是适应互联网时代发展变化的一个体现。

1. 建立开放型政府

美国总统奥巴马在上任第一天即签署开放政府备忘录,决定开放政府数据,这个制度后来一直贯穿于他的整个执政期,其最初的目的在于增加美国公民对政府的信任。《透明和开放政府备忘录》中说他们致力于创造一个开放水平前所未有的政府,确保公信力。

《透明和开放政府备忘录》对未来政府的设想包括透明、公众参与和合作,这也成为数据开放的三个原则。透明就是要告知公众政府在做什么,政府应用新的技术,以公众容易获得和使用的方式提供政府掌握的信息,同时,政府机构征求公众的反馈意见并以此来定义什么信息对公众有巨大的作用。公众参与使政府能够获取广泛传播于社会中的知识,从而提高政府决策的质量。合作就是要积极地吸引美国人民参与到政府的工作中来,要求政府部门和机构使用创新性的工具、方法和体系创造跨层级、跨部门的合作,尤其是与非营利性组织、商业主体和个人的合作。

透明、公众参与、合作的体系体现了美国政府提倡数据开放的初始目标,即提高政府的责任感,增加公民的信任度和参与度,创造一个开放型政府。

2. 建设数字政府

随着数据开放政策不断实施,在这期间,Data.gov网站以及各州数据开放网站不断完善,数据开放取得了一定的实际效果,开放的数据集不断增多。快速发展的信息技术,给政府的数据管理和开放带来了更多的挑战,美国政府看到了互联网时代的技术变革和数字化大趋势,希望可以利用现代化的工具和技术抓住数字化的机遇,从根本上改变联邦政府服务的方式,构建属于21世纪的平台,更好地服务于美国人民。

2012年出台的《数字政府——建设21世纪的平台,更好地为美国人服务备忘录》提到,如今云计算、更智能的移动设备和协作工具的惊人组合正在改变消费者的观点[1],并将其视为机遇和挑战。新的期望要求联邦政府准备随时随地在任何设备上交付和接收数字信息[2]和服务[3]。为了建设未来,联邦政府需要一个数字战略,使企业家能够更好地利用政府数据来提高对美国人民的服务质量。

如此,美国政府数据开放政策的目标从建设开放政府转为建设数字政府,应该说,数字政府是开放政府的发展,政府深刻认识到现代信息技术对于提升政府服务能力的重要性[4],提出了21世纪"数字政府"的战略。

---

[1] Source for "The Speed of Digital Information": http://mashable.com/2011/08/23/virginia-earthquake/. Sources for "The Rapidly Changing Mobile Landscape": http://hugin.info/1061/R/1561267/483187.pdf, http://www.idc.com/getdoc.jsp? containerId = prUS23028711, http://pewinternet.org/Reports/2012/Smartphone - Update - 2012/Findings.aspx, http://tech.fortune.cnn.com/2011/02/07/idc - smartphone - shipment - numbers-passed-pc-in-q4-2010/.

[2] *Digital information* is information that the government provides digitally. Information, as defined in OMB Circular A-130, is any communication or representation of knowledge such as facts, data, or opinions in any medium or form, including textual, numerical, graphic, cartographic, narrative, or audiovisual forms. See http://www.whitehouse.gov/omb/circulars_ a130_ a130trans4 for more information.

[3] *Digital services* include the delivery of digital information (i.e. data or content) and transactional services (e.g. online forms, benefits applications) across a variety of platforms, devices and delivery mechanisms (e.g. websites, mobile applications, and social media).

[4] 朱琳、张鑫:"美国政府数据开放政策与实践研究",载《情报杂志》第36卷第4期。

3. 创造经济价值

在认识到现代信息技术重要性的同时，美国政府也认识到了数据所蕴含的巨大价值。《数据开放政策——将信息作为资产管理备忘录》中称信息是联邦政府、其合作伙伴和公众的宝贵国家资源和战略资产。

该备忘录直接举出了 GPS 的例子，几十年前，联邦政府同时向任何人免费提供天气数据和全球定位系统（GPS），从那时起，美国企业家和创新者就利用这些资源来创建导航系统，天气新闻广播和预警系统，基于位置的应用程序，精准农业工具等，这说明使信息资源易于被公众获取和使用，可以促进创新和科学发现。因此，政府将掌握的数据作为资产管理，并向社会公众开放，使公众能够容易的获取和使用，推动社会创新，充分的利用信息中蕴含的价值，并将其转化为经济价值。

从美国政府发布的法律文件可以看出，美国政府数据开放政策经历了一个变化过程，从追求大规模的开放，到利用数据驱动服务，提高政府数据开放和提供服务的质量，最后到重视数据所蕴藏的价值，要求将数据作为资产进行管理。

（二）机构设置与人员协调

美国政府数据开放的工作主要以管理与预算办公室（Office of Management and Budget，OMB）为领导核心，由总务管理局（General Service Administration，GSA）统一管理，涉及科学和技术政策办公室（Office of Science and Technology Policy，OSTP）、信息政策办公室（Office of Information Policy，OIP）、信息安全监管办公室（Information Security Oversight Office，ISOO）和总统管理委员会（President's Management Council，PMC）等多个部门，以及联邦首席信息官（Federal Chief Information Officer，CIO）、联邦首席技术官（Federal Chief Technology Officer，CTO）

等多名政府人员,结构如下图所示。

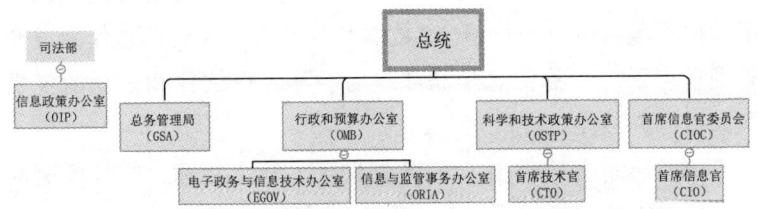

1. 管理与预算办公室（OMB）

OMB 是总统行政办公室的组成部分,首要职责是执行总统的预算计划。在数据开放机制中,OMB 虽然并不直接参与政府数据公开的过程,但 OMB 却是最重要和出现频率最高的核心部门,负责开放数据政策施行的协调和领导,并制定遵循规范、标准的合适的实际操作方案。

OMB 通过下设的两个子部门参与政府的数据开放,分别是信息与监督事务办公室（Office of Information and Regulatory Affairs, OIRA）和电子政务与信息技术办公室（Office of E-Government and Information Technology）。两个部门分工不同,前者负责信息资源的管理和规范,后者负责电子政府的投资和规划,例如,根据《开放政府指令》,OIRA 应审查现行的 OMB 政策,提供《减少文书工作法》规定下的指导、隐私指导等,在必要时发布澄清指导或对这些政策提出修改建议,以促进政府的更大开放。

2. 总务管理局（GSA）

GSA 负责建设和维护集成性政府数据开放平台,在政府数据开放中负责革新服务平台,为联邦各机构提高服务水平提供技术支持。联邦各个机构内部数据的开发挖掘和发布则由各自的信息资源管理部门负责,其人员与岗位设置也由该机构自行决定。

GSA 下设的公民服务与创新技术办公室（Office of Citizen Services and Technology, OCST）是联邦政府向公众提供信息和服务的主要机构，主要职责包括五个方面：云安全、客户体验、数据服务、开放式创新、智能 IT 技术。其中，数据服务的目标是将政府数据资源更好地授权于公众。同时，还提供分析和数据管理功能，以帮助各机构作出更好的决策，提高对市民的服务。该办公室与其他联邦机构密切合作，以确保政府数据向公众开放，OSCIT 的一项重要成果是为政府建设了数据开放门户网站 Data. gov。

3. 科学和技术政策办公室（OSTP）

OSTP 向总统办公厅提供关于科学、工程、和技术方面的建议，负责引导机构间科学和技术政策协调工作，协助 OMB 进行审查和分析。OSTP 的分析和判断是联邦政府科学技术方面的政策、计划、方案制定的依据。[1]

在政府数据开放制度中，OSTP 主要负责破解开放政府和数据开放在技术的障碍，参与制定相关政策。联邦首席技术官（CTO）是 OSTP 的副主任，在数据开放中承担非常重要的职责，参与了几乎所有数据开放中与技术有关的政策的制定，并且作为多个跨部门工作组的成员参与数据开放政策的推行和监督。

4. 首席信息官委员会（CIOC）

CIOC 的工作围绕着政府信息技术的规划、发展、应用和维护等方面展开，是一个跨部门的机构，这与美国 CIO 制度有关，总统任命联邦首席信息官，负责联邦政府的信息管理工作，各行政机构各有自己的首席信息官，与各部门的负责人一起，承

---

[1] https://www.whitehouse.gov/ostp/.

担各自机构内部的信息管理工作。联邦首席信息官是 CIOC 的理事长，同时也是 OMB 下电子政务与信息技术办公室的主任，对联邦信息技术政策负责，协调各部门之间信息技术工作。

联邦首席信息官和联邦首席技术官一起受到总统委任，《透明和开放政府备忘录》中强调了两者的职责，在数据开放中承担重要的工作角色。

5. 信息政策办公室（OIP）

OIP 隶属于司法部，最初设立于上世纪 70 年代，设立之初名为信息自由委员会，负责向各行政机构提供关于执行《信息自由法》的法律建议，后历经变革，于 2008 年变更为信息政策办公室。其工作职责为协助各机构实施奥巴马总统的 FOIA 备忘录和总检察长办公室的 FOIA 指导方针。除此之外，还负责为所有机构提供有关信息自由法管理的法律和政策咨询。

除上述几个具有承担主要工作职能的机构之外，美国政府数据开放制度还有其他辅助机构的参与，例如，信息安全监管办公室（ISOO）负责审查、监管开放数据的机密性和隐私性，保障开放数据的安全；总统管理委员会（PMC）是政府改革工作的重要领导小组，具有跨部门性、高级别性，具有协调、统一各部的能力，在数据开放中负责战略规划和协调等。

上述机构分工合作，承担了美国政府数据开放的工作。值得注意的是，各机构经常组合为工作小组，几乎在所有政策文件的"政策实施"（Implementation）部分都可以看到诸如首席信息官、首席技术官、OMB 副主任组成工作小组或协商一致等的表述。

(三) 数据管理

政府开放数据中的数据管理指的是开放政府的具体实施策略，包括开放数据的类型、范围、标准和格式、质量要求、开放方式、许可机制等，是数据开放的具体细节。

1. 数据开放的类型

美国政府开放数据的对象是政府在行政过程中掌握的信息，是由联邦政府创建、收集、处理、传播或处置的信息[1]。而"数据"指的是除单独做出说明之外的所有结构性信息（structured information）[2]，数据通常是以"数据集"的形式公开，"数据集"是指以表格或非表格形式的数据集合。开放的数据必须是可用的数据，能够完全被用户使用，这又与开放数据的格式相关，将在下文详述。

2. 数据开放的标准

开放数据有两个标准：一是数据具有有用性，二是数据具有易用性[3]。《开放政府指令》《数字政府政策》和《将公开和机器可读作为政府信息的新标准》都对此作出过规定。

数据有用性是指，数据对公众而言是有价值和是公众所需求的，并且具有一定的数量。《开放政府指令》等多部文件都要求政府应该优先公开以前从未公开过的、具有高价值的数据。《开放政府指令》明确要求政府公开数据的网页上应该有途径：使得公众可以对政府应对公布的信息给予反馈和对其质量进行评估；提出优先公开顺序的建议。

数据易用性是指，开放政府数据应便于公众检索、分享和

---

[1] 定义来自 OMB Circular A-130 [EB/OL]. Available: https://obamawhitehouse.archives.gov/sites/default/files/omb/assets/OMB/circulars/a130/a130revised.pdf.

[2] 结构化信息与非结构化信息（通常称为"内容"，如新闻稿和概况介绍）形成对比。如"数字政府战略"所述，内容可以转换为结构化格式，并视为数据。例如，基于网络的情况说明书可能会被分解为以下组件数据：标题，正文，图像和相关链接。

[3] 参考徐慧娜、郑磊："面向用户利用的开放政府数据平台：纽约与上海比较研究"，载《电子政务》2015年第7期。

使用。《将公开和机器可读作为政府信息的新标准》明确规定,开放政府的一个重要利益,就是使信息资源易于查找,访问和使用,从而改善美国人的生活并为创造就业作出重大贡献。为了获得政府公开数据社会效益,政府信息资源新的和现代化的默认状态应是开放的,机器可读的……并在可能和法律允许的情况下,确保数据以易于查找、访问和使用的方式向公众公布。《数字政府——建设21世纪的平台,更好的为美国人服务》还提出为了应对移动端网络飞速发展,政府数据开放应该能够便于移动端口的检索和利用,以使得社会成员更方便的利用这些数据资源。

3. 数据开放的格式

美国政府对公开数据的格式默认要求为可机读。Berners-Lee对开放数据的格式制定了五星评估等级[1]。一星指用户可以通过网络获取数据,主要采取PDF/JPEG等格式;二星指用户还可以使用程序读取结构化数据并进行分析,如Excel格式;三星指用户可以获取非所有权的格式,如CSV/XML等;四星指用户可使用开放标准规范,如URL等;五星指用户可将某一数据链接至他人的数据,从而实现内容的关联,即关联数据。不同的数据格式可服务于软件公司、专业编程人员和普通用户等不同用户的需求。

目前,美国数据公开平台Data.gov中提供的数据格式总类已经至少有48种,每一个数据集都至少提供了包括XML/JSON/CSV三种机器可读格式及PDF/RDF/XLS/XLSX四种人类可读格式,供用户自行选择下载。此外,为了供程序员开发程序时调用数据,Data.gov和纽约市数据开放平台opendata.cityofnewyork.us/

---

[1] Berners-Lee T. Linked Data [EB/OL]. [2015-06-22]. Available:http://www.w3.org/2008/Talks/0617-lod-tbl/#(2).

还开放了数据集的 API（Application Programming Interface）接口，为数据资源的开发利用创造了便利条件。

4. 数据开放的质量

《信息质量法》对政府公开的信息的质量做出了规定，必须满足"实用性"、"客观性"和"整合性"[1]，《数据开放政策——将信息作为资产管理备忘录》又提出了 7 项要求，分别为公开、易获取、充分描述、可重复利用、完整、及时、后期管理[2]。

《开放政府指令》将提高政府开放数据的质量作为政府四项举措之一，又提出了三项要求：一是各机构在 45 日之内，应按照 OMB 指南的规定，任命一名高级别的高级官员，高级负责人必须保证向公众公开的信息质量符合 OMB 发布的指南。二是在 60 天内，OMB 的管理副主任将通过单独的指导或者作为任何计划的综合管理指导的一部分发布一个框架，用于通过诸如 US-Aspending.gov 或其他类似网站公共场所公开传播的联邦支出信息的质量。该框架应要求各机构提交计划，详细说明在信息质量方面实施的内部控制，包括系统和流程的变化，以及这些控制措施在机构现有基础设施内的整合。并且将进行评估，以确定是否有必要为执行 OMB 信息质量指导提供额外的指导。三是在 120 天内，OMB 的管理副主任将通过单独的指导或作为任何计划中的综合管理指导的一部分发布一个长期的联邦支出透明度综合战略，包括"联邦资金问责透明度法案"和"美国再投

---

[1] Information Quality Act, Pub. L. No. 106-554, section 515; see also, "Guidelines for Ensuring and Maximizing the Quality, Objectivity, Utility, and Integrity of Information Disseminated by Federal Agencies" (67 FR 8452) and your agency's Information Quality Act guidelines.

[2] Open Data Policy-Managing Information as an Asset [EB/OL]. [2017-07-12] Available: file:///Users/simplezhangjiaxin/Downloads/Federal%20Open%20Data%20Policy%20Overview%20v2.pdf.

资"恢复法。本指导将确定机构每季度报告其改进信息质量进展情况的方法。

5. 数据开放的许可机制

美国政府公开的数据不需要另外的许可使用机制，数据开放时在复制、发布、分配、传播、改编或者其他商业或非商业用途中不存在限制条件。凡是 Data. gov 网站上公开的数据集，皆可以不受任何限制的重复使用和开发。除此之外，美国联邦政府公开的数据不向使用者收取费用。

6. 数据公开的方式

目前，美国政府数据公开的方式为利用网络平台集中公开，《开放政府指令》将在网上公开政府数据列为政府四大举措之首。提出的要求包括：在指令发布的 45 日之内，各机构应该以公开格式公开至少 3 个以前未公开过的、具有高价值的数据集，并且在 Data. gov 上登记。在 60 日内，各机构应在 http://www.[agency]. gov/open 创建开放门户网页作为与开放政府数据相关的通道，并且定期维护更新。

为了提高数据开放的程度，联邦政府设立了 Data. gov 网站，网站于 2009 年 5 月 1 日上线，发展至今，网站已成为数据集多、主题丰富、互动程度高的一站式网站。

Data. gov 网站网站设置了数据、主题、影响、应用程序、开发者、联系六个板块，根据网站各个板块的实际内容，将网站面向用户的数据服务分为"数据提供""数据检索""数据利用"与"用户的交流与互动"四方面。截至 2018 年 2 月 10 日，Data. gov 网站上提供了 226471 个数据集，48 种数据格式，以及 78 个根据已公开数据集开发的应用软件。为了便于检索，网站主页中把数据集分为了农业、商业、气候等共 14 个主题，使得用户能够找到进入目标资源，节省时间。

如前所述，Data.gov 网站不仅提供了丰富、庞大的数据集，而且提供了多种数据格式类型，包括人读的 PDF、JPG、TXT 和机读的 XML、CSV、WMS、TIFF 等，很多数据集还提供了可供开发人员调用数据的 API 接口，为调用数据资源带来了极大的便利。

为了沟通和反馈，Data.gov 网站设置了用户反馈渠道，用户可以向政府反馈意见，对已公开的数据集作出评价，并提出优先公开顺序等要求。网站也特别注意互动性和分享性，用户可以将数据分享至 Facebook、Twitter 等社交网站，增强传播和互动性。

除了联邦政府设立的 Data.gov 网站之外，有的州和较大的城市也有自己的数据开放网站，专门公开地方性数据，具有代表性的是纽约市数据开放网站（Opendata.cityofnewyork.us），其网站建设已经相当完善。

7. 数据公开的范围

数据公开的范围涉及公开与国家安全机密、个人隐私、商业机密等之间的界限问题。《信息自由法》《隐私权法》《电子政府法》等美国早期保护个人隐私的基础，连同数据开放过程中出台的《国家安全信息分级》《管理非机密信息》《开放数据的同时保护隐私》等政策文件是美国政府为了解决关系国家安全机密的信息及个人隐私公开标准问题而出台的文件，划定了数据公开的范围，提出要建立相应的流程。

从相关的立法情况来看，对于数据开放的范围并没有一部综合的、专门的法律。其中对于涉及国家安全机密的信息有专门的政策文件，即《国家安全信息分级》，该文件建立了统一的定级标准和规范化的流程，较为全面的划定了国家机密的范围和保护、公开办法。对于个人隐私信息的范围和保护，则见于各个法律和政策文件当中，从早期的《隐私权法》开始，到专门领域中的《金融隐私权法》《儿童在线隐私权保护法》等，再到数据开放行动开始之后的 M-11-02 号隐私保护指令《开放数据的同时保护隐私》（Sharing Data While Protecting Privacy）等文件，都从不同的角度界定了个人隐私信息并提出了保护办法，相互结合，构成了美国个人隐私信息保护的法律框架。

在数据开放中，确定了数据开放的范围应完全遵循现有法律规定的原则，2010 年 3 月，美国预算管理办公室颁布的《开放数据的同时保护隐私》，指出应重视政府数据开放过程中泄密和侵犯个人隐私的问题，要求联邦各机构执行数据开放行为时，必须遵守现行的相应隐私法律、法规、政策。《数据开放政策——将信息作为资产管理备忘录》规定，各机构必须将隐私分析纳入信息生命周期的每个阶段。特别是代理机构必须对收集或创建的有效信息进行审核，以确定该信息是否可以公开，数据公开应符合开放政府指令的有利于开放性的推定，但要在法律允许的范围内且受到隐私保护、保密承诺、安全、商业秘密、合同或其他限制。

同时，该文件提出衡量数据能否被公开的另一个参考是数据聚合的"镶嵌效应"[1]。"镶嵌效应"指的是独立发布的个别数据片段可能不会揭示敏感信息，但是如果结合起来可以用

---

[1] see Open Data Policy-Managing Information as an Asset: As agencies consider whether or not information may be disclosed, they must also account for the "mosaic effect" of data aggregation. Agencies should note that the mosaic effect demands a risk-based analysis, often utilizing statistical methods whose parameters can change over time, depending on the nature of the information, the availability of other information, and the technology in place that could facilitate the process of identification.

来获取个人信息或国家安全的重要信息[1]。也就是说,看似无害的数据可能泄露隐私。因此,"镶嵌效应"需要进行基于风险的分析,通常利用参数随时间变化的统计方法,这种分析非常复杂,在某些情况下,评估结果可能会影响机构发布的数据的数量、类型、形式和细节。

在具体做法方面,OMB 发布的 Circular A-130 号文件提供了机构为了保护个人隐私、安全机密等信息应采取的措施,尤其是对相关信息的采集、发布和认定作了限制。例如,收集或创建信息仅限于机构正常履行职责和功能的范围,并且收集具有实用性的信息;收集或创建能够识别个人的信息必须在执行机构职能的法定权限范围内,并且具有必要性。

(四) 政策实施计划和评估策略

1. 政策实施计划

针对政府战略层面的宏观实施计划,如第二部分联邦政府的战略计划中所提到的,美国白宫每两年发布一份国家行动计划,提出未来两年内联邦政府、各行政机构的目标和承诺,概括性的指导政府数据开放的工作方向。国家行动计划中承诺的目标大多没有具体的实现时间,其行动期限为两年左右。

针对具体措施的实施计划,统观数据开放过程中美国政府出台的多部政策文件,其习惯做法是在每部文件之中明确规定该文件提出的相关措施、行动的期限,通常每部文件中都单独设有"实施(Implementation)"一章,在这章之下,使用"在……

---

〔1〕 2004 年,信息技术专业出版网站和杂志《ComputerWorld》将镶嵌效应定义为:"看似无害的数据通过特定的方式组合起来可能会导致隐私泄露"。2010 年,在时任美国首席信息官的 VivekKundra 发布在 CIO.gov 上的声明中表示:"独立发布时的单独数据片段可能不会揭示敏感信息,但如果结合起来,这种镶嵌效应可用于获取个人信息或国家安全的重要信息。"

日内，应完成……"的表达方式进行规定，本文提及的政策文件中基本都有此部分。

这种规定方式有利有弊，其有利的地方在于，在联邦政府政策出台的同时，明确规定具体的执行期限，诸如30日内、60日内、90日内，能够给各执行机构准确的行动内容和执行日期，避免任务不明确和实施期限拖沓的情况，也有利于对执行情况进行跟踪管理和评估测评。但这种做法的弊端在于，政策在实施过程中遇到的不定性因素较多，政策制定者在制定政策时并不能完全准确的预测到政策实施需要的具体时间，在政策出台之时就定下非常具体的执行期限并不科学，会出现客观不能实现相关规定的情况，导致各机构延迟、超期完成任务。而实际上这种情况也较为多发，例如，《透明开放政府备忘录》中规定，OMB应在备忘录发布之日其120日内制定并发布具体的实施办法，但实际上，OMB在该备忘录发布后的约330天之后才发布《开放政府指令》，作为备忘录的具体执行方案，类似的情况较为多发。

2. 评估策略

提出本分析方法的学者认为，在考察数据开放是否有政策评估策略时，应主要着眼于三个方面：是否提供了微观或者宏观的量化标准用于评估政策实施的效果、是否具有用于保障政策实施的监督和问责机制以及是否有保障策有效实施的奖惩机制[1]。分别从上述三个方面考察美国政府数据开放的政策实施评估策略，可以得到的结论是，美国有一定的评估策略但是并不完善。

针对前文第三部分第4项"战略计划"中所提到的国家行

---

[1] 赵润娣："国外开放政府数据政策：一个先导性研究"，载《情报理论与实践》2016年第1期。

动计划，联邦政府会在该行动的有效期限到期前，发布自我评估报告，报告对国家行动计划中提出的每项承诺所取得的进展进行逐项审查。该报告由白宫发布，没有具体的评估部门，同形成计划一样，由"奥巴马政府"（the Obama Administration）作出一份行动计划的自我评估只有终期评估报告，第二份和第三份行动计划有中期和终期两份评估报告（第三份行动计划终期评估报告尚未发布）[1]。

但是政府的这种评估更类似于总结报告，其主要内容是汇集、概括政府实施的措施和取得的成果，并不是完全意义上的评估。首先，没有对政策实施效果提出量化标准。政府推出的各项政策的事实效果由 OMB 和大众进行评估点评，OMB 是数据开放政策的总负责机构，其职责当中包含跟进政策实施，落实政策实施效果，定期进行评测，这在多个政策文件当中均有所体现，而大众对政策的落实效果提出建议和作出反馈则主要通过政府建立的论坛进行，OMB 和 OSTP 等机构对此进行收集、筛选，并有针对性的作出回复或提出应对方案。其次，缺乏政策实施的问责机制和奖惩措施。就目前可获得的政策文件来看，美国政府仅在《数据开放政策——将信息作为资产管理备忘录》一份文件中规定了问责办法，明确提到了相关机构和官员的职责，但比较笼统和概括。除此之外，没有其他以文件形式确定的责任机制和奖惩措施。

五、实施效果和评价

自 2009 年奥巴马总统发布《透明开放政府备忘录》以来，美国政府陆续发布了超过十部法律文件，为保障政府数据开放

---

[1] See The final self-assessment report2013、The midterm self-assessment report2015、The final self-assessment report2016、The midterm self-assessment report2017.

顺利进行的制度框架逐渐建立，形成了政策推进为先锋，法律保障为后盾的机制体系。其数据开放运动取得了明显的成绩，联邦政府、联邦机构、州政府和其他组织陆续扩大开放范围，开放的数据集已经超过几十万个，数据格式更加合理，将可机读作为必要条件和目标，聚焦提高数据质量，优先开放公众需要的数据集。数据开放平台已经十分成熟，联邦政府建设的Data.gov成为数据开放平台的范本，各州政府纷纷建立自己的数据开放平台，用于公开各州本地的数据，其中纽约等大城市的开放平台已经十分完善，在扩大地方政府数据开放方面起到了很大作用。政府开放的数据集利用也有所成就，仅Data.gov平台上公开的应用软件已经将近80个，其范围涵盖医疗、环保、交通、天气、地理、教育等多个方面，创造了极大的经济价值，仅就2013年数据显示，因政府数据开放产生的经济利益已经达到3兆至5兆美元[1]。

在上文分析的基础上，可以看出美国政府数据开放呈现出较为明显的几个特征。

（一）以数据开放为中心，有明确的政策理念和目标

社会的发展使得政府需要不断更新治理理念和提高治理能力。美国政府充分的认识到，云计算、智能移动设备和协作工具的惊人组合使得政府必须有新的策略来应对社会的需求，从建设开放型政府到建设数字化政府就是其不断提升自身治理能力的体现。美国政府提出，面向未来建设需要超越纲领性思维，为了跟上技术变革的步伐，需要构建能够实现互操作性和开放性的系统，需要制作更好的内容和数据，并通过多种渠道以程

---

[1] 参见麦肯锡公司于2013年10月发布的《开放数据》https://www.mckinsey.com/business-functions/digital-mckinsey/our-insights/open-data-unlocking-innovation-and-performance-with-liquid-information，visiting date：2018-4-13.

序和设备无关的方式呈现。

除此之外,美国政府一直强调政府的数据开放以公众的需求为导向,政府数据开放要更好的服务于美国人。首先,政府向公众征求意见,优先开放公众需要的数据集,强调的数据的有用性和实用性;其次,以更好的为公众服务为核心思想设计政策制度、建设数据开放系统,例如上文中所提到的 Data.gov 的检索设计使公众能方便快捷地找到自己所需的数据;最后,为了使数据资源能够更容易的为公众调用和开发,政府提供多样的数据格式与工具,Data.gov 上公开的数据集既有可以人工读取的格式,也有机器读取的格式,甚至部分数据还提供 API 端口。

(二)政府领导阶层重视并大力推动,由上而下制定数据开放政策

美国政府的数据开放发展迅速、效率较高,这与美国政府对开放政府数据的重视分不开,领导阶层的不断引导和多项政策的出台创造了政府数据开放的大环境。尤其是在 2009 年以后,政府领导阶层极度重视、大力推进的特点表现的非常明显,政府数据开放得以开始,奥巴马政府是最强的推动力量。

奥巴马领导团队还要求各级行政机构都对此加以重视,开始在联邦行政部门建立一种开放文化,使得"开放"成为一种新的默认状态,这本身就是政府治理向前迈进的一大步,许多机构已经认可和接受了这种开放的状态,将开放政府数据作为其任务和战略的一部分,主动探索更优化的公开方式。

在这种重视之下,奥巴马政府推出了一系列的法律文件、政策和命令等(上文已经对此进行了详细的论述,此处不再赘述),自上而下的推动政府数据开放的进程。

(三)重视组织机构的体系建设和协同合作

从全局性来看,政策方面,政策的制定以 OMB 为核心展

开，政策的推行监督由隶属于司法部的 OIP 负责，技术方面，白宫设置了单独的部门统筹开放平台的建设，同时 OSTP 作为技术支持，数据管理方面，首席 CIO 统筹数据的上传和管理，各部门自己的数据由内部的 CIO、CTO 负责整理和上传。可以看出，美国政府在此过程中十分重视机构的分工负责。

同时，美国政府也同样重视协同合作，在其数据开放的组织体系中还有一个较为突出的特点是成立了多个工作组。例如开放政府工作组，是《开放政府指令》明确规定的由 OMB 领导，由 CIO、CTO 参与的跨部门协作交流机制，是开放数据最初建立的最为重要的工作组，该工作组一共有 42 个联邦部门或机构的高级官员参与[1]，其主要目的是为各部门中开放政府工作的负责人提供一个交流的论坛，分享各自的经验与技术，论坛每个月都会召开一次。除此之外几乎在所有政策文件的"政策实施"（Implementation）部分都可以看到诸如首席信息官、首席技术官、OMB 副主任组成工作小组或协商一致等的表述。

（四）重视数据开放渠道和数据管理能力

便捷的获取渠道是数据开放惠及社会的基础，科学的数据管理是数据开放创造价值的关键因素。美国政府数据开放取得成功不能忽视的一个方面是数据开放平台的建设，通过网络提供和获取数据也是大多数取得成功的国家共同的经验。美国联邦层面上，Data. gov 汇集、整合了所有的政府数据，从地方上看，类似纽约市 Opendata. cityofnewyork. us 这样的平台汇集了各个地方的政府数据，这些开放、通用的平台为公众获取数据提供了一站式的便利渠道，提高了公众对政府数据的收集和利用能力。

---

〔1〕 US Open Government Working Group. [EB/OL]. [2018-04-13] Available：https://obamawhitehouse. archives. gov/open/about/working-group.

美国政府还加强了对开放数据的管理。第一，Data.gov 上传数据有统一的要求，上传者需要对格式、内容等进行说明，所以元数据都标有清晰的描述和索引；第二，各部门上传的数据要经过内部相关负责人的筛选和审核，不仅不能违反国家安全、隐私、商业秘密等法律规定，而且必须具有较高价值，优先上传公众需要的数据；第三，重视数据保管工作，设立专门部门进行监督；第四，建立反馈机制，以了解公众对开放数据的质量、获取、使用等方面的意见与建议，从而不断地完善政府开放数据的质量。

六、结语

根据《开放数据晴雨表全球报告》显示，美国政府的数据开放水平一直位于世界前列，在 2013 年至 2016 年间排名一直处于世界第二，2017 年的最新排名为世界第四。[1]晴雨表以开放准备度、政府实施和影响三个项目作为评分指标，其中，开放准备度是指政府、个人和企业实体对因数据开放而产生的利益的准备程度，政府实施是指政府在出台数据开放政策和实施方面的程度，影响是指政府开放的数据在该国家各个不同的领域所产生的积极影响。美国政府在以上三个指标中均获得了非常高的分数，这说明美国政府积极推进数据开放，美国民众和企业对数据开放也具有较高的认知和期待，形成了良好的整体开放环境，而结果是，数据开放已经取得了部分经济成果，在多个领域均产生了积极的影响。

---

[1] Open Data Barometer-First Edition [EB/OL].[2017-11-09].
Open Data Barometer-Second Edition [EB/OL].[2017-11-09].
Open Data Barometer-Third Edition [EB/OL].[2017-11-09].
Open Data Barometer-Forth Edition [EB/OL].[2017-11-09].

还应该注意的是，美国在 2017 年的世界排位有所下降。一方面，这是整体的国际外部环境导致的，越来越多的国家和地区愈加重视或开始加入到数据开放的运动中来，从世界范围来看，数据开放的整体水平有所上升，加拿大、法国等国的数据开放水平在良好的基础上更为增强，而且出现了新兴国家，其中以韩国和澳大利亚为代表。另一方面，是美国国内领导人更换的内部原因。上文提到，领导层的重视和推进是数据开放的重要助推力量和保障，而美国现任总统特朗普并未对此显现出较高的关注，这使得美国在政府实施和影响两个指标上得分有所下降。

尽管如此，美国作为最早开始数据开放的国家之一，其在数据开放领域的法律及政策制度仍然具有非常多可借鉴之处。尤为明显的是，在奥巴马政府的大量政策推行之下，其数据开放的政策机制已经建立，很多方面已经趋于成熟。在此之下，美国社会对数据开放做好了准备，并且已经有很多领域开始利用这些开放的数据进行创新从而取得了巨大的经济利益，因此仍然具有巨大的研究和借鉴价值。

这对我国的数据开放工作具有一定的启示意义。我国的数据开放也在政府工作计划之内，2015 年国务院印发《促进大数据发展行动纲要》，明确提出"加快政府数据开放共享，推动资源整合，提升治理能力"；2016 年，李克强总理在数博会上提到，我国 80% 以上的数据掌握在政府手上，除非涉及国家安全、商业秘密或个人隐私，都应向社会开放；2017 年 12 月 8 日，习近平总书记在中共中央政治局第二次集体学习中强调"推进数据资源整合和开放共享，保障数据安全，加快建设数字中国，更好服务我国经济社会发展和人民生活改善"，为数据资源管理工作提出了更高的要求。我国的数据开放工作可以借鉴美国的部分经验，首先，政府应该对此提起高度的重视，确定明确的目标，全力推动数据开放的进程；其次，设置专门的负责机构和人员，区分职责分工，使各部门各司其职，相互配合；再次，建设专业的数据公开平台，加强数据开放的质量，重视数据管理；最后，鼓励应用和创新，使数据开放真正的具有价值。

第三章 网络市场秩序监管

《互联网广告管理暂行办法》的法律解读

  互联网广告是我国传媒经济的重要组成部分，对于传媒的生存和发展起着日益重要的作用。互联网广告监管对于保障公民基本权利，公平竞争的市场经济秩序以及媒体产业的健康发展尤为重要。为回应互联网广告监管的现实难题，2016年9月1日，在新《广告法》实施一周年之际，国家工商行政管理总局制定的《互联网广告管理暂行办法》（以下简称《办法》）也开始正式实施。《办法》是首部全面规范互联网广告行为的部门规章，对于互联网广告发布行为具有指引和规范作用，也是传媒业界的重要行动指南。然而学界和业界对于《办法》的出台背景、价值目标和法律定性还缺乏系统深入地研究，对实践操作问题的理论回应不够，本文主要从法律视角来分析上述问题，解读《互联网广告管理暂行办法》。

一、出台背景

（一）立法进程回顾

20世纪90年代，由于当时互联网技术在我国刚刚起步，[1] 1994年通过、1995年实施的第一部《广告法》对互联网广告只字未提。随着互联网技术的飞速发展，广告形态也不断演进。自2011年开始，国家工商行政管理总局开始研究针对互联网广告的管理办法。2015年新修订的《广告法》中有6个条文涉及互联网立法，除了在第44条中概括规定"利用互联网从事广告活动，适用本法的各项规定"之外，还包括以下四方面的内容：①禁止发布的广告类型：互联网信息服务提供者不得以介绍健康、养生知识等形式变相发布医疗、药品、医疗器械、保健食品广告。②禁止侵犯消费者的隐私权：未经当事人同意或请求，不得向其住宅，交通工具发送广告，也不得以电子信息方式发送广告。以电子信息方式发送广告的，应当明示发送者的真实身份和联系方式，并向接收者提供拒绝继续接收的方式。利用互联网发布、发送广告，不得影响用户正常使用网络。弹出广告应当显著标明关闭标志，确保一键关闭。③互联网信息服务提供者的义务：对利用其平台发布违法广告的，应当予以制止。④违反上述规则的法律责任，包括：没收违法所得、罚款等。

然而，互联网广告形态多样，法律关系复杂，具体问题在《广告法》里难以穷尽，因此需要专门出台一个具体规范互联网广告的规定。由于工商行政管理部门是《广告法》第6条中明

---

〔1〕 1994年4月20日，NCFC工程通过美国Sprint公司连入Internet的64K国际专线开通，实现了与Internet的全功能连接。从此中国被国际上正式承认为真正拥有全功能Internet的国家。参见中国互联网信息中心（CNNIC）的《中国Internet发展大事记》，载http://www.cnnic.com.cn/hlwfzyj/hlwdsj/201206/t20120612_27415.htm。

确授权的广告监督管理机关,作为《广告法》的下位法,《办法》的起草任务顺理成章地落到了国家工商行政管理总局(已撤销)肩上。2015年7月,国家工商行政管理总局将《办法》征求意见稿通过国务院法制办和工商行政管理总局网站向社会广泛征求意见,并多次组织座谈和调研,数易其稿。[1]2016年年初,魏则西事件发生,引发了社会对互联网付费搜索监管是否为互联网广告的广泛讨论。6月,国家网信办发布了《互联网信息搜索服务管理规定》。不过,受网信部门的法定权限所限,规定虽然引入了"付费搜索信息服务"和"商业广告信息服务"两个概念,但没有对二者作进一步的区分和解释。于是,全社会将这一期待寄托于工商行政管理总局的《办法》。几经修改,《办法》最终于2016年7月发布,9月实施。《办法》明确了付费搜索的互联网广告性质,同时对于互联网广告的内涵、性质、主体、行为、法律责任等作了较为全面的规定,细化了《广告法》中的相关规定,使得互联网广告监管的法律规范更加全面。

(二)办法的出台背景

分析立法出台的背景,有助于我们深刻理解立法的理论逻辑和制度逻辑。党的十八届四中全会指出,良法是善治之前提。一部良法应该能够尊重客观规律,积极回应现实需求。笔者从两个层面来分析《办法》的出台背景:一是互联网广告的特点,这是尊重客观规律的层面。立法者在起草立法时,首先要对立法调整对象的特点和规律有深刻地把握,并在此基础上对法律关系主体的权利、义务、责任进行合理设计和安排。如果罔顾调整对象的客观规律,制定出来的立法往往科学性不强,执行效果也会大打折扣。二是互联网广告监管面临的诸多难题,这

---

[1] "新《广告法》将怎样影响你的生活?"载http://ft.people.com.cn/fangtanDetail.do?pid=11484,访问日期:2016年12月20日。

是回应现实需求的层面。立法不是空中楼阁,缺少问题意识和现实关照,立法就会流于形式。

1. 互联网广告的特点

互联网广告的特点主要有以下三个方面:

(1)覆盖面广、信息量大。互联网具有连接一切、超越时空的特性,互联网广告信息能够随时传播到全球各地,被互联网用户随时随地浏览。传统媒体广告容量往往有限:报刊有版面限制,广播电视有播出时间和时长限制;而互联网技术能够容纳海量的内容和信息,可以采用文字、声音、影像、图片等丰富的表现手段,具有传统媒体无可比拟的优势。这一特点导致互联网广告数量庞大、形式多样、跨越国界,大大增加了监管的难度。

(2)互动性强、精准投放。传统媒体的广告信息传播是单向的,消费者接收的内容是由广告主和广告发布者设定好的,自主选择的余地很小。随着大数据、云计算等互联网技术的不断发展,互联网广告解决了广告信息不对称的问题,可以通过统计分析互联网用户的浏览记录来预测其兴趣,按照每个用户的偏好为其量身定制广告,实现了供求双方信息流的双向互动,而且用户还可以对互联网广告发表评论,具有更精准的传播效果,这也是互联网广告市场规模不断扩大,远超传统媒体的重要原因之一。当然,这种特点也会带来隐私权保护的担忧。2015年南京市中级人民法院终审判决了国内首例cookie应用与隐私权保护的案例——朱某诉北京百度网讯科技公司侵犯隐私权案,该案正是百度未经用户明示同意进行的广告个性化推荐所引起的争议。[1]

---

[1] 参见南京市鼓楼区人民法院:(2013)鼓民初字第3031号民事判决,南京市中级人民法院:(2014)宁民终第5028号民事判决。

（3）制作成本低、计费方式灵活。与传统广告相比，互联网广告发布平台特别是社交媒体平台注册和发布成本低廉，个人微信公众号、微博号（包括加V）都是免费注册的，企业微信公众号也只需要300元认证费，朋友圈发广告更是举手之劳。互联网广告的制作过程也很简单。经过短期学习，一个非广告专业的人士也可以自如运用免费HTML5软件制作出精美的广告。用文字形式发布广告更是易如反掌，稍微用点创意和心思，可以在一篇文案中植入不易被人察觉的软文广告。由于制作周期短，互联网广告的信息能够及时更改广告信息，与时俱进。例如：在一些热点事件如"世界那么大、我想去看看"的女教师辞职信、某演员夫妇合影"我们"等出现后，一些品牌纷纷第一时间发布互联网广告，借势进行热点营销。此外，互联网广告计费方式灵活，有多种计费方式，例如CPM广告（按展示计费）、CPC广告（按点击计费）、PPC广告（按点击广告或者电子邮件信息的用户数量计费）、CPA广告（按行动计费）、CPO广告（按销售计费）等，可以满足不同客户的个性化需求。[1]

互联网广告的上述特性在提高其竞争力之外，也给监管者带来了考验。工商部门对于朋友圈发布的广告、软文广告是否为广告及如何判断、如何取证、广告违法所得如何计算等问题的处理方面，都面临相当的困难。

互联网广告的上述三大特点，使得我国互联网广告的发展势不可挡。根据艾瑞咨询（iResearch）的研究，2001年中国互联网广告市场规模仅有4.6亿元，只占总体广告市场的0.6%，在广告领域初现端倪。2006年，互联网广告增长12倍，达60.1

---

[1] 云南省工商局2016年广告监管及指导广告业发展专家型人才培训班第一课题组执笔人汪洋："浅谈新形势下互联网广告的现状与监管措施"，载《中国工商报》2016年12月6日。

亿元，占总体广告市场的 3.8%；2007 年，中国网络广告市场规模首次突破 100 亿元。2009 年全球金融危机，传统广告市场严重萎缩，互联网广告市场一枝独秀，继续保持增长态势，达到 207.4 亿元，同比增长 21.8%，占总体广告市场的 10.1%，从 100 亿元到 200 亿元只花了两年时间；2010 年中国网络广告市场呈爆发式增长，高达 312.9 亿元，同比增长 50.9%，占总体广告市场的 12.9%。[1]2013 年中国网络广告市场规模突破 1000 亿元，[2]仅仅两年之后，2015 年网络网广告市场份额市场规模达 2096.7 亿元，占我国广告产业 48%，同比增长 36.1%，是最大和增速最快的板块，超过广电报刊四大传统媒体行业的广告之和（1743.53 亿元）[3]，互联网广告已经成为媒体生存和发展的支柱。

2. 互联网广告监管面临的三大难题

互联网广告的迅猛发展，也给监管者带来了诸多挑战，总体而言，我国互联网广告的监管面临三大难题：

（1）互联网广告的违法率较高。根据国家互联网广告监测中心 2015 年监测数据显示，互联网违法广告 10.6 万条次，广告总违法率为 2.76%，而传统媒体广告违法率为 0.75%，互联网广告的违法率约是传统媒体 3 倍以上。个别大型门户网站广告违法率超过 20%。[4]而新《广告法》施行一年来，全国工商和

---

[1] iResearch："中国网络广告市场份额报告简版 2009-2010 年"、"中国网络广告行业监测报告简版 2010-2011 年"，载 http://www.iresearch.com.cn/。

[2] iResearch："2014 年中国网络广告行业年度监测报告完整版"，载 http://www.iresearch.com.cn/，访问日期：2016 年 12 月 20 日。

[3] iResearch："2016 年中国网络广告行业年度监测报告"，载 http://www.iresearch.com.cn/，访问日期：2016 年 12 月 20 日。

[4] "互联网广告违法率传统媒体 3 倍以上 医疗'重灾区'"，载《北京日报》2016 年 3 月 14 日。

市场监管部门共查处互联网广告案件约 3200 件，罚没款约 6700 万元。北京市工商局丰台分局（已撤销）仅在 2016 年 9 月 1 日至 11 月 29 日三个月期间就接到互联网广告投诉举报 553 件。[1]这意味着监管机关需要投入更多的人力、物力、财力来发现和查处案件，大大增加了执法成本。

（2）互联网广告具有较强的隐蔽性。广告是一个说服和影响受众的传播过程。为避免消费者混淆误认，《广告法》规定广告应该具有可识别性。传统广告在播放时间、标识等方面都具有明显的广告特征，消费者能很快识别和判断。而互联网中的搜索广告、朋友圈广告、软文广告、植入式广告和段子营销，隐蔽性较强，没有明显的广告标识和利益导向，可读性、趣味性更强，消费者容易被故事情节所吸引，从而不知不觉地接受并认同其理念和产品，进而做出相应的行为，起到了更好的广告效果，也给监管部门发现违法广告造成了困难。

（3）互联网广告涉及的法律关系主体复杂、法律责任不清晰。互联网广告涉及广告主、广告经营者、广告发布者、广告代言人、互联网信息服务提供者等多个主体，由于互联网使得制作、经营、发布广告的行为极大地简化、合并、重合，因而各主体的界限变得模糊，很多主体的身份发生了竞合，导致各方权利义务关系和法律责任的复杂化。比如：广告主自制广告，并利用自己的网站发布广告，则广告主、广告经营者和广告发布者的身份就发生了重合；广告代言人利用自己的微博账号发布广告，但没有和微博平台达成广告收入分成协议，此时广告代言人是广告发布者，微博平台是提供媒介平台的互联网信息服务提供者。2016 年 12 月初，上海部分法院发现一些律师利用

---

〔1〕 "《互联网广告管理暂行办法》正式施行"，载 http://www.saic.gov.cn/ywdt/gsyw/zjyw/xxb/201609/t20160901_170793.html，访问日期：2016 年 12 月 20 日。

百度竞价排名把自己和法院关联在一起，例如：使用百度搜索"普陀法院"，显示的第一条结果是"普陀法院某律师"，并附上手机号码和"胜诉率高！"字样，最右边用灰色字体标注"广告"。[1]这一事件中，百度作为搜索平台究竟是广告经营者、广告发布者还是互联网信息服务提供者，需要首先界定清楚。因为不同的主体承担的责任不同。如果百度未参与互联网广告的经营，作为互联网信息服务提供者，对其明知或者应知利用其信息服务发布违法广告的，应当予以制止，否则应当受到《广告法》第64条规定的处罚（包括罚款、没收违法所得、停止相关业务）。如果百度是广告经营者和发布者，则发布的信息使用了国家机关的名义，违反《广告法》第9条第2项，需要受到《广告法》第57条的处罚（没收广告费用，处20万元以上100万元以下的罚款，情节严重的，并可以吊销营业执照、吊销广告发布登记证件）。

因此，《办法》在把握互联网广告规律的基础上，对于解决上述互联网广告的现实监管难题进行了系统的制度安排，对规范互联网广告秩序、保障消费者合法权益具有积极的价值。

二、价值目标

法的价值目标是"法作为客体满足主体需要的终极追求，体现了主体对法价值的追求和期盼"。[2]立法是一种在行为规范设定中体现立法者的价值目标导向的过程。《办法》的价值目标规定在第1条之中，包括了4项：规范互联网广告活动、保

---

〔1〕 "捆绑法院打广告涉嫌违纪　上海律协调查百度竞价排名律师"，载 http://news.xinhuanet.com/fortune/2016-12/20/c_1120155248.htm，访问日期：2016年12月20日。

〔2〕 杨震：《法价值哲学导论》，中国社会科学出版社2004年版，第173页。

护消费者的合法权益、促进互联网广告业的健康发展、维护公平竞争的市场经济秩序。这与其上位法《广告法》第 1 条规定的目标大体一致，[1]且都是与公共利益有关。值得深思的是，除了上述公共利益之外，《广告法》以及《办法》的立法价值目标中是否应当包含"维护公民的基本权利"这项内容呢？

让我们回到广告的本源，广告一词最早源于拉丁文"advertere"，意为注意、诱导及传播，后来演变为"Advertise"，含义也衍化为"使某人注意到某件事"或"通知别人某件事，以引起他人的注意"。[2]广告的本质是通过特定媒介传播特定信息，在商品生产者、经营者和消费者之间沟通信息。这种信息的传递，从宪法层面来看就是一种言论，因此属于言论自由的保护范围。我国《宪法》第 35 条明确规定了公民享有言论自由，为我国公民的言论自由提供了宪法保障。《世界人权宣言》第 19 条也规定："人人有权享有主张和发表意见的自由；此项权利包括持有主张而不受干涉的自由；和通过任何媒介和不论国界寻求、接受和传递消息和思想的自由。"《公民权利与政治权利公约》《欧洲人权公约》等国际公约也有类似规定。按照言论的内容属性，可以把言论可以分为政治性言论、艺术性言论、商业性言论等。广告可以分为商业广告和非商业广告两类，大部分广告都是商业广告，可归于商业性言论（Commercial Speech），这也是本文探讨的重点。

从国际经验来看，与政治性言论、艺术性言论等非商业性言论相比，商业性言论的保护程度较低，换言之，政府有权对商业性言论作出更多限制。美国联邦最高法院一开始认为，商

---

[1]《广告法》第 1 条："为了规范广告活动，保护消费者的合法权益，促进广告业的健康发展，维护社会经济秩序，制定本法。"

[2] 徐进主编：《新广告设计》，中国水利水电出版社 2014 年版，第 4 页。

业性言论不受宪法第一修正案言论自由的保护[1]，直到1976年弗吉尼亚州医药委员会诉弗吉尼亚公民消费者评议会案中，法院才明确商业言论受宪法保护，因为第一修正案主要是在民主政体中指导公众进行决策的工具，而信息的自由流通也正服务于这一目标。[2]但美国最高法院仍然认为，政府可以对商业性言论作出比政治性言论更大的限制。[3]正如史蒂文斯大法官指出，重要的政治性言论享有最高等级的保护地位，而商业性言论和与性有关的猥亵言论属于次一等级的表达，淫秽性言论和挑衅性言论则仅能得到最低程度的保护。[4]欧洲人权法院在判决中指出，政府对纯商业性广告的限制享有更大的裁量权，但如果该言论关系到公共利益，则政府的裁量权需要相应限缩。[5]

然而，无论是美国还是欧盟，即便是允许政府对商业广告作较为宽泛的限制，也认为这种限制本身不能过度。1980年，美国联邦最高法院在中央哈德森电气诉纽约公共服务委员会案中提出"中央哈德森标准"，即四步分析法：①该表达是否受到宪法第一修正案的保护；②限制所称的政府利益是否是实质上的（substantial）；③该限制是否直接促进了上述政府利益；④该限制是否比实现上述政府利益所需要的更宽泛（broad）。[6]

---

[1] Valentine v. Chrestensen, 316 U.S. 52 (1942).

[2] Virginia State Board of Pharmacy v. Virginia Citizens Consumer Council, 425 U.S. 748 (1976).

[3] [美] 杰罗姆·巴伦、托马斯·迪恩斯:《美国宪法概论》，刘瑞祥等译，中国社会科学出版社1995年版，第231页。

[4] R. A. V v. New Hampshire 315 U.S. 686 (1964).

[5] Vgt Verein geger Tierfabriken v. Switerland, (App. 24699/94) (2002) 34 EHRR 159,, ECHR200-Ⅵ, p.71.

[6] Central Hudson Gas & Elec. Corp. v. Public Service Comm´n, 447 U.S. 557 (1980).

欧洲人权法院认为，对表达自由的限制应该符合"三段论"（Three-tiered Test）原则：

（1）为法律所规定（Prescribed by Law）。首先，限制应当有国内法的根据。这里的法包括制定法，也包括判例法。其次，"为法律所规定"这一标准的两个基本要求是：第一，法律必须可充分获知（Accessible）：公民必须能够在法律规则所适用的一定案件的情况中获得充分指引，最基本的要求是法律要公布。第二，可预见性（foreseeable）。一项规范除非制定得足够准确，从而使公民能够用于调整自己的行为，否则就不能被视为"法律"。法律要想使人们"可以预见"自己行为的后果，就必须在表达上具备准确性。[1]

（2）有正当的目的（Legitimate Aims）。对人权的限制还应当具有正当的目的，即符合公约规定的一个或多个合法目的。《欧洲人权公约》第10条第2款所提及的目的更加广泛，大致可以区分为三类：一类属于公共利益，包括国家安定、领土完整或公共安全，防止秩序混乱或犯罪，维护公众健康或公共道德等；另一类属于私人利益，包括保障他人的名誉或权利，防止披露保密获得的消息等；第三类是维护司法的权威和公正无偏。

（3）为民主社会所必需（Necessary in a Democratic Society）。较之于前两个要件，这一要件更为关键，包含了两个层次：第一，应当有"紧迫的社会需要"（Pressing Social Need）。第二，手段和目的之间相关且充分（Relevant and Sufficient），合乎比例。[2]

---

[1] Sunday Times v. The United Kingdom, App. no. 6538/74 (ECtHR, April 26, 1979).

[2] Jacobs, White & Ovey, *The European Convention of Human Rights*, Oxford: Oxford University Press, 2010, pp. 325~328.

基于上述理论分析框架,《办法》中对互联网广告进行监管的行为（如政府对互联网广告的违法行为进行处罚，媒介方平台经营者、广告信息交换平台经营者以及媒介方平台成员，对其明知或者应知的违法广告，采取删除、屏蔽、断开链接等技术措施和管理措施），本质上是对个人或组织行使商业性言论的言论自由的一种干预或限制。虽然《办法》并未直接规定政府对商业性言论监管的限度，但是根据我国行政法的一般原理，对于互联网广告监管至少应当符合两大基本原则：

（1）依法行政原则。这一原则包括法律优先和法律保留两部分内容。所谓法律优先是指一切行政活动的法律依据，均不得与上位法相抵触，如：行政法规不能违反宪法和法律，部门规章不得与宪法、法律、行政法规相抵触。例如：《广告法》已经规定了对互联网广告违法行为的处罚幅度，则《办法》只能在此幅度范围内进行处罚，而不能超过该幅度进行，否则就构成违法。而法律保留是指特定的行政行为，必须有法律授权的依据。我国《立法法》第8条规定了只能由全国人大或全国人大常委会制定法律的十类事项，但第9条又规定了："本法第八条规定的事项尚未制定法律的，全国人民代表大会及其常务委员会有权作出决定，授权国务院可以根据实际需要，对其中的部分事项先制定行政法规，但是有关犯罪和刑罚、对公民政治权利的剥夺和限制人身自由的强制措施和处罚、司法制度等事项除外。"换言之，有关犯罪和刑罚、对公民政治权利的剥夺和限制人身自由的强制措施和处罚、司法制度等事项属于绝对法律保留的范畴，只能由全国人大或全国人大常委会制定。如果《办法》规定互联网广告违法的行为构成犯罪，可以判处刑罚，则违背了法律保留原则。

（2）比例原则。产生于19世纪德国警察法上的比例原则被尊奉为行政法上的帝王条款。我国的《突发事件应对法》和《行政强制法》都规定了比例原则，这一原则涵盖了适当性、必要性及均衡性三个层层递进、环环相扣的步骤，要求行政权应当考虑手段和目的之间的关系，确保手段能够达到目的，且对相对人造成的侵害最小，成本与收益之间成比例。因此，在政府限制互联网广告时，应当考虑是否符合比例原则的要求。如果对某一违法的行为，只需通过罚款即可解决，而行政机关采取了吊销营业执照或许可证的手段，则属于不合比例的行为。

因此，商业性言论的保护对于促进经济自由，推动创新具有重要意义，在我国大力推动"大众创业，万众创新"的政策背景下，互联网广告的监管在保障公共利益的同时，还需要平衡好公民的表达自由与国家利益、公共利益之间的关系，不能顾此失彼。

三、法律定性

《办法》本身不是一个孤立的法律规范，而是与其他法律规范密切联系、共同配合的法律体系的组成部分。因此，我们应当对《办法》的法律定性进行深入剖析，以明确其法律效力及法律适用规则。

（一）《办法》的性质

根据《立法法》和《规章制定程序条例》的规定，从《办法》的制定主体（国家工商行政管理总局，已撤销）、制定程序（局务会议通过，局长签署第87号令公布）和名称（《办法》）三个方面来判断，《办法》属于典型的部门规章。根据《行政许可法》《行政强制法》和《行政处罚法》《立法法》的规定，部门规章的权限是非常有限的：

1. 不能设定行政许可和行政强制

设定是指从无到有地新设权力。《行政许可法》只赋予了法律、行政法规、地方性法规、国务院的决定以及省、自治区、直辖市人民政府规章设定行政许可的权力。省级政府规章设定的，只是有效期一年的临时性行政许可。而部门规章及其他规范性文件一律不能设定行政许可。《行政许可法》之所以取消部门规章的许可设定权，主要原因是避免部门自我授权，为本部门设定或扩大权力。[1]《行政强制法》沿用了这一立法思路，为防止规章滥设强制，该法也同样没有赋予规章以行政强制设定权。[2]

2. 有限的处罚设定权

根据《行政处罚法》第12条，部门规章只能设定警告和一定数量罚款的行政处罚，且罚款的限额由国务院规定。根据1996年国务院《关于贯彻实施〈中华人民共和国行政处罚法〉的通知》，部门规章设定罚款的限度不得超过3万元。

因此，由于处罚的设定权十分有限，《办法》只在第24、26条设定了两处处罚。[3]其余五个条文（第21、22、23、25、27条）中虽也涉及行政处罚，但都是准用《广告法》的相关规定进行处罚。例如：《办法》第21条规定："违反本办法第五条第一款规定，利用互联网广告推销禁止生产、销售的产品或者提供的服务，或者禁止发布广告的商品或者服务的，依照广告法第五十七条第五项的规定予以处罚；违反第二款的规定，利用

---

〔1〕 参见"全国人大法律委员会关于《中华人民共和国行政许可法（草案）》审议结果的报告"，载乔晓阳：《中华人民共和国行政许可法及解释》，中国致公出版社2003年版，第266页。

〔2〕 姜明安："《行政强制法》的基本原则和行政强制设定权研究"，载《法学杂志》2011年第11期。

〔3〕 《办法》第24条规定："……以欺骗方式诱使用户点击广告内容的，或者未经允许，在用户发送的电子邮件中附加广告或者广告链接的，责令改正，处一万元以上三万元以下的罚款。"

互联网发布处方药、烟草广告的,依照广告法第五十七条第二项、第四项的规定予以处罚。"而根据《广告法》第57条第1款规定:"有下列行为之一的,由市场监督管理部门责令停止发布广告,对广告主处二十万元以上一百万元以下的罚款,情节严重的,并可以吊销营业执照,由广告审查机关撤销广告审查批准文件、一年内不受理其广告审查申请;对广告经营者、广告发布者,由市场监督管理部门没收广告费用,处二十万元以上一百万元以下的罚款,情节严重的,并可以吊销营业执照、吊销广告发布登记证件。"由于《广告法》是高位阶的法律,处罚设定权远远大于规章,因此,规定了吊销许可证这样的对行政相对人影响重大的处罚种类。

3. 不能"任性"而为

针对一些部门规章存在着"任性"限制公民权利、自由和扩大自身权力、权利的现象,2015年新修改的《立法法》第80条第2款新增规定:"部门规章规定的事项应当属于执行法律或者国务院的行政法规、决定、命令的事项。没有法律或者国务院的行政法规、决定、命令的依据,部门规章不得设定减损公民、法人和其他组织权利或者增加其义务的规范,不得增加本部门的权力或者减少本部门的法定职责。"因此,在规章中设立信用黑名单、限行、限购、实名制等不属于传统的行政处罚范围内的行为,都属于违法的事项。

4. 对"暂行"的解读

值得注意的是,《办法》前面冠以"暂行"二字,说明立法者对互联网广告这一新兴事物持审慎的态度。由于互联网广告发展迅速,新的模式和形式层出不穷,"暂行"意味着需要立法者意识到该《办法》的制度具有一定的实验性,将在实施一段时间后与时俱进、及时调整。笔者认为,为名实相符,增强行政相对人的可预期性,《办法》中应当规定有效期(比如 2 年),国家市场监督管理总局应当在有效期满前 6 个月前对《办法》的实施效果进行评估,决定是否继续施行还是进行修改或废除。理由有二:第一,无论是《立法法》还是中共中央、国务院印发的《法治政府建设实施纲要(2015—2020 年)》都规定了立法的前评估和后评估制度,而有效期制度与评估制度有机衔接,有利于提高规章质量,推动立法的更新和进步。第二,国内外均有相关成熟经验。例如:美国爱国者法案中就有设有效期的日落条款(Sunset Provisions),到期前政府应当进行评估并决定这些条款的效力。[1]英国规定,法规生效 5 年后要进行一次评估。[2]2006 年《广州市行政规范性文件管理规定》第 18 条规定:"行政规范性文件应当规定有效期。有效期自行政规范性文件发布之日起最长不得超过 5 年。有效期届满,行政规范性文件的效力自动终止。……"陕西、湖北、上海、成都、厦门等省市的行政规范也有有效期的规定。

因此,对待《办法》这一部门规章,要在整个法律体系中把握它的地位,尤其处理好与上位法和同位阶法律规范的关系,具体包括以下三方面:

5. 与《广告法》的关系

《广告法》与《办法》是上位法与下位法的关系。一方面,根据《立法法》第 88 条的规定,《广告法》作为法律,效力高于作为部门规章的《办法》,下位法不能违背上位法,如果有抵触的话,抵触部分无效。另一方面,上位法已经规定的内容,下位法可以直接援引。如前所述,《办法》中就五次援引《广告

---

[1] US Patriot Act.

[2] Better Regulation Framework Manuel, p. 33, 载 https://www.gov.uk/government/publications/better-regulation-framework-manual, 访问日期:2016 年 12 月 20 日。

法》关于法律责任的规定。

6. 与《行政处罚法》的关系

《行政处罚法》作为处罚领域的基本法,其原则和规则对于其他法律中的处罚行为具有调整和规范的作用。例如:2015年11月,杭州市一家小炒货店被市场监督管理部门查出在外墙和展示柜等多处使用"杭州最好""中国最好"等字样,最后被罚款20万元。根据《广告法》第57条规定,使用"国家级""最高级""最佳"等绝对化用语,由市场监督管理部门责令停止发布广告,对广告主处20万元以上100万元以下的罚款。20万元是此类违法行为处罚的下限,似乎已是从轻处罚了,但社会各界普遍认为罚得过重。[1]究其原因,就是执法机关机械地适用了《广告法》的规定,而忽视了《行政处罚法》的相关规定。本案中,违法行为发生在《广告法》实施的2个月左右,且存在时间较短(外墙广告刚3天,展示柜时间不到1个月),当事人主观过错小,如果按照《行政处罚法》第5条"处罚与教育相结合"的原则以及第27条"违法行为轻微并及时纠正,没有造成危害后果的,不予行政处罚",则属于可以免予处罚的情形。

7. 与《网络交易管理办法》的关系

2014年国家工商行政管理总局(已撤销)颁布的《网络交易管理办法》与《办法》为同一主体制定的部门规章,属于同一位阶的法律规范。当这两个规章的规定发生冲突时,应当如何适用法规呢?例如,在管辖问题上,《办法》第18条规定:"对互联网广告违法行为实施行政处罚,由广告发布者所在地工商部门管辖。广告发布者所在地工商部门管辖异地广告主、广

---

[1] "一'最'被罚20万炒货店到底冤不冤",载《京华时报》2016年3月25日。

告经营者有困难的,可以将广告主、广告经营者的违法情况移交广告主、广告经营者所在地工商行政管理部门处理。"同时创新性地提出了"广告主所在地、广告经营者所在地工商部门先行发现违法线索或者收到投诉、举报的,也可以管辖"并对广告主自行发布的违法广告实施行政处罚。而《网络交易管理办法》第41条第1款规定:"网络商品交易及有关服务违法行为由发生违法行为的经营者住所所在地县级以上工商行政管理部门管辖。对于其中通过第三方交易平台开展经营活动的经营者,其违法行为由第三方交易平台经营者住所所在地县级以上工商行政管理部门管辖。第三方交易平台经营者住所所在地县级以上工商行政管理部门管辖异地违法行为人有困难的,可以将违法行为人的违法情况移交违法行为人所在地县级以上工商行政管理部门处理。"

由此可见,相关规章在管辖方面的规定并不相同,广告的最终目的是推销商品或提供服务,互联网广告违法行为必然与网络商品交易行为联系在一起,当网络商品交易过程中出现的互联网广告违法行为应当适用哪个规章的规定呢?如果按照《办法》,是广告发布者、广告主、广告经营者所在地市场监督管理部门均有管辖权;如果按照《网络交易管理办法》,则是违法行为的经营者所在地或第三方交易平台经营者住所地有管辖权。

笔者认为,根据《立法法》第92条的规定,对于同一机关制定的法律规范而言,新法优于旧法,特别法优于一般法。相对于《办法》而言,《网络交易管理办法》是旧法,且针对的是第三方网络交易平台上所有的违法行为而言属于一般法,《办法》只针对互联网广告这一特殊行为从而属于特别法。因此,此种情况下,应该优先适用《办法》的规定。

四、结语

综上分析,《互联网广告管理暂行办法》的及时出台回应了新时期互联网广告监管的需求,具有创新意义,在这一办法的具体适用中,监管机关应当注意与上位法以及同位阶法律规范的配套和衔接,做到不越权、不滥权、合比例、平衡好各方利益,并且在实践中不断总结经验和不足,及时进行调整,才能为互联网广告的健康发展保驾护航。

(本文原载于《全球传媒学刊》,2017年第2期)

浏览器软件拦截广告行为的司法认定

一、绪论

（一）选题背景及意义

1. 选题背景

美国的屏蔽广告软件 Ad-block Plus 并不是近几年才出现的，早在 1999 年就已经诞生了第一款屏蔽广告软件，不过当时主要是为了解决大量广告导致浏览器运行速度慢的问题。自产生之日起，这类软件就备受争议，但是国内国外法院涉及该行为的判决鲜见。近几年国内外法院就判决了几例拦截广告的案例。

德国法院判决了数个关于屏蔽广告软件的案例，均认为屏蔽广告软件 Ad-block Plus 合法。2016 年 Ad-block Plus 与德国著名报业集团 Süddeutsche Zeitung 的案子也获得法院支持，甚至法院认定消费者为主体的"白名单"制度也是合法的。法院认为广告屏蔽软件 Ad-block Plus 的形式到目前为止是合法的。屏蔽广告一般不构成《不正当竞争法》《著作权法》或《反垄断法》的法律侵权的基础。在与德国著名报业集团 Süddeutsche Zeitung 的案子判决中，法院认为是用户自主决定是否使用广告屏蔽软件的，所以它不是不正当竞争。

在美国，Zangovs Kaspersky 案的结果，根据美国 CDA 法案（《通信规范法案》）认为拦截广告软件从客观方面增大了用户对接收内容的自由控制权，认为其合法。

反观我国，仅2014年就发生了数起引起业内极大关注的由屏蔽广告引发的反不正当竞争案例。这些判决引发了理论界的争议，一方面认为法院的判决合乎法理，而另一方面认为法院在判定构成不正当竞争时，没有充分考虑消费者的利益，违背了诚实信用原则。

2. 选题意义

浏览器拦截广告是近几年最受关注的热点问题，无论我国还是国外，对于该行为是否合法均争议不断。一方面是互联网内容提供经营者和广告商的利益，一方面是互联网技术发展，还涉及互联网用户自主选择权的问题，可以说涉及一个复杂的利益平衡问题。而我国目前也面临着有关互联网监管方面的立法、修法问题。因此，对浏览器拦截广告行为进行深入的研究，无论是对我国司法实践还是法律修订都有非常重要的意义。

(二) 文献综述

1. 国内研究现状

(1) 我国学术界对于浏览器拦截网页广告行为的定性存在争议。目前多数研究还是主要从我国法院近几年的判决出发，从反不正当竞争法的角度来研究浏览器屏蔽网页广告行为，从法理上分析法院判决的合理性。同时提出法院在认定时要结合互联网及该新技术的新特点来予以分析，再结合法理的基本理论作出判定。其中，多数文章的观点是赞同我国法院的结论，如张平教授在对优酷诉金山猎豹浏览器不正当竞争一案指出："金山猎豹浏览器，为了提高自身产品服务的市场份额和商业利益，恶意开发了拦截视频网站合法广告的工具，并且积极且持续地诱导用户使用该功能，破坏了业内通用的商业模式，属于一种不正当竞争行为。"但也有少量文章质疑了法院的结论。如董慧娟、周杰在《对浏览器过滤视频广告功能构成不正当竞争的质疑》中提出:"拦截和快进广告行为不构成侵权,同时也不是不正当竞争行为。"

此外,在对浏览器拦截网页广告行为的研究中,也出现了对于《反不正当竞争法》一般条款的适用问题的争议。"360QQ保镖案"中,最高人民法院提出,行为正当与否关键在于是否违反了诚实信用原则和公认的商业道德,并损害了相关合法权益,这基本就是独立采用"商业道德"和"诚实信用"抽象性规定来认定不正当竞争行为。李扬教授在《堵住〈反法〉第二条的黑洞》一文中指出:"近几年来,互联网领域中纷繁复杂的竞争乱象,几乎已经使得《反不正当竞争法》第2条变成了司法者手中灭杀互联网领域中不正当竞争行为的斩妖除魔的利剑和拯救坚守正当竞争底线的互联网企业的神器。"吴峻提出了目前对《反不正当竞争法》第2条适用的司法实践的两种做法,建议引入其他法律来独立适用《反不正当竞争法》的一般条款。进而也引发了学术界关于该法律问题修订方面的探讨,尤其是针对当下《反不正当竞争法》的修改。薛军教授在《良善的互联网竞争秩序向何处寻?》一文中提出,总的来说,增加互联网专条是具有积极意义的。而李扬教授在《反法修订草案送审稿互联网专条的是与非》一文中,认为这些法律直接将拦截广告行为定性为违法行为,可能会干扰互联网市场的自由竞争,阻碍互联网技术的发展,提出对修改是否合理的质疑。

浏览器拦截广告行为还涉及消费者权益的保护,这也引发了学界对于是否应重视消费者权益保护的争议。保护消费者的合法权益也是《反不正当竞争法》的立法目标。以前的普遍观点是对经营者的保护就是间接保护了消费者权益。重庆市第一中级人民法院课题组在《互联网不正当竞争行为的认定应重视消费者权益因素》一文中提出:"诸如互联网安全软件企业拦截视频广告、标注搜索结果中的恶意网址等行为，从感性角度看，其虽有利于保护消费者权益，但可能因有损其他经营者的竞争利益而被认定为不正当竞争行为。在处理上述这些案件时，如侧重于消费者权益保护因素，对这些行为的认定将可能得出不同甚至完全相反的结论。鉴于此，为准确认定该类行为，保障公平的竞争秩序，捍卫市场经济的良性健康发展，有必要重视消费者权益保护因素。"

（2）我国关于国外浏览器拦截广告行为介绍的文章主要介绍了美国的做法。除了介绍运用 CDA 法案的处理，又介绍了通过第三人干涉合同债权和美国《版权法》来规制的学术看法，但是拦截广告并不符合侵权法之第三人干涉合同的构成要件。此外，由于法律层级问题，CDA 法案可以阻却州法之侵权法的适用。另外，刘建臣的文章中少量引入了德国《反不正当竞争法》的内容和德国"电视精灵"案，这与本文的写作有一定关系。

（3）部分著作介绍了德国反不正当竞争法。从德国《反不正当竞争法》的渊源、历史发展讲起，系统介绍了德国的竞争法体系，同时对具体条文也做了详细的解读。书中指出，德国法律严谨科学又具有深厚的历史积淀，尤其是其中成熟健全的现代知识产权法，可以给我们很好的借鉴。

（4）目前的司法判例。我国的案例有爱奇艺诉乐视屏蔽广告案、爱奇艺诉极客屏蔽视频广告案、优酷网诉金山过滤其页面广告案等。从目前收集的案例看，我国法院是运用《反不正当竞争法》一般条款判决拦截广告行为构成不正当竞争，主要考量的是企业之间的公平竞争。

2. 国外研究现状

"It is legal to block web adverts, rules German court" 一文主

要分析了德国最近的屏蔽广告软件系列案判决,屏蔽广告软件合法的来源是 2004 年德国的"电视精灵"案,文章认为现在广告屏蔽更多的是从电视转移到了网络环境。"How Ad Blocking Works: Everything You Need to Know"一文主要介绍了网络屏蔽软件的运行原理。Patrizio 和 Andy 的"The war of Adblock Plus rages on"一文主要介绍了 Ad-block Plus 诉德国主要新闻集团 Süddeutsche Zeitung 案,特别强调法院认定屏蔽广告软件合法,主要理由是认为用户具有选择的权利。另外,德国新闻行业的发展不能以广告为主,屏蔽广告软件的出现不会对新闻行业主要依靠广告谋生造成巨大冲击。新闻行业的发展应该以内容为主,另外要随着时代发展转变模式。

在司法判例方面,德国 Ad-block Plus 屏蔽广告软件系列案件,法院均认为 Ad-block Plus 屏蔽广告软件合法。法院认为:"由用户来决定是否屏蔽,被告没有实际的干预。相反,被告为用户提供的仅仅是一个工具,可以通过使用它,用户自身决定是否保留广告,保留什么类型的广告。由于网民受宪法保护,网民独自可以决定在他们上网的时候透露自己的哪些数据,使用互联网浏览器,使消费者能够个性化选择广告,以防止跟踪和通过下载广告传播恶意软件。这些都是合理的利益,也属于一个整体的平衡下有利于被告的考量。"充分体现了德国以消费者为核心的反不正当竞争法体系。法院案例还从《版权法》《卡特尔法》进行了认定。

美国 Zangovs Kaspersky 案以 CDA 法案判决卡巴斯基有权获得良好的"Samaritan"豁免,体现了对消费者权益的广泛保护。Daisy Outdoor Advertising Co., Inc. v. Abbott 案和 WGN Continental Broadcasting v. United Video 案又为以版权法、第三人干涉债权予以规制提供了可能。

（三）研究方法

运用了实证研究法、对比研究法和历史分析法。从我国近几年的数十例拦截广告案例出发，着重分析了我国首例浏览器软件拦截广告案——优酷诉金山猎豹不正当竞争案，指出其中存在的法律争议和问题。又分析了德国的 Ad-block Plus 屏蔽广告软件系列案和美国的 Zangovs Kaspersky 案、Daisy Outdoor Advertising Co., Inc. v. Abbott 案和 WGN Continental Broadcasting v. United Video 案，对比了我国和外国的做法，以及不同的法律规定和相应背景，寻找出值得我国司法实践借鉴的内容。同时从理论角度梳理分析了我国《反不正当竞争法》与其他法律的关系以及《反不正当竞争法》的制定目的等，对我国浏览器软件拦截广告行为进行重新审视，并为司法实践提出相关借鉴。

（四）创新之处

德国的 Ad-block Plus 屏蔽广告软件系列案的判决都是近两年作出的，也是全球首次认定拦截广告软件合法。目前国内还没有相关介绍，理论界也还未开始对该系列案件的分析探讨。虽然对于拦截网页广告行为的不正当竞争认定，理论界已经有一部分文章对其进行探讨，但大多是基于我国法院已经判决的浏览器屏蔽广告案进行分析，或者是对美国《版权法》和德国《反不正当竞争法》在立法层面对该行为进行分析。因此，本文的创新点主要是从目前搜集到的国内外案例出发，对比分析各国司法对该问题的处理和学术界对此的研究，试图为我国司法实践提出有益建议：①回归《侵权法》的思路，避免过度适用《反不正当竞争法》；②《反不正当竞争法》对诚实信用原则适用采取"比例原则"；③认定竞争行为的正当性时将用户利益、需求纳入重点考虑因素。此外对法律修订也提出建议：①《反不正当竞争法》等法律规定不应过分干涉市场；②《反不正当竞争法》应强调并切实体现对用户利益的关注和保护。

二、我国审判机关对拦截广告行为的处理

（一）浏览器拦截广告软件的应用及带来的问题

所谓网络广告拦截技术，一般是指网络浏览器的过滤扩展程序，通过该扩展程序，可阻止不必要的广告在用户访问的网站上展示，只保留网站的视频、文字等内容，比如美国的 Ad-block Plus 插件[1]。互联网市场近年来出现了许多新型竞争模式，用户是互联网经营者争相竞争的目标，因此就诞生了浏览器拦截广告软件，比如猎豹浏览器。此外，为了给用户更多选择，还出现了快进广告功能的软件，比如遨游带有"视频广告快进"功能的浏览器。目前带有拦截广告功能的浏览器具有以下两个特性：①广告拦截功能在下载时并不开启，默认设置为关闭，需要用户操作来开启功能；②该屏蔽功能拦截的是所有不特定网站的网络广告，不具有针对性。

下面将以 Ad-block Plus 插件为例，来讲解一下浏览器拦截广告软件的工作原理。Ad-block Plus 插件是 Mozilla 公司的 Firefox 和 Application Suite 网页浏览器所使用的过滤广告的扩展程序，后又开发了分支版本 Ad-block Plus 插件。Ad-block Plus 插件因为对用户界面、过滤订阅等功能进行了改进，因此目前主要流行的是这个版本。Ad-block Plus 插件的工作原理就是拦截 http 请求，并可以过滤文档、脚本及 Flash 动画[2]。

目前的广告拦截原理一般有两种：请求拦截和元素移除。

---

〔1〕 胡桓、张华献："网络广告拦截的影响分析及常用拦截技术"，载《中国科技信息》2009 年第 23 期。

〔2〕 载 http://www.baike.com/gwiki/Adblock，访问日期：2016 年 10 月 16 日。

请求拦截是指：通过拦截广告请求的脚本文件，不发送广告脚本请求信息，从而使得广告不会显示。网页上要展示的内容如新闻、视频等会储存在多个服务器中，在这里统一称为内容服务器，而网页上的广告一般会独立于内容服务器，储存在单独的服务器上，即广告服务器。用户在使用 Firefox 网页浏览器访问网页时，浏览器将向特定服务器（同时向内容服务器和广告服务器）发出访问请求，然后得到 html 的反馈，再根据 html 下载资源并执行 js&css 代码程序，这样就可以显示出想要访问的整个网页页面。而安装有 Ad-block Plus 插件的情况与上述过程大致相同，只是 Ad-block Plus 插件会直接插入 html 过程，由于 Ad-block Plus 插件带有"黑名单"，程序在下载资源前将先对比"黑名单"，只要是属于"黑名单"内容的就不会被下载，即广告服务器中的相关文件不会被下载，只下载非黑名单资源，最后进行输出，这样用户就会看到不带广告的网页页面。有时可能会发现某些内嵌在网页中的文字广告是无法通过上面的拦截方式来阻挡的，这时候就需要第二种方式即元素移除，其是指移除或隐藏含有广告的元素以达到不显示广告的结果，通常会有一套规则识别广告元素进而进行移除操作，我们可以通过 ID 属性、元素名称等方式来隐藏[1]。

浏览器软件拦截广告一方面对原本以免费提供视频、新闻等内容，并且以贴片广告的互联网经营者以及广大广告商造成了巨大冲击，另一方面却受到了广大互联网用户的欢迎。然而，现行法律法规对该市场行为尚无明确规定，给我国法院合理合法作出法律定性造成了一定困难，也引发了理论界广泛争议。

---

〔1〕 参见"撰写 Adblock Plus 过滤规则"，载 https://adblockplus.org/zh_CN/filters#elemhide，访问日期：2016 年 10 月 16 日。

(二) 我国目前对浏览器广告拦截行为的司法态度

2013年起，我国发生了数起引起业内极大关注的由拦截广告引发的反不正当竞争案例。笔者进行了整理，见表3-1[1]：

表3-1

案号	审理法院	双方当事人	案件类型	原告诉请	被告辩称	法院认定
(2013)东民初字第08310号	北京市东城区人民法院	百度 v. 奇虎360（360极速浏览器、安全浏览器）	不正当竞争纠纷	具有明显主观恶意；违背基本商业道德和诚信原则。	1. 软件不是被告制作上传的，主观无过错；2. 安装是用户的选择；3. 软件本身具有合法性。	1. 双方具有竞争关系；2. 行为构成不正当竞争。
(2013)民三终字第5号	最高人民法院	奇虎（一审被告、二审上诉人）v. 腾讯（一审原告、被上诉人）（360 QQ保镖案）	不正当竞争纠纷	违背了基本商业道德，减少了原告的增值业务交易机会和广告收入。	1. 软件不破坏QQ软件的完整性；2. 破坏腾讯商业模式不成立。	1. 提出了消费者利益；2. 提出可以援用工信部《若干规定》和互联网协会《自律公约》作为认定行业惯常行为标准和公认商业道德的事实依据；3. 价值中立的商业模式受保护。

[1] 载 http://wenshu.court.gov.cn/，访问日期：2018年2月17日；载 www.iphouse.cn，访问日期：2018年2月17日。

续表

案号	审理法院	双方当事人	案件类型	原告诉请	被告辩称	法院认定
（2013）海民初字第13155号	北京市海淀区人民法院	金山 v. 合一（猎豹浏览器Adblockplus软件）	不正当竞争纠纷	系通过修改并诱导用户修改参数来实现拦截广告，构成不正当竞争。	1. 不存在竞争关系；2. 具有技术中立性；3. 广告属于恶意广告，过滤广告属行业惯例。	1. 不具备价值中立性；2. 无法证明是行业惯例，更不能否认行为的不正当性。
（2014）海民（知）初字第21694号（2014）京知民终字第79号	北京市海淀区人民法院；北京知识产权法院	爱奇艺（一审原告、被上诉人）v. 极科极客（一审被告、上诉人）	不正当竞争纠纷	破坏了视频网站现有的健康生态链，破坏了正常商业秩序，侵害了原告的正当权益，构成不正当竞争。	1. 消费者有自主选择权；2. 技术革新；3. 不是针对一家，是对所有视频广告；4. 屏蔽软件是行业惯例；5.《反法》第2条慎用。	1. 竞争关系要根据互联网行业的特点从具体行为出发，判断是否有经营性、竞争性；2. 行为的正当性认定。
（2014）石民（知）初字第9291号	北京市石景山区人民法院	搜狐 v. 华录天维（More FunTV系列）	不正当竞争纠纷	构成不正当竞争，有违诚实信用原则。	价值中立原则。	"免费视频+广告"的商业模式具有合法性，应当保护。

续表

案号	审理法院	双方当事人	案件类型	原告诉请	被告辩称	法院认定
（2015）沪知民终字第728号	上海知识产权法院	爱奇艺（一审原告，被上诉人）v. 深圳聚网视（一审被告，二审上诉人）(VST全聚合软件)	不正当竞争纠纷	被告行为严重破坏了正常商业秩序，侵害了原告的正当权益。	1. 二者不是同一行业，无竞争关系；2. 没有不正当行为；3. 并没有从中获利；4. 技术本身是创新、中立的。	存在竞争关系；行为构成不正当竞争。
（2015）浦民三（知）初字第143号	上海市浦东新区人民法院	爱奇艺 v. 千杉、悦观电视猫（MoreTV）	不正当竞争纠纷	被告行为损害了原告收取广告和会员费的利益，破坏了视频网站现有的健康生态链，严重破坏了正常的商业秩序，侵害了原告的正当权益。	1. 不存在竞争关系；2. 深度链接行为并未侵犯著作权。3. 原告权利要以反不正当竞争法保护，也需要满足"用户误认"的要件方可成立。	1. 两者存在相互替代性，用户数量的多少决定了原、被告间的竞争优势，构成明确的市场竞争关系；2. 正当经营行为有权进行保护。
（2015）杨民三（知）初字第114号（2016）沪73民终54号	上海市杨浦区人民法院；上海知识产权法院	爱奇艺（一审原告，被上诉人）v. 上海真彩多媒体（一审被告、上诉人）("千寻影视"软件)	不正当竞争纠纷	链接原告网站视频并屏蔽广告的行为构成了不正当竞争。	《反不正当竞争法》未列举此行为违法，法无禁止即可为。	1. 存在竞争关系，从《反法》目的解释广义的竞争关系；2. 使用中立的技术时仍然应当尊重他人的合法利益。

续表

案号	审理法院	双方当事人	案件类型	原告诉请	被告辩称	法院认定
（2016）京0108民初17346号（2017）京73民终282号	北京市海淀区人民法院；北京知识产权法院	乐视网信息技术（北京）股份有限公司（一审被告）v.北京爱奇艺科技有限公司（一审原告）(飞视浏览器)	不正当竞争纠纷	被告滥用电视浏览器的市场地位，浏览器软件屏蔽视频广告的行为构成不正当竞争。	注重用户体验，屏蔽的是弹出广告而非贴片广告；其浏览器屏蔽广告完全取决于爱奇艺网站的服务器是否准许，浏览器不进行筛选。	"广告+免费视频"模式具有合法性；浏览器等软件改变爱奇艺网站对视频广告所做的专门设置，快进视频前广告的行为，破坏了爱奇艺公司的重要经营模式。
（2017）浙8601民初928号（2018）浙01民终231号	杭州铁路运输法院；浙江省杭州市中级人民法院	杭州硕文软件有限公司v.优酷信息技术（北京）有限公司（乐网软件）	不正当竞争纠纷	二者存在竞争关系；"免费视频+广告"的商业模式具有反不正当竞争法所保护的权益；屏蔽广告行为构成不正当竞争。	1.不构成竞争关系；2.不是广告屏蔽行为的实施者；3.对商业模式进行错误保护。	"广告+免费视频"服务模式享有合法的经营利益；屏蔽行为既不具有正当性，也侵害了优酷公司的利益。

续表

案号	审理法院	双方当事人	案件类型	原告诉请	被告辩称	法院认定
(2017)京0105民初70786号；(2018)京73民终558号	北京市朝阳区人民法院；北京知识产权法院	深圳市腾讯计算机系统有限公司 v. 北京世界星辉科技有限责任公司（世界之窗浏览器）	不正当竞争纠纷	屏蔽广告行为违反了诚实信用原则及公认的商业道德，极大地损害了公司的合法权益。	1. 不存在直接竞争关系；2. "免费+广告"的经营模式不属于法律所保护的利益；3. 通过浏览器过滤广告的行为未侵害网站经营者的利益。	一审：不针对特定的视频经营者；属于行业惯例；造成广告浏览减少并不构成法律应予救济的实际损害，只损害竞争对手的部分利益，影响部分网络用户的选择，还达不到影响其生存的程度；二审：根据《互联网广告管理暂行办法》，世界之窗的行为已经违反了商业道德，构成不正当竞争。

由表3-1可以发现，我国目前也出现了多起由广告拦截软件引起的纠纷，而目前的纠纷全部都是以不正当竞争为由进行的诉讼，法院主要是从是否具有竞争关系和行为是否构成不正当竞争行为这两方面进行认定，依据是《反不正当竞争法》第2条。在笔者以"屏蔽广告"作为关键词对中国裁判文书网、

知产宝网检索所得的 11 个案例、16 份判决中,除新出现的"世界之窗案"一审浏览器软件方胜诉,其他案件均是广告拦截软件提供方败诉。

2013 年,北京市海淀区人民法院就优酷诉金山猎豹浏览器不正当竞争[1](以下简称"优酷诉金山案") 一案作出一审判决,优酷胜诉[2]。法院的认定主要为:首先,采用"广义的竞争关系"认定双方构成竞争关系。虽然原被告经营的不是同一产品,但是互联网的特点——用户数量意味着赢得市场交易机会,因此双方存在竞争利益[3]。其次,认定构成不正当竞争行为。法院依据《反不正当竞争法》的一般条款,认定原告的广告加免费视频的商业模式具有可受法律保护之利益,被告的行为违反公认的商业道德和诚实信用原则,是不正当竞争。但是判决书中法院认可了被告的浏览器满足用户需求,也同时指出在没有法律明确规定的情况下,就让经营者明晰行为的法律定性存在现实困难[4]。

---

〔1〕 我国首例浏览器过滤视频广告不正当竞争纠纷案,获评"2014 年北京法院知识产权十大典型案例""全国 50 件典型知识产权案例""2014 年中国十大最具研究价值知识产权裁判案例"。

〔2〕 (2013) 海民初字第 13155 号, 载 http://wenshu.court.gov.cn/content/content? DocID=da622ae4-9876-47f4-939b-b00f54682c1c&KeyWord=猎豹浏览器, 访问日期: 2016 年 10 月 17 日。

〔3〕 法院判决书中认为, 猎豹浏览器软件开发包含屏蔽广告等在内的诸多特色功能也是为了最大可能吸引网络用户使用该软件, 因为用户使用量同样影响围绕猎豹浏览器开展的衍生项目收益。从该意义上来看, 合一公司与金山公司之间即存在"竞争性"。

〔4〕 法院判决书原文:"虽然本院认定本案中合一公司的商业模式具有正当性, 但不意味着确认该商业模式已经对消费者权益保护做了充分考量。在现行法律法规及司法实践对某项市场行为尚无明确法律评价的情况下, 要求市场经营者对其就某项用户需求进行开发经营从决策到实施过程中能完全明晰其行为的法律定性, 存在一定的现实困难。"

此外，在对以上案例及相关案例的梳理中也发现了法院在具体适用《反不正当竞争法》一般条款上的一些变化。在"海带配额"案[1]中，最高法对何为诚实信用原则作出充分论证：诚实信用原则更多的是以公认的商业道德的形式体现出来的[2]。因此行为的定性重点就在于是否违反"公认的商业道德。"在"优酷诉金山案"中，直接由法院主观认定是否具有"正当性"，而在"360QQ保镖案"中，二审法院认可一审法院援引工信部《若干规定》和互联网协会《自律公约》作为认定行业惯常行为标准和公认商业道德的事实依据的做法[3]。但是该引用是否正确遭到了质疑。另外以上案例也多次提到"用户体验"。"百度诉奇虎案"[4]法院没有对用户选择权作出说明。"爱奇艺诉极科极客案"二审中，法院指出视频网站将会由于拦截广告行为受损，必将使网络用户失去该经营模式和消费者体验[5]。法院在认定互联网领域中的不正当竞争行为时，对用户利益是否考虑也是目前许多法院的困扰。

（三）浏览器拦截广告行为引发的法律争议

综上所述，我国近几年已发生了数起引起业内极大关注的由拦截广告引发纠纷的案例。而我国现行法律又未作出明确规定，因此造成了理论界与实务界的一定分歧，现整理如下：

1. 对浏览器拦截广告行为的法律评价上存在争议

部分学者认可法院的判决，即浏览器拦截广告行为为不正当竞争行为，网站上投放的广告不属于恶意广告，其免费提供

---

[1] （2009）民申字第 1065 号"海带配额"案。
[2] 谢兰芳、王喆、关悦："拦截'正当经营的互联网广告'行为的违法性分析"，载《电子知识产权》2016 年第 7 期。
[3] （2013）民三终字第 5 号。
[4] （2013）东民初字第 8310 号。
[5] （2014）京知民终字第 79 号。

视频观看服务，在视频前设置广告，是对用户的一种合理要求，是受保护的正当商业模式，而浏览器软件方明知其拦截广告软件会对视频网站原有的经营模式造成严重影响仍然提供该软件，并诱导用户下载使用，其行为明显违反了诚实信用原则，违背了互联网行业所公认的商业道德，构成不正当竞争行为[1]。

而部分学者提出法院不应过度干预市场，浏览器拦截广告行为应该认定为合法，浏览器拦截广告软件可能会造成视频网站的广告赞助费减少，但这是正常的商业竞争，并且这也是用户自主选择的结果；拦截广告行为也没有恶意修改原网站的产品和服务参数，因此是正当行为[2]。

2. 在法律适用和法律修订上存在争议

部分学者认为，《反不正当竞争法》已经成为知识产权法的兜底法和互联网争议解决的"万能法"，浏览器拦截广告的行为在我国司法审判中的解决路径存在单一化问题——过度依赖《反不正当竞争法》[3]。此外，还有部分学者认为，在适用《反不正当竞争法》时，由于《反不正当竞争法》的具体条款没有涵盖像浏览器拦截广告行为这种新的互联网竞争样态，《反不正

---

[1] 张平教授对优酷诉金山猎豹浏览器不正当竞争一案指出："金山猎豹浏览器，为了提高自身产品服务的市场份额和商业利益，恶意开发了拦截视频网站合法广告的工具，并且积极且持续地诱导用户使用该功能，破坏了业内通用的商业模式，属于一种不正当竞争行为。"

[2] 董慧娟、周杰在"对浏览器过滤视频广告功能构成不正当竞争的质疑"一文中提出："浏览器的开发运营商既未修改视频网站的相关软件（程序），也非视频网站的直接竞争者，且不属于收费的商业行为，因此不构成侵权、也不构成不正当竞争，而是正当行为。"

[3] 李扬教授在"堵住《反法》第二条的黑洞"一文中指出："近几年来，互联网领域中纷繁复杂的竞争乱象，几乎已经使得《反不正当竞争法》第二条变成了司法者手中灭杀互联网领域中不正当竞争行为的斩妖除魔的利剑和拯救坚守正当竞争底线的互联网企业的神器。"载 http://www.zhichanli.com/article/18909，访问日期：2017年10月17日。

竞争法》第 2 条抽象性的规定在具体适用时不合理，有必要引入其他法律〔1〕。但是"360QQ 保镖案"中，最高人民法院提出行为正当与否，关键在于是否违反了诚实信用原则和公认的商业道德，并损害了相关合法权益，这基本就是独立采用"商业道德"和"诚实信用"的抽象性规定来认定不正当竞争行为〔2〕。

2016 年 9 月 1 日开始实施的《互联网广告管理暂行办法》第 16 条第 1 款规定了禁止对他人正当经营的广告采取拦截的限制措施〔3〕。正在修订的《中华人民共和国反不正当竞争法（修订草案）》将增设互联网不正当竞争行为的规定，部分学者认为总的来说这具有积极的意义〔4〕。部分学者认为这些法律直接将拦截广告行为定性为违法行为，可能会干扰互联网市场的自由竞争，阻碍互联网技术的发展，提出对修改是否合理的质疑〔5〕。

3. 是否应重视消费者权益保护存在争议

保护消费者的合法权益也是《反不正当竞争法》的立法目标。以前的普遍观点是对经营者的保护就是间接保护了消费者权益。目前司法实践中，法院在认定行为是否构成不正当竞争时也主要查看是否侵害了经营者的合法权益，消费者权益这一

---

〔1〕 郑友德、伍春艳："论反不正当竞争法的一般条款——兼论《反不正当竞争法（修订草案送审稿）》第二条的完善"，载《电子知识产权》2016 年第 6 期。

〔2〕 （2013）民三终字第 5 号。

〔3〕 《互联网广告管理暂行办法》第 16 条规定："互联网广告活动中不得有下列行为：（一）提供或者利用应用程序、硬件等对他人正当经营的广告采取拦截、过滤、覆盖、快进等限制措施……"

〔4〕 薛军："良善的互联网竞争秩序向何处寻？——《反不正当竞争法（修改草案）》互联网专条的反思"，载 http://mp.weixin.qq.com/s?__biz=MjM5NTUxNjk2MA==&mid=2650660633&idx=1&sn=466896805c2fc4c7ac0af84d3b757b1e&scene=21#wechat_redirect，访问日期：2017 年 10 月 20 日。

〔5〕 李扬："反法修订草案送审稿互联网专条的是与非"，载 http://mp.weixin.qq.com/s?__biz=MjM5NTUxNjk2MA==&mid=2650659884&idx=1&sn=9b822f59e62fc4d074845e71d07b9d3c&scene=21#wechat_redirect，访问日期：2016 年 10 月 20 日。

因素很少被考虑。本案中也多次出现了"用户体验""用户利益""用户自主选择权"等主张,因此再次引发了学界对消费者权益保护的探讨,提出我国法院在认定互联网领域中的不正当竞争行为时,消费者利益应被纳入重点考虑因素的范围[1]。

因此,针对如何充分考虑维护市场的竞争秩序、保障技术发展,同时维护广大网络用户的利益的问题,对浏览器软件拦截广告行为作出认定具有迫切需求。

三、外国法院对浏览器拦截广告行为的认定和处理

由于浏览器拦截广告软件也是近几年才被互联网广泛使用,因此关于该行为的判决罕见。目前只有德国法院和美国法院对屏蔽广告行为做出了有效判决。因此,笔者将从这两个国家的判决出发,介绍外国法院对浏览器拦截广告行为的认定和处理。

(一)德国法院对浏览器拦截广告行为的认定——Ad-block Plus屏蔽广告软件系列案

1. Ad-block Plus屏蔽广告软件系列案简述

美国屏蔽广告软件Ad-block Plus从诞生以来就通过互联网在全世界范围传播和使用。近几年以来德国法院判决了数个关于屏蔽广告软件的案件,均认为屏蔽广告软件Ad-block Plus合法,笔者目前收集到7个[2],概况见表3-2:

---

[1] 重庆市第一中级人民法院课题组在《互联网不正当竞争行为的认定应重视消费者权益因素》一文中提出:"诸如互联网安全软件企业拦截视频广告、标注搜索结果中的恶意网址等行为,从感性角度看,其虽有利于保护消费者权益,但可能因有损其他经营者的竞争利益而被认定为不正当竞争行为。在处理上述这些案件时,如侧重于消费者权益保护因素,对这些行为的认定将可能得出不同甚至完全相反的结论。鉴于此,为准确认定该类行为,保障公平的竞争秩序,捍卫市场经济的良性健康发展,有必要重视消费者权益保护因素。"载http://rmfyb.chinacourt.org/paper/html/2015-06/03/content_ 98551.htm,访问日期:2017年10月21日。

[2] 载https://dejure.org,访问日期:2016年10月11日。

表 3-2

判决时间	审理法院、案号	双方	原告诉请	法律依据	法院观点
2015年4月21日	汉堡地区法院（416 HKO159/14）	Zeit Online 和 Handelsblatt v. Eyeo GmbH-Ad-Block Plus 屏蔽广告软件开发商	原告诉请法院对 Eyeo 的做法（带有或不带白名单）采取行动，禁止被告蓄意干涉他们的业务。	德国《版权法》、《反不正当竞争法》。	Eyeo 的广告实践并没有故意干扰原告的业务；Eyeo 的业务和原告的业务不够接近，不能创建竞争对手的关系；用户，而不是 Eyeo，控制他们想要阻止什么内容（没有故意干扰）；启用广告拦截时浏览网站不是与版权相关的行为。
2015年5月27日	德国慕尼黑地区法院（37 O 11673/14）	RTL v. Eyeo GmbH	支付加入"可接受广告"白名单的意见是不允许的商业模式 Ad-block Plus 屏蔽广告软件违反了根据德国公平交易惯例法对竞争对手的蓄意阻碍。	德国《关于公平交易惯例》《版权法》《反限制竞争法》《反不正当竞争法》。	双方之间没有竞争关系；目标不同；广告客户和广告客户的单独市场；没有故意阻碍原告；仍然有可能出现在白名单上没有一般市场干扰；不侵犯版权法；网站运营商和被告之间的合同不是反竞争协议；被告人没有市场支配地位。

续表

判决时间	审理法院、案号	双方	原告诉请	法律依据	法院观点
2015年5月27	德国慕尼黑地区法院（37 O 11843/14）	ProSiebenSat.1 Digital v. Eyeo GmbH	Ad-block Plus屏蔽广告软件违反了根据德国《公平交易惯例法》对竞争对手的蓄意阻碍。	德国《反不正当竞争法》《版权法》《反限制竞争法》。	双方之间没有竞争关系；被告没有故意阻碍原告，不构成不正当竞争。
2015年9月29日	科隆州高等法院（330 132/14）	Axel Springer v. Eyeo GmbH	选择性白名单是否通过在发布者之间对不同费率收费是反竞争的。	德国《反不正当竞争法》。	判决采纳了37 O 11673/14 和 416 HKO159/14 案件的判决理由，拦截广告和白名单制度都不构成不正当竞争。
2016年3月22日	德国慕尼黑地区法院（33 O 5017/15）	Süddeutsche v. Zeitungvs Eyeo GmbH	被告通过恶意阻碍原告造成网站运营商巨大的压力而被迫与被告签订有价的付费协议加入"白名单"构成不公平的商业惯例。	德国《反不正当竞争法》。	广告屏蔽软件Ad-block Plus的形式到目前为止是合法的。双方构成竞争关系；但是是用户自主决定是否使用广告屏蔽软件的，所以它不是不正当竞争；以消费者为主体的"白名单"制度也是合法的。
2016年6月24日	科隆州高等法院（6U149/15）一审：330 132/14	Axel Springer v. Eyeo GmbH	过滤列表与白名单应该作为一个统一行为构成不正当竞争。	德国《反不正当竞争法》。	浏览器使用广告本身不具有针对性阻碍竞争；白名单制度违反德国反不正当竞争法。

续表

判决时间	审理法院、案号	双方	原告诉请	法律依据	法院观点
2016年11月25日	汉堡地区法院（315 O293/15）	Sch v. Eyeo GmbH	Ad-block Plus和白名单制度既构成不正当竞争也构成GWB第19条规定的滥用市场支配地位。	德国《反不正当竞争法》《反限制竞争法》。	是否存在竞争关系并不重要，行为不构成不正当竞争；行为也不满足《反垄断法》第19条的规定。

由上表来看，德国法院对浏览器拦截广告行为的规制不仅仅涉及反不正当竞争，《版权法》和《反垄断法》也有涉及[1]。下面笔者就德国法院对浏览器拦截广告行为的法律评价做具体分析。

2. 德国法院认定浏览器拦截广告行为不违反《卡特尔法》的理由

德国的市场经济发达，拥有较为完善的竞争法律制度。德国反垄断的法律称为《反限制竞争法》，宗旨是保护竞争自由，防止限制竞争和垄断，主要针对卡特尔、滥用市场支配地位等行为[2]。浏览器拦截广告软件由于其免费性和便捷性，一经出现很快在市场上就获得较高的地位，因此可能涉及卡特尔、滥用市场支配地位等行为。如上所示，RTL v. Eyeo GmbH、ProSieben-Sat. 1 Digital v. Eyeo GmbH、Sch v. Eyeo GmbH 三个案件涉及了德国《反限制竞争法》。

三个案件都提出了被告的行为构成德国《反限制竞争法》

---

[1] 载 https://dejure.org，访问日期：2017年5月2日。
[2] 郑舒玉："德国反垄断立法和执法的启发思考"，载《中国工商管理研究》2004年第7期。

第 19 条意义上的滥用市场支配地位。原告认为:"根据被告自身的报告,早在 2010 年 Ad-block Plus 屏蔽广告软件在德国的市场份额就是 86%,是市场领导者之一,使用 Ad-block Plus 屏蔽广告软件的活跃用户比例在诉讼期间,至少占所有互联网用户中的 20%。被告具有市场支配地位,免费提供广告拦截软件,破坏了广告资助网站的经济基础,直接影响了相关网站运营商的竞争力,构成对支配地位的滥用。"[1]

德国《反垄断法》的一个重要立法原则就是对占有市场支配地位的企业及其行为进行监督控制。德国《反限制竞争法》第 19 条、第 20 条是关于滥用市场支配地位的规定。德国法院在对市场支配地位进行界定时格外审慎,要考虑其占有市场的份额、资金实力、进入市场的能力等因素。德国《反限制竞争法》滥用市场支配地位的典型行为主要有"阻碍滥用""剥削滥用"等。[2]

由于占有市场支配地位是适用该法的前提,因此,首先要对是否占有市场支配地位进行认定。其中,RTL v. Eyeo GmbH 案,德国慕尼黑地区法院对 Ad-block Plus 屏蔽广告软件是否具有市场支配地位进行了精彩的论述。法院认为,对市场的界定应该从市场的对立面来进行——市场对广告的豁免,这是有争议的行为。而被告关注的正是这个市场,被告主要是对市场上广告进行拦截的行为。虽然根据被告的报告,表明其市场份额高达 95%,但是被告在广告拦截市场上的程度并不是由被告份额主导的,而是还与用户拦截广告的其他可能性有关,例如适当的浏览器设置、其他替代软件如抗病毒软件等。另外,原告

---

[1] See LG München I, Urteil v. 27.05.2015-37 O 11843/14, 转引自 https://dejure.org/dienste/vernetzung/rechtsprechung? Gericht=LG%20M%FCnchen%20I&Datum=27.05.2015&Aktenzeichen=37%20O%2011843/14, 访问日期: 2016 年 10 月 11 日。

[2] 邵建东:"德国新修订的《反限制竞争法》介评",载《南京大学法律评论》2000 年第 1 期。

所引用的数据来源是以下载量为基础的用户数字,这个数据可能会太高。因为法院考虑到现在个人互联网用户已经有智能电话、计算机等多个终端,有时甚至在同一终端多个浏览器都必须单独下载安装 Ad-block Plus 屏蔽广告软件,这些方面在多大程度上导致 Ad-block Plus 屏蔽广告软件的市场份额的减少是有理有据的[1]。

法院也进一步对滥用市场支配地位的具体行为进行了分析。法院认为,被告的行为没有构成不当干扰,不是每个企业在市场上经历的每个经济劣势都可以被理解为对其根据《反托拉斯法》竞争能力的不当干扰,并且营销广告拦截通常是法律允许的。被告的行为也没有构成歧视,可接受广告的标准一律适用于所有广告,不是针对原告。[2]

3. 德国法院认定拦截广告行为不构成侵害版权的理由

德国著作权法对网页进行的是分类保护。[3]互联网网站的基础是一个个单一网页,而网页又是由诸如视频、图片、文本等多种作品要素组成。对此,德国著作权法的基本原则是,在网络环境下,对表现在有体化的介质上的作品,同样应当获得保护。在德国,判断网页的各构成要素能否作为著作权法保护的客体的依据是《著作权法法典》第 2 条第 2 款的规定,即该要素是否属于通过独立的贡献而完成的个人精神创作[4]。同

---

[1] See LG München I, Urteil v. 27. 05. 2015-37 O 11673/14, 转引自 https://dejure. org/dienste/vernetzung/rechtsprechung? Gericht = LG%20M%FCnchen%20I&Datum = 27. 05. 2015&Aktenzeichen = 37%20O%2011673%2F14, 访问日期:2016 年 10 月 11 日。

[2] See LG Hamburg, 25. 11. 2016-315 O 293/15, 转引自 https://dejure. org/dienste/vernetzung/rechtsprechung? Gericht=LG%20Hamburg&Datum=25. 11. 2016&Aktenzeichen=315%20O%20293%2F15, 访问日期:2016 年 10 月 11 日。

[3] 徐家力主编:《信息网络与高新技术法律前沿 2007》,法律出版社 2007 年版,第 79 页。

[4] §2 b UrhG.

理,对网页整体能否作为著作权法保护的客体也依照同样的判断标准。

(1)作为数据库作品的网页。不少德国学者主张,从直观上来看,许多网页完全具备数据库作品的要素,因此应当作为数据库作品获得著作权的保护。但是这也不是说所有的网页都是数据库作品。因为根据德国《著作权法法典》第87条a的规定,数据库是指将作品、数据或其他独立的素材根据一定的系统或方法实施的、能够通过电子媒介或其他手段为社会公众获得的集合[1]。其实,我们平时所见的数据库本身并不是作品,根据《著作权法法典》第4条第1款的规定,数据库作品必须有个人的独创性,必须是对素材进行了选择和编排。由此可见,网页作为数据库作品,必须满足两个条件:①网页首先得是数据库,即根据一定的系统或方法实施的对素材的集合;②该数据库必须具备上述独创性的要求。[2]

德国《版权法》第87条b款规定了数据库制作权。数据库创造者对数据库作为一个整体具有排他权或者通过类型或程度来重现数据库的实质部分,来传播和公开广播。复制、分发或公开复制数据库的主要部分是重复和系统复制,传播或公开复制数据库中性质和程度无关的部分,但前提是:这种行为与数据库的正常评估相反,或者不符合数据库生产者的合法利益[3]。

RTL v. Eyeo GmbH 案的原告 RTL 认为原告的网站是德国《版权法》第87条规定的系统性意义上的数据库。其将相互独立的数据和元素如视频、文字、照片和广告有条不紊地排列,

---

〔1〕 See Gesetzüber Urheberrecht und verwandte Schutzrechte (Urheberrechtsgesetz) §87a.

〔2〕 徐家力主编:《信息网络与高新技术法律前沿2007》,法律出版社2007年版,第79页。

〔3〕 See GesetzüberUrheberrecht und verwandteSchutzrechte(Urheberrechtsgesetz)§87bRechte des Datenbankherstellers,载 www.juris.de,访问日期:2016年10月11日。

通过挂接程序显示在网站上，而且其网站具有电子节目指南和搜索功能，广告可以根据页面环境主题变化。被告借助于网页的中间存储将广告存储在计算机工作存储器中，构成侵犯原告在数据库中重现的权利，而他的使用也不是合理使用。

法院认为，数据库是作品、数据或数据的其他独立元素的集合，并且系统地或按一定方法地在电子或其他手段的帮助下排列，并且其根据类型或规模进行了大量投资。在这方面，不是单个元素可以单独保护的程度。因此，原告诉称广告元素是否视为数据库的一部分是存在问题的。而且被告也没有重复不重要的部分和系统性重复。此外，没有不合理地损害数据生产商的利益，因为只是没有显示广告，并不是使用广告去盈利。此外对于访问网站造成的在电脑系统上的临时复制也不是对复制权的侵犯[1]。

（2）作为计算机程序的网页。联合国知识产权组织（WIPO）《计算机软件保护示范法》第 1 条规定，即"计算机程序是机器可读的按一定顺序排列的，通过具备处理能力的机器可以表现特定功能、完成特定目的或产生特定结果的一组指令"[2]。德国学者认为虽无法满足上述"数据库作品"条件的网页，但网页编写是由 html 命令组构成的，根据上述计算机程序的定义，网页编写背后的 html 命令组应当属于《著作权法法典》第 69 条 a 项下的计算机程序。

RTL v. Eyeo GmbH 案原告 RTL 认为原告的网站也可以作为计算机程序受到版权法的保护。被告拦截广告的实现都抑制了原告原网页中的程序代码，因此构成侵权。法院认为即使原告的网站

---

[1] See LG München I, Urteil v. 27. 05. 2015 - 37 O 11673/14, 转引自 https://dejure.org/dienste/vernetzung/rechtsprechung? Gericht=LG%20M%FCnchen%20I&Datum=27. 05. 2015&Aktenzeichen=37%20O%2011673%2F14, 访问日期：2016 年 10 月 11 日。

[2] See Mustervorschriften für den Schutz von Computersoftware § 1.

属于计算机程序受到《版权法》保护，被告并没有改变原告的编程，原告的程序也没有失真，不构成限制行为。

4. 德国《反不正当竞争法》及法院对拦截广告行为的立场

Ad-block Plus 屏蔽广告软件系列案中均涉及反不正当竞争法，这也是德国法院认定 Ad-Block Plus 屏蔽广告软件合法的最重要部分。Ad-block Plus 屏蔽广告软件系列案中，作为互联网内容运营商的原告，认为被告免费提供 Ad-Block Plus 屏蔽广告软件是利用集体网民用"堵"的方式造成网站运营商的巨大压力，从而为了挽救他们的广告收入被迫与被告签订一个有价的不会被屏蔽的广告内容付费协议，构成不公平的商业惯例。

（1）竞争关系的认定。根据德国《反不正当竞争法》的规定，存在具体的竞争关系是指具体竞争关系一方是违法行为人（或受益的第三人），另一方是受损的经营者；如果一方受益就是另一方受损，即受益与受损属于能量转换式的结果，则双方存在具体的竞争关系[1]。其前提是，双方在同样的产品、空间及时间的相关市场活动范围内，或即将在同样的产品、空间及时间的相关市场活动范围内存在潜在竞争[2]。随着时代发展，加上互联网带来更广阔的市场，对于竞争关系的认定就更为复杂。联邦最高法院曾在"电视精灵"案判决中对竞争关系有精彩的论述："双方当事人经营相同产品或服务，针对的又是相同的最终用户群，且一方的竞争行为妨碍另一方时，即存在具体竞争关系。"[3]

---

[1] §2 Abs. 1 Nr. 3 UWG.

[2] 范长军：《德国反不正当竞争法研究》，法律出版社2010年版，第64页。

[3] See BGH, Urteil v. 24.06.2004, Az. I ZR 26/02. "电视精灵"案原告认为被告推广和经营具有屏蔽广告功能的被称为"电视精灵"控制装置、发射相关指令信号和推广该服务的行为是阻碍和利用他人在先成果和干扰市场的行为，属于《反不正当竞争法》第1条规定的妨害竞争的行为。

RTL v. Eyeo GmbH 案法院认为双方不构成竞争关系。首先针对原告援引德国"电视精灵"案来说明。Ad-block Plus 屏蔽广告软件系列案与电视精灵案是不同的,"电视精灵"案用户想要拦截广告功能就必须付费,而 Ad-block Plus 屏蔽广告软件是免费提供的。双方也不是竞争的同一用户,因为被告提供广告拦截服务的目的就是封锁广告,而不是将注意力转向广告,存在广告和拦截广告两个市场。而提供"白名单"协议,被告就转为网站的操作员和销售员,原告是被告的潜在买方,不是竞争对手。即使将上述两个行为联系在一起,也不会改变各方之间的关系。即使在对被告的商业模式进行统一评估的情况下,缔约方不是"竞争对手"的竞争对手,而是潜在的商业伙伴。Zeit Online 和 Handelsblatt v. Eyeo GmbH 案法院也认为 Eyeo GmbH 的业务和原告的业务不够接近,不能创建竞争对手的关系。

但是在 Süddeutsche Zeitung v. Eyeo GmbH 案中,德国慕尼黑地区法院对竞争关系有了新的认定,双方构成具体的竞争关系。法院认为参与者是否属于不同行业是无关紧要的,只要双方都试图在同一最终消费者群体中出售类似的商品或服务,从而可能对另一方造成阻碍或干扰销售,就存在具体竞争关系。本案中,双方不试图出售类似商品或服务,然而广告拦截软件的提供以及随之被告"白名单"服务的销售将影响原告的竞争。原告主要有两个市场:一是提供广告空间用于收广告费;二是免费提供互联网用户内容。在这第二个市场上,被告在攻击过程中与原告竞争,即解决用户喜欢消费原告的互联网内容但不观看广告的问题,因此双方构成竞争关系[1]。

---

[1] See LG München I, Endurteil v. 22. 03. 2016-33 O 5017/15, 转引自 https://dejure.org/dienste/vernetzung/rechtsprechung? Gericht=LG%20M%FCnchen%20I&Datum=22. 03. 2016&Aktenzeichen=33%20O%205017/15, 访问日期: 2016 年 10 月 11 日。

在 Sch v. Eyeo GmbH 案中法院又提出了当事人之间是否构成竞争关系以及是否是一种商业交易均不重要[1]。可见德国法院在是否以竞争关系来认定不正当竞争行为为前提方面也存在差异。

(2) 损害事实的认定。根据德国《反不正当竞争法》第4条第10项规定，有目的地阻碍竞争者的，构成不正当行为[2]。该规定中的阻碍竞争者是指对单个竞争者的阻碍。而干预竞争对手的竞争发展，通常有两种形式，即阻碍竞争对手的竞争力是措施的真正目的，以及措施导致竞争对手受损，不能充分发挥其市场表现。虽然在上述竞争关系的认定方面德国法院有不同的观点，但在是否构成妨碍原告竞争的不正当竞争行为时，法院的认定是一致的，即均不构成不正当竞争。

在 Süddeutsche Zeitung v. Eyeo GmbH 案中，法院认为被告的意图不是妨碍原告甚至将其赶出市场，而是利用广告资助网站的存在和功能。被告的广告拦截软件起作用不是被告直接引发的，而是由用户决定，甚至用户使用广告拦截，还不会分散读者对新闻内容的注意力，这更有利于原告的主要产品——新闻的发展[3]。在 Zeit Online 和 Handelsblatt v. Eyeo GmbH 案中，法院还提出原告对被告的行为也不是无计可施，其可以通过告诉读者如果使用广告拦截，网站将不会进一步维护以说服用户禁用；还可以改变网上的设计技术，使被告的产品无法起作用；甚至

---

[1] See LG Hamburg, 25. 11. 2016-315 O 293/15, 转引自 https://dejure.org/dienste/vernetzung/rechtsprechung? Gericht=LG%20Hamburg&Datum=25.11.2016&Aktenzeichen=315%20O%20293%2F15, 访问日期：2016年10月11日。

[2] § 2 Abs. 1 Nr. 3 UWG a. F./n. F.

[3] See LG München I, Endurteil v. 22. 03. 2016-33 O 5017/15, 转引自 https://dejure.org/dienste/vernetzung/rechtsprechung? Gericht=LG%20M%FCnchen%20I&Datum=22. 03. 2016&Aktenzeichen=33%20O%205017/15, 访问日期：2016年10月11日。

还可以将广告图像显示在社论部分而不会被被告产品所拦截，或者改变自己的经营模式用内容付费等方式来应对。其中法院有段精彩的总结："它不是一个德国法院的任务，完全禁止一个商业模式去保护另一种商业模式。无法保证一个没有任何改变的商业模式在未来也是一直可行的。"[1]

5. 德国的"白名单"制度和法院的认定

Ad-block Plus 屏蔽广告软件提供方在拦截广告的同时，考虑到各方的利益，还提出了一个白名单制度。广告主或者互联网运营商可以通过额外付费加入到"白名单"中，这样如果用户开启"白名单"服务，加入"白名单"的广告将不会被屏蔽。这个白名单也不是由拦截广告方来决定，而是必须经由一个公益网站讨论的结果决定[2]。

从德国法院的判决来看，原告认为"白名单"协议可能构成卡特尔协议和剥削性滥用以及不正当竞争，但是大部分法院最终认为白名单制度是合法的。然而在 2016 年 6 月 24 日，德国科隆州高等法院质疑了"白名单"制度的合法性，认为其构成不正当竞争。法院认为"白名单"满足德国《反不正当竞争法》第 4 条 a 项规定的"从事那些足以通过施加压力、以蔑视人类的方式或通过其他不适当的不实影响，侵害消费者或其他市场参与人的决定自由的竞争行为"[3]的要件，侵权行为并不是针对原告，而是针对可能向原告购买广告空间的购买者。广告商在面临广告无法展示的情况时，不得不向软件方妥协，这

---

〔1〕 See Landgericht Hamburg Urteilvom 21. April 2015 Az.：416 HKO 159/14.

〔2〕 PeterWhoriskey,"One Man, One Long List, No More Web Ads," *Wash. Post*, June 25, 2008. Quoted from JordanL. Walbesser, *Blocking Advertisement Blocking：The War overr Internet Advertising and The Effect onIntellectual Property*, 23 NO.1 Intell. Prop. & Tech. L. J, 19 (2011).

〔3〕 §4a UWG.

样广告商就面临双重支付,即一方面与网页合作预留广告空间,另一方面又要为"白名单付费"。而面对更复杂的广告关系,会导致广告预算总成本增加这一情形,一方面并不会导致广告质量的提升变得"更可接受",另一方面,随着广告不再引起用户注意以及成本上升,广告商将不再投放广告[1]。

（二）美国法院对浏览器拦截广告行为的认定和处理

1. 美国《通信规范法案》的司法适用——Zangovs Kaspersky案[2]

Zango v. Kaspersky案法院依据美国《通信规范法案》（亦称美国CDA法案）的"避风港规则",认定拦截广告软件给予了消费者接受内容的控制权可以豁免。Zango v. Kaspersky案原告Zango是一家互联网公司,其拥有四个可下载的软件程序"Zango""Seekmo""Hotbar"和"垃圾邮件阻止实用程序",只要用户同意下载并安装这些程序之一,并接受在他们浏览互联网时显示在线广告,Zango就免费提供在线视频、游戏、音乐等服务。它还提供一个高级版的"Hotbar"和"垃圾邮件阻止实用程序",即如果用户不想观看广告,而单纯享受在线视频、游戏、音乐等服务,可以通过支付费用实现。被告Kaspersky是美国互联网安全软件的销售商,主要产品是"卡巴斯基互联网安全软件（KIS）"和"卡巴斯基反病毒软件（KAV）"。Kaspersky提供的软件将Zango的程序分类为广告软件,一种恶意软件,然后通过不断"警告"的方式,阻止Zango软件的使

---

[1] See OLG Köln, 24.06.2016-6 U 149/15, 转引自 https://dejure.org/dienste/vernetzung/rechtsprechung? Gericht=OLG%20K%F6ln&Datum=24.06.2016&Aktenzeichen=6%20U%20149%2F15, 访问日期：2016年10月11日。

[2] United States Court of Appeals, NinthCircuit. ZANGO, INC., Plaintiff-Appellant, v. KASPERSKY LAB, INC., Defendant-Appellee. No. 07-35800. Decided: June 25, 2009.

用。基于以上事由,原告将被告诉至法院。

美国第九巡回上诉法院认为:"卡巴斯基是1996年《通信规范法案》(CDA法案)中定义的'交互式计算机服务'的提供商;并且属于过滤、筛选、允许或禁止内容的访问工具提供商、提供者或用户认为淫秽、猥亵、肮脏、过度暴力、骚扰或以其他令人反感的行为方式受到47 U.S.C. § 230(c)(2)(B)为采取任何行动向他人提供限制获取该材料的技术手段;卡巴斯基有权获得良好的'Samaritan'豁免[1]。"

从以上判决可以看出,美国CDA法案对拦截广告软件的认定主要是考虑了用户安全保护等因素。这主要是因为美国CDA法案的立法目的在于:一方面,避免使未成年人暴露于网络平台的色情信息之中。美国在互联网发展的过程中,从无条件支持互联网技术的方面转向更加重视用户的隐私权、用户信息、用户感受;另一方面,这样的判决也等于赋予了软件提供者决定另一软件是否属于恶意广告软件的权利,也存在不合理之处。但是以目前美国的司法来说,在美国拦截广告软件是合法的,只要其主要目的是保护用户隐私或者拦截涉及色情、暴力或令人反感的广告。

2. 第三人干涉合同债权规则适用的可能——Daisy Outdoor Advertising Co., Inc. v. Abbott案[2]

美国部分学者和知识产权权利人认为美国CDA法案第230条的"避风港规则"所提供的保护过于宽泛。他们认为,软件拦截广告行为应该是一种非法行为,于是积极寻求其他法律规

---

[1] See FOR PUBLICATION UNITED STATES COURT OF APPEALS FOR THE NINTH CIRCUIT; ZANGO, INC. Plaintiff-Appellan, v. KASPERSKY LAB, INC. Defendant-Appellee. No. 07-35800, D. C. No. CV-07-00807-JCC. OPINION.

[2] Daisy Outdoor Advertising Co., Inc. v. Abbott, 473 S. E. 2d 47 (S. C. 1996).

制的可能性。其中，提出的一个救济途径就是基于侵权法的第三人干涉合同。

第三人干涉合同是指行为人以引诱或其他方式使第三人不履行合同的手段，故意不当地干涉他人和第三人之间合同履行的，须对因第三人未履行合同造成相对人的金钱损失负赔偿责任[1]。其中，行为人主观故意为不可或缺要件，过失妨碍者不承担责任。美国州法律规定，要满足第三人干涉合同债权需要满足四个构成要件：①是否存在有效合同；②行为人是否知晓合同存在；③行为人是否故意使当事人违约；④干涉行为是否正当。目前美国学界提出的考量不正当性的因素如下：行为性质、行为动机、所干涉的他人利益、所追求的优先利益、保护行为人自由的社会利益与合同所带给缔约方利益、行为对构成干涉远近关系、当事人之间的关系[2]。

美国法院尚无对拦截网页广告行为以第三人干涉合同债权进行规制的判例，但已有遮挡广告牌被认定构成第三人侵犯债权的判例。案件双方是具有竞争关系的户外广告商，为客户提供竖立广告牌的租赁服务，被告明知原告和广告主签订了广告合同，而另竖立广告牌遮挡了原告的广告牌，造成后者广告牌被完全屏蔽。法院最终认定本案涉及的合法合同利益应当受到保护，被告在明知存在他人广告合同的前提下，故意遮挡竞争者的广告牌，构成第三人干涉债权。

依据以上判例，浏览器软件拦截网页广告将很可能被认定为第三人干涉合同。广告主与互联网运营商之间存在广告投放合同，而拦截广告方也知道这种合同的存在。拦截广告软件的出现使得网站和广告主的利益受损。用户开启软件拦截网页广

---

[1] Restatement (Second) of Torts § 766 (2007).

[2] Restatement (Second) of Torts § 767 (2006).

告功能后，广告无法显示，网站的显示广告义务不能履行，而广告主基于广告投放合同的债权也无法实现。

但是由于美国 CDA 法案第 230 条之"避风港规则"为可拦截广告软件提供者规定豁免责任，州法层面的侵权法与联邦法层面的 CDA 规定不一致时，州法不产生效力[1]。这也许是目前美国法院还没有以该规则规制拦截网页广告行为的原因。但是这并不妨碍以第三人干涉合同债权规则适用的可能性。

3. 美国版权法适用的可能性——WGN Continental Broadcasting v. United Video 案[2]

美国部分学者还提出了运用《版权法》予以救济的观点。同样，美国尚无法院明确将屏蔽网页广告行为认定为侵犯版权行为。而 WGN Continental Broadcasting v. United Video 案的判决，为《版权法》的适用提出了可能性。WGN Continental Broadcasting v. United Video 案判决的结论是，未经许可删减作品并公开的行为侵犯版权。本案是被告将原告新闻栏目中插入的文字电视广播内容删去，并将信号二次传输至有线电视运营商的行为是否侵犯版权的纠纷。法院的判决理由是：依据《版权法》，新闻栏目属于视听作品，而本案中原告插入的文字电视广播属于该视听作品的一部分，删除这部分内容而仅将新闻节目传输给第三方的行为，属于公开了删减版的作品，这超出了版权合同约定的权利；如果未取得授权，属于超出授权范围的其他使用行为而侵犯版权。

回归到拦截网页广告行为上，有学者认为，网络用户和网站经营者之间其实就存在一个默示许可合同，合同内容就是允

---

[1] See 47 U.S.C.A. § 230 (e) (3).

[2] WGN Continental Broadcasting Co. v. United Video, Inc., 693 F.2d 622 (7th Cir. 1982).

许显示网页作品。依据以上判例,如果未经网站经营者许可,使用浏览器软件拦截广告行为就是删减了网站作品的一部分,侵犯版权,属于《版权法》要求的完整呈现作品的权利。但是这里有一个前提是网页必须构成《版权法》保护的作品。美国《版权法》要求作品必须满足可固定性和独创性。美国目前对固定性的要求采用"临时复制说",存储于服务器的网页和展示给用户临时存储的网页满足固定性。美国对独创性标准虽然要求较低,但是大多数网页还是难以达到这一要求。因此这也是目前还未出现这样判决的原因。

四、外国对浏览器拦截广告行为的相关做法和经验对我国的启示

纵观以上我国法院和外国法院对浏览器拦截广告行为的司法实践,无论是法律适用方面还是最后的认定结果方面都存在很多不同之处。外国对浏览器拦截广告行为的相关做法和经验对解决我国目前针对此问题出现的争议有很大的借鉴作用。

(一)拦截广告行为界定方面的启示

我国法院对浏览器拦截广告行为的探讨还局限于反不正当竞争法之下,而德国与美国法院在《反不正当竞争法》评价之外,还涉及《版权法》《侵权法》《反垄断法》等。究其根本,主要在于外国司法实践回到了本源上思考,即互联网内容提供网站有什么权利?浏览器拦截广告软件提供是否侵权?因此,要正确地对浏览器拦截广告行为定性,就必须从这个本源上进行分析。一般而言,互联网内容提供网站因为设计网页、计算机程序而拥有著作权、因与广告商签订广告协议拥有合同权利以及与其他互联网企业进行正当竞争的权利。

1. 浏览器拦截广告行为难以构成对互联网内容提供网站相关网页、软件的修改

借鉴以上德国法院对拦截广告行为不构成侵害版权的理由，德国《著作权法》对网页采用分类保护的方式，将网页分为数据库、计算机程序、多媒体作品等。虽然我国《著作权法》目前没有规定网页的法律属性，也没有将网页进行分类保护，但是由于《著作权法》保护的是作品的权利。根据美国《版权法》的规定，国际上普遍的观点就是受《版权法》保护的作品必须符合三个要素：①须有文学、艺术或者科学的内容；②须有独创性；③须能以物质的形式固定下来。[1]认定是否构成版权法保护的作品，最主要考察的是后两个因素，即独创性和可复制性。笔者认为，满足独创性和可复制性的网页是可以纳入著作权法的作品范围予以保护的。因此，互联网内容提供网站可能拥有计算机软件和具有独创性网页的版权。

（1）难以构成对互联网内容提供网站相关网页的修改。如上所述，当满足独创性时，网页可作为一个整体被认定为作品，那么整个网页无论边框、文字、视频还是广告均是这个作品的组成部分。使用浏览器软件拦截广告，将造成广告部分在页面显示上成为空白，这将会侵犯网站经营者向他人展示其网页作品的权利，因为作者有控制网页显示方式的专有权利，其行为可认定为侵犯《版权法》上的修改权。而如果广告元素在网页中占有重要的篇幅，对内容的表现形式上作出变动影响到作者的思想与观点，还可能侵犯作者的保护作品完整权。但是网页是由文字、图像、声音及其组合等形而成的产物，而我国《版权法》对独创性的要求也比较高，一般而言，网页上的广告难

---

[1] 蔡晓东："版权法上作品独创性的认定标准"，载《石家庄经济学院学报》2011年第6期。

以与网页本身构成一个作品。因此，浏览器拦截广告软件难以构成对互联网内容提供网站相关网页版权的侵犯。此外，当网页整体结构编排、视觉效果达不到《著作权法》中对作品的要求时，网页上的文本、图形、横幅广告、字幕等要素仍可能构成作品，受到《版权法》保护。在这种情况下，浏览器软件拦截广告仍难以构成版权侵权。即使网页上的广告构成作品，但是因为浏览器拦截广告软件的工作原理只是依据"黑名单"来防止源自广告服务器中的广告相关文件被下载并显示给用户，并没有对广告删减和编辑，也不是《版权法》规定的对其他权利的侵犯，因此不侵犯版权。

（2）难以构成对网站相关软件的修改。依据本文第一章第一节浏览器拦截广告软件的工作原理来看，其主要是介入了浏览器与内容提供商网站服务器之间的调用过程即 html 过程，通过对比"黑名单"来下载或不下载某些相关广告文件。因此，拦截广告行为并没有改变网站的软件本身，只是改变了广告播放的环境。虽然在运行过程中会插入 html 过程，加入一些调运指令，但是按照我国现行的《著作权法》和《计算机软件保护条例》等法律法规的规定，此种运行方式尽管改变了内容提供商网站软件的功能，但并未修改软件的程序，因此浏览器软件拦截广告行为难以构成对网站相关软件的修改，不侵犯版权。

2. 浏览器拦截广告行为难以构成第三人侵害债权

互联网内容提供网站与广告商签订有效的广告合同，他们的合同权利依法受到保护。目前，我国《侵权责任法》没有明确对债权进行保护，但是也没有明确将其排除。而在司法实践中有使用第三人侵害债权的判决，2001 年太原市中级人民法院对于演唱会主办公司诉山西晚报，判决《毛阿敏八成不来太原》一文构成对原告公司合法权益的侵犯一案，就是我国第三人侵害债权的典型案例。借鉴美国对于第三人干涉合同债权规则[1]，软件拦截广告行为难以构成侵权。

（1）存在有效合同。目前网页投放广告合同主要采取三种方式：第一，直接签订；第二，委托从事网络广告的公司与网站签订；第三，网站经营者与广告代理商签订。[2]不论采取哪种方式都存在广告投放合同，而且既然网页已经展示广告，也可推定存在广告投放合同。当然，违反法律和公共利益的合同无效。

（2）行为人是否知晓合同存在。原有的"免费内容+互联网广告"商业模式主要是互联网内容运营商负责自身创作视频、图片等内容，或者通过向权利人购买版权获得授权在其网站上展示内容，而其又与各大广告商签订广告合同，在展示内容前或者同时播放广告，以此来弥补其付出的版权费并盈利，该种商业模式是目前互联网盈利的主要模式，可以推定软件方明知此合同的存在。

（3）行为人是否故意使当事人违约。故意是指"行为人希望发生干涉后果，或者行为人知道其行为必然或基本必然导致干涉发生"[3]。软件提供者明知拦截广告软件的原理和功能，但是其目的不是破坏投放广告合同，而是帮助用户减少"恼人"广告的困扰，而且这个功能的开启不是软件方能控制的，也没有诱导用户开启，很难推定软件提供者有干涉第三人合同债权的主观故意。

---

[1] 黄武双、刘建臣："中美屏蔽网页广告行为法律规制比较"，载《竞争政策研究》2015年第1期。

[2] Andrew Saluke, "Ad-Blocking Software as Third-Party Tortious Interference with Advertising Contracts", 7 *Fla. St. U. Bus. Rev*, 87 (2008), 241.

[3] Restatements (Second) of Torts: Negligent Interference with Contract or Prospective Contractual Relation § 766c (2006).

(4) 干涉行为是否正当。从行为人的行为动机、所干涉的他人利益等综合来分析,拦截广告软件一般为免费提供,而且对广告屏蔽选项默认设置为关闭,屏蔽主要是用户操作的结果,并且对广告的屏蔽也不是完全屏蔽。其干涉行为具有正当性。

3. 浏览器拦截广告行为难以构成不正当竞争和垄断行为

根据"广义的竞争关系",浏览器拦截广告方和互联网内容提供商之间存在竞争关系。因此,笔者在此不做赘述,只从行为"正当性"判断来分析。

(1) 保护的是正当竞争,不是商业模式本身。众所周知,《反不正当竞争法》与《反垄断法》设立的意义在于保护市场正常的竞争秩序。因此针对具体经营者而言,其保护的是经营者合法正当的竞争经营的权利,而不是其商业模式。因为,即使是正当竞争也不可避免地会触及或冲击其他经营者的商业模式。假如法律保护具体的商业模式,其他经营者的正当经营行为将都很有可能涉嫌侵权。这样的结果是,原本的市场竞争规则会被破坏,也不利于经营者积极创新商业模式。德国法院判决也明确表示法院的任务不是保护某一种商业模式。所以,一般情况下,法律都不应随意介入到商业活动当中。因此,商业模式本身并不受法律保护。"免费内容+广告"的商业模式也不享有任何法定权利。

(2) 不违反诚实信用原则或公认的商业道德,具有正当性。关于竞争行为"正当性"的认定,根据"海带配额"案确立的规则,对浏览器拦截广告行为是否构成不正当竞争行为主要是看是否违反公认的商业道德。

第一,符合"理性经济人"的道德水平要求。商业道德体现的是一种商业伦理。商业活动的主要参与者为"经济人",因此,要以"理性经济人"的道德水平来要求市场交易参与者,理性经济人追逐利益的行为符合商业道德的基本要求。[1]浏览器的开发运营商虽然其主要目的是争夺网络用户来获得更大的商业利益，但是其开发产品免费提供给用户，也确实为用户带来更好的体验，其行为符合理性经济人的道德水平。

第二，不违反互联网行业公认的商业道德。《反不正当竞争法》所要求的商业道德必须是特定商业领域普遍认知和接受的行为标准。由于不同行业有不同行业的特点，因此具体到个案，公认的商业道德应结合案件具体情形具体分析。笔者认为行业的自律性规定虽不可以作为法律依据来使用，但是可以作为"商业道德"的参考。在互联网领域，主要是《互联网终端软件服务行业自律公约》的第19条规定。[2]浏览器软件拦截广告的行为保留了原网站主要展现的合法信息内容和页面，与此同时提升和改善用户体验，因此不违反互联网行业公认的商业道德。

第三，行为具有正当性。拦截广告的行为必然会冲击各大视频网站的既有商业模式，且可能会造成其一定损失。但不能就此推定该行为非法。首先，用户并无观看广告的义务，免费观看内容与强制观看广告之间并无必要联系。其次，广告的被拦截也不会造成视频网站完全没有商业收益。广告的减少可能会造成原网站广告费用的损失，暂不论广告点击与广告付费的关系，以及使用拦截功能的用户数量，目前网站的收益也不完全依靠广告，如现在某些视频网站的会员付费抢先看剧集模式。最后，笔者认为对视频网站利益的影响是互联网行业正常商业竞争的结果。

---

[1] 董慧娟、周杰："对浏览器过滤视频广告功能构成不正当竞争的质疑"，载《电子知识产权》2014年12月。

[2]《互联网终端软件服务行业自律公约》该公约第19条规定："……不得针对特定信息服务提供商拦截、屏蔽除恶意广告外的其他合法信息内容及页面。……"

(3) 难以构成滥用市场支配地位。《反不正当竞争法》和《反垄断法》在很多情况下会交叉存在。在适用《反垄断法》时，必须以市场具有市场支配地位为前提，只有具有该条件时，才能阻塞《反不正当竞争法》的适用。借鉴德国法院对浏览器拦截广告软件方市场地位的认定方法，综合考虑企业占有市场的份额、资金实力、互联网企业的特殊性质等很难认定浏览器拦截广告软件方拥有市场支配地位，因此难以构成滥用市场支配地位。

(二) 对适用法律与法律修订的启示

1. 回归《侵权责任法》的思路，避免过度适用《反不正当竞争法》

我国现有的司法裁判，对于《反不正当竞争法》第2条的适用存在两种做法：一是基于其他法律所保护的权益独立适用第2条；二是仅仅依赖诚信原则和公认的商业道德抽象概念独立适用第2条。[1]直接运用抽象概念生硬地认定不正当竞争行为存在很大的不合理性。具体到法院对拦截广告行为的认定中，法院虽然提出免费服务与忍受广告之间并不存在"当然"对价关系，但是没有进行深入分析就得出了该行为不正当的结论，这样的说服力明显不足。这可以说是没有从当事者究竟有何权益出发，而仅基于"有序竞争""商业道德"这些抽象的规定，就确定有关行为是否正当的做法，显然存在不合理性。

而回顾反不正当竞争法的历史，反不正当竞争法脱胎于《法国民法典》，因此反不正当竞争法与民法体系下的侵权法有

---

[1] 吴峻："反不正当竞争法一般条款的司法适用模式"，载《法学研究》2016年第2期。

着非常密切的关系[1]。即使是现在，法国对不正当竞争予以规制还是仅通过《法国民法典》侵权法的一般规定；在美国，作为《侵权法》的一项制度，商业侵权构成了美国《反不正当竞争法》体系中最具开放性的部分。[2]我国《侵权责任法》第2条规定了具体的人身、财产权益但也未限定权利的范围，即使出现本案拦截广告行为，一时无法确定具体权利时，司法者也可以进行严格而精细的利益考量。作为侵权法的特别领域，当《反不正当竞争法》第2条无法明确适用时，为什么不能回归到《侵权责任法》这个一般法呢？与此同时，回归到侵权法的思路来思考，即拥有什么权益来进行分析，拥有什么样的权利就对应相应的法律，可以帮助我们理清思路，当对案件具体权利分析出现可以适用相应法律的情况时，即适用具体法律，这样也可以避免目前互联网行业自由而普遍地适用《反不正当竞争法》的做法。即使无法适用具体法律时，也可以通过《侵权责任法》第2条引入其他竞争相关的合法权益来适用《反不正当竞争法》第2条来维护自己的权益。

而在具体认定时，《侵权责任法》的四要件也要进行适当"变通"以适应《反不正当竞争法》这个特别法的实际需要。首先，违法行为。①存在某种法律予以保护的合法权益，这是进行以下认定的前提。在自由竞争过程中，竞争者损失顾客群体、失去交易机会等在所难免，这是市场在发挥作用，法律是不能轻易干预的。因此当出现某种《侵权责任法》未列明的权益时，还需要司法者结合案件情况、市场情况等综合考虑，避

---

[1] 陈斯："论不正当竞争之司法规制"，对外经济贸易大学2007年博士学位论文。

[2] 吴峻："反不正当竞争法一般条款的司法适用模式"，载《法学研究》2016年第2期。

免法律过度干预。②我国《反不正当竞争法》对民事主体的合法权益保护是从竞争角度出发,以受保护的主体和行为人之间具有竞争关系为前提;而《侵权责任法》则是从一般角度出发,不论有无竞争关系。因此在判定是否存在不正当竞争的违法行为时,必须先以"竞争关系"为前提。③行为的"不正当"因素要纳入考虑范围,可以借鉴美国的做法,从行为性质、动机等方面考量。其次,损害事实。互联网领域的这种损害可以不要求直接侵害。由于互联网行业的特殊性,许多损害的具体实施方其实是用户而非互联网经营者,因此在认定损害事实时可以不要求直接侵害,对于为侵害合法权益提供便利的行为,仍可以为受害方提供进一步的保护。再次,要求损害结果与不正当竞争行为之间存在因果关系。最后,主观过错方面要注意所保护法益的性质,来确定范围。具体到本案,笔者认为由于拦截广告行为侵害的客体是合同之债,是相对权,而侵权法保护的主要是绝对权,因此主观要件要更为严格,缩小为主观故意,即"明知而恶意为之"。

2. 对《反不正当竞争法》适用的启示

(1) 竞争关系的认定方面。竞争关系一直作为审判不正当竞争案件的前提,但是随着竞争形式的不断变化,竞争关系已经不再局限于同业竞争关系,为适应变化,现在司法实践又提出了广义竞争关系理论,即确定市场主体之间竞争关系的存在,可以不局限于同一行业或服务类别,主要查看二者在市场竞争中是否有联系或者是否妨碍正当经营活动并损害其合法权益[1]。这在我国和德国法院对浏览器软件拦截广告行为的判决中也均有体现。而德国法院在最新的判决中提出了竞争关系认定不是

---

[1] 王永强:"网络商业环境中竞争关系的司法界定——基于网络不正当竞争案件的考察",载《法学》2013年第11期。

非常重要的观点,这值得我们司法实践的思考,有观点认为广义竞争关系基本上等同于"任何经营者双方都是竞争关系",提出可以放弃竞争关系这个前提。笔者认为我国《反不正当竞争法》虽没有规定必须以竞争关系为前提,但是从上文分析可知,竞争关系是不正当竞争行为与一般侵权行为区分的标志,完全放弃竞争关系认定,势必导致《反不正当竞争法》第 2 条的滥用以及与《侵权责任法》适用的冲突。因此,竞争关系这一前提还是有必要的。

(2)对诚实信用原则度量时采取"比例原则"。在 Adblock Plus 屏蔽广告软件系列案中,德国法院在适用法律时引用的是德国《反不正当竞争法》第 4 条第 10 项,该法条属于保护竞争者的一般条款。我国《反不正当竞争法》第二章虽明确规定了几种不正当竞争行为类型,但随着时代发展,该几种类型已经不能涵盖所有行为,因此诸如此类浏览器软件拦截广告的新型行为,法院均引用第 2 条一般条款。由此可见,在适用法条上,德国法院和我国法院可以说是一致的。

而在法条具体适用时,德国法院在认定是否构成不正当竞争行为对诚实信用原则如何度量时,德国法院的判决体现出应遵循"比例原则",即被告的行为只有在对原告的经营活动达到威胁生存的程度时,才会构成不正当竞争。而我国法院在判决书的说理部分主要是围绕正当经营的互联网广告以及"免费内容+广告"的商业模式受法律保护,拦截软件方故意干扰他人的正当商业模式,违反诚实信用原则。笔者认为,这样的说理还不够充分。此类案件的难点就在于法院的审判关乎网络技术发展、市场竞争者的利益以及消费者利益的平衡,德国法院认为原告应该对被告的竞争行为承受较大的容忍,并为原告提出了几个建设性意见,比如可以提高广告质量或者自我开发反拦截技术，甚至可以转变自身的商业模式。德国法院的这种做法，既可以促进广告商提高广告质量，也确保了用户的选择权，与此同时也鼓励了技术创新。在市场上，也没有打破有序竞争与技术发展之间的平衡。因此，在判断是否违反诚实信用原则时，我国法院可以借鉴这种"比例原则"，而程度的认定还需要结合个案具体事实予以把握。

3. 《反不正当竞争法》等法律规定不应过分干涉市场

众所周知，一项立法或是一项司法裁决都很可能对社会造成很大的影响。一方面，互联网市场的发展需要政府的引导。网络技术的发展日新月异，如果完全放任其发展，不对其加以引导和规范，网络很可能会成为不法商人牟取暴利的手段，如近几年发生的"快播案"等。由于我国《反不正当竞争法》等法律的修法、立法还存在滞后性，法律内容无法适应新形势的需要。因此，在原有法律规定的基础上增设互联网不正当竞争行为具有非常积极的意义。但是，另一方面，互联网经济又有其特殊性，其不仅仅涉及一般的商业形式，往往还伴随着技术革新。一项新技术的出现可能暂时出现破坏现有商业模式的情形，但是长久来看可能是有利于用户利益和社会经济发展的，如果在初期就运用立法和司法审判的形式作出否定判断，这反而会阻碍技术革新和社会变革。因此，笔者认为，我国对《反不正当竞争法》等法律的修订也不应该过于具体，过分干涉市场。竞争的根本目的在于实现优胜劣汰，达到巩固经济发展的目的，在拦截广告行为是否会对市场、消费者造成非常严重的不利后果还未确定时就予以禁止，这是违背市场竞争规则的。反观德国和美国的经验，在认定浏览器拦截广告行为合法后，互联网内容商也积极变革自身的商业模式如美国著名视频网站 YouTube 的新功能，用户可以跳过近半数的视频广告[1]，德国许多报业集团对互联网新闻推送采用付费会员制等，拦截广告方也提供了"白名单制度"，并未对原有市场造成严重的不良后果。

(三) 对消费者利益保护的启示

1. 认定竞争行为的正当性时将用户利益、需求纳入重点考虑因素

笔者认为产生不同判决结果的一个主要原因是，德国法院更注重消费者利益的保护。欧洲法院一直致力于保护消费者的利益，《欧盟不公平商业行为指令》第1条规定本指令是通过提高消费者保护的水平来进一步地促进内部市场的正常运行[2]。随着欧洲一体化，德国也加强了对消费者权益的保护。在上述判决法院认定部分多次提及用户的选择和决定。笔者认为这对我国法院在"百度与360插标"案[3]确定的"非公益必要不干扰原则"的适用也有很大的借鉴意义。

我国的"非公益必要不干扰原则"主要是解决网络环境下竞争行为正当性如何界定的问题，其中最主要的一个内涵就是互联网行业应当充分尊重网络用户的选择自由。其要求互联网行业不得以不合理手段转移网络用户注意力，剥夺网络用户的

---

[1] YouTube 此项"跳过广告"模式称为 In-stream, TrueView 首先推出广告跳过功能。In-stream 模式广告让用户可在5秒后跳过广告，只有当用户观看广告超过30秒或观看完整部广告，才向广告商收取费用。

[2] § 1. Directive 2005/29/EC of 11 May 2005 concerning unfair business-to-consumer commercial practices in the internal market and amending Directives 84/450/EEC, 97/7/EC, 98/27/EC and 2002/65/EC and Regulation (EC) No 2006/2004 (Unfair Com2mercial PracticesDirective), OJ L 149 of 11.06.2005.

[3] 民事裁定书（2014）民申字第873号。最高院在再审裁定中再次确认"非公益必要不干扰原则"在未经许可的情况下直接对他人所提供的服务进行干预的行为，并不是维护公共利益的最好办法，反而有可能引起服务提供者之间的对立与冲突，不利于良好竞争秩序的形成。

选择权——这也是我国《反不正当竞争法》对消费者利益保护的一个体现。具体到本案中，浏览器拦截广告软件在提供软件拦截服务时，还同时提供多种备选条件，而不是一味地屏蔽所有广告，用户具有选择的权利。而在实践中确实还存在互联网内容运营者和广告商利用广告、账户等收集用户个人信息的情况，以及在观看视频时广告时间越来越长，这个广告标准也只把控在互联网运营商的手中。笔者认为，鼓励互联网的发展毋庸置疑，但随着互联网危害个人信息安全等弊端的出现，我国法院在认定竞争行为的正当性时，应当更多、更充分地考虑用户利益、需求或选择权。

2. 《反不正当竞争法》应强调并切实体现对用户利益的关注和保护

虽然我国《反不正当竞争法》将保护用户的合法权益也作为立法目的之一[1]，但在实际运用时却无法找到具体的可操作性规定。如第一章所述在判定经营者的行为是否构成不正当竞争行为时，对于用户利益的考量没有硬性的规定，法院在适用时也无所适从，出现选择性考虑的情况。《消费者权益保护法》虽是我国消费者维护自身利益的最主要法律，但是该法极少涉及对于竞争行为的规定。

借鉴德国和美国的经验，笔者认为，在未来《反不正当竞争法》的修订过程中，仅凭在立法目的中规定消费者利益的保护这种宣誓性条款已经不能满足现实中对用户利益保护的需求，尤其是在互联网领域，消费者保护问题已经迫在眉睫。保护消费者利益不是一句口号，还需要制定更具操作性和可实现性的具体规定。因此，我国《反不正当竞争法》应当进一步完善，创

---

[1] 参见我国《反不正当竞争法》第1条。

设对用户权益、需求或选择权的维护和救济等方面的具体规定，例如针对不正当竞争行为设立用户公益诉讼制度[1]。

五、结语

虽然法院对我国业已发生的猎豹等浏览器拦截视频网站广告的行为已经做出了司法认定，但是在定性和法律适用等问题上还存在争议。以德国和美国为代表的外国经验可以给我们很好的借鉴。这种新型互联网技术在适用法律时还是应该回归侵权法的思路，从是否具有法律所保护的权益出发，当出现具体权利时适用相对应的具体法律，才不会出现过度依赖《反不正当竞争法》的问题；当没有明确的权益但该"权益"也确有法律保护的必要时，再以"变通"的《侵权责任法》四要件来认定行为是否正当，这也有利于解决《反不正当竞争法》一般条款生硬适用的问题。只有在准确适用法律的情况下，才能对浏览器软件拦截广告行为做出恰当的定性。此外，用户利益对互联网领域是非常重要的，无论是互联网企业，还是立法、司法界，都应该引起更突出、充分的重视。而在近期的"世界之窗浏览器"案中，北京市朝阳区法院一审的判决说理，其中的许多观点和论述确实亮点突出，对于《反不正当竞争法》作为规制市场之法的适用，采取了更加谨慎的态度。正如判决书中所言的"法律对经营模式的保护要谨慎，要给予市场最大的竞争环境。应当注意严格把握适用条件，以避免不适当干预而阻碍市场自由竞争"。[2]对于此类的新型不正当竞争行为的司法认

---

[1] 曹宇辰："谁来为 3Q 之争买单——法律视野下的 3Q 之争"，载 http://www.law.ruc.edu.cn/Article/ShowArticle.asp?%20Article%20ID=30350，访问日期：2017 年 3 月 9 日。

[2] （2017）京 0105 民初 70786 号。

定，可以看到法院也在不断探索前进，诚如笔者在前文所述，只有在准确适用法律的情况下，才能对浏览器软件拦截广告行为做出恰当的定性，据此做出的判决，其说理部分才能更让公众信服。

大数据价格歧视的法律规制研究

一、绪论

(一) 研究背景与研究意义

"大数据"是对大量数据进行收集、统计、分析和挖掘的技术,它能够预测未来某一事物发展的轨迹和模式[1]。大数据的应用给人们生活带来前所未有的便利,也在一定程度上颠覆了传统的商业认知。2018年3月23日,网友@EricTsui发布了一条有关打车价格差异的微博,"用滴滴打车时,同样行程、同样叫车时间,显示的价格却不一样",这条微博使大数据价格歧视进入公众的视野,随着宾馆、机票等价格歧视行为的曝光,逐步引起人们的广泛关注。2018年3月,中国青年报社社会调查中心联合问卷网就大数据价格歧视进行了一项调查,2008名网民参与调查,调查结果显示:63.4%的网民认为大数据价格歧视现象普遍;51.3%的网民有过被互联网企业利用大数据价格歧视的经历;59.2%的网民认为消费者在信息方面处于弱势;59.1%的网民希望通过法律规制大数据价格歧视行为。[2]

在大数据背景之下,大数据价格歧视行为呈现出愈演愈烈的趋势。通过大数据价格歧视,经营者能够按照每一位消费者的最高支付意愿进行差异化定价,作为消费者的个体对此或是

---

[1] 邹开亮、刘佳明:"大数据'杀熟'的法律规制困境与出路——仅从《消费者权益保护法》的角度考量",载《价格理论与实践》2018年第8期。

[2] "51.3%受访者遭遇过大数据'杀熟'",载 http://zqb.cyol.com/html/2018-03/15/nw.D110000zgqnb_20180315_1-07.htm,访问日期:2018年9月5日。

不知情或是无力抵抗,但是却能使得经营者获得全部的消费者剩余。但是,从维护消费者利益的角度分析,杨东教授认为,大数据价格歧视削减了消费者对互联网商业场景的信任度,使原本便利民众生活的大数据技术成为谋利的手段,将危害行业发展,阻碍技术进步。目前国家应当通过法规明确大数据算法应用的信息披露义务,并运用科技手段提升监管能力[1]。的确,一旦生产经营者通过大数据掌握了消费者的底牌,推算出我们对某一商品愿意支付的最高价格,在极端条件下,这些互联网企业可以就同一产品给予不同的消费者"定制化"的价格。在大数据价格歧视中,消费者就显得更加弱势了,消费者的知情权将大大受损,这不符合《消费者权益保护法》的立法目的。反之,经营者为了追求更高的纯利润,将会在个人数据收集和分析上变本加厉,而不再致力于改善产品质量和服务,这与当下加强个人信息保护的法治环境是相悖的。因此,笔者认为,对大数据价格歧视进行法律规制是必要的。

(二)研究目的

本文旨在探寻在国内现有法律框架之下规制大数据"价格歧视"行为的可能性,并从行政机关的角度探索规制途径。目的在于维护消费者合法利益,规范市场竞争秩序,同时防止个人信息的滥用,为强化个人信息保护提供新思路、新方法。

(三)研究方法及创新之处

本文主要通过案例研究法、比较分析法、文献研究法对大数据价格歧视行为进行分析。笔者通过亲身实验和《2018年中国大数据"杀熟"网民态度行为调查报告》证实大数据价格歧视现象的真实存在,并指出大数据价格歧视对消费者权益

---

[1] "大数据杀熟背后,App强制索权怎么破",载 http://news.163.com/shuangchuang/18/0423/11/DG2RKTE5000197V8.html,访问日期:2018年5月5日。

的危害，从而得出对大数据价格歧视这一行为进行法律规制的必要性。又通过对《消费者权益保护法》《价格法》《反垄断法》《网络安全法》等法律规定的剖析，对比美国、英国等国家的相关立法规定，得出对大数据价格歧视这一行为进行法律规制的可能性。在此基础上，找出法律规制的困境，提出解决对策。

目前我国缺乏对大数据价格歧视违法行为的系统性研究。本文在对大数据价格歧视法律分析的基础上，探索国内法律规制的途径，弥补国内大数据价格歧视法律规制的空白，为互联网时代下经济的快速发展营造良好环境。

二、大数据价格歧视的现状

大数据价格歧视是指经营者依据对消费者个人消费偏好数据（主要包括价格耐受度、支付能力、选择偏好、家庭构成、网站或 APP 页面停留时间等）的收集、检索、分析与挖掘，利用忠诚客户的路径依赖和信息不对称，就同一商品或服务向其索取高于新用户的售价，并且该售价差别不反映成本差别[1]。大数据价格歧视这种行为主要是通过网络实现的，本文主要以网络上的典型案例进行分析，此外还结合《2018 年中国大数据"杀熟"网民态度行为调查报告》[2]一文，以较为全面的方式展现大数据价格歧视的现状。

---

[1] 邹开亮、刘佳明："大数据'杀熟'的法律规制困境与出路——仅从《消费者权益保护法》的角度考量"，载《价格理论与实践》2018 年第 8 期。

[2] "2018 中国大数据'杀熟'网民态度行为调查报告"，载 http://www.iimedia.cn/61120.html，访问日期：2018 年 9 月 5 日。

（一）大数据价格歧视的表现形式

1. 手机应用平台差异定价——以爱奇艺视频软件和抖音短视频软件为例

即苹果和安卓系统在同一应用的同一收费服务中定价不同。爱奇艺视频的黄金 VIP 在不选择自动续费的情况下，苹果客户端包月、包季、包年的价格分别为 25 元、68 元、248 元，安卓客户端上对应价格分别为 19.8 元、58 元、198 元，在三档会员套餐中均存在差异定价，价格差额分别为 5.2 元、10 元、50 元。（如图 3-1 所示）

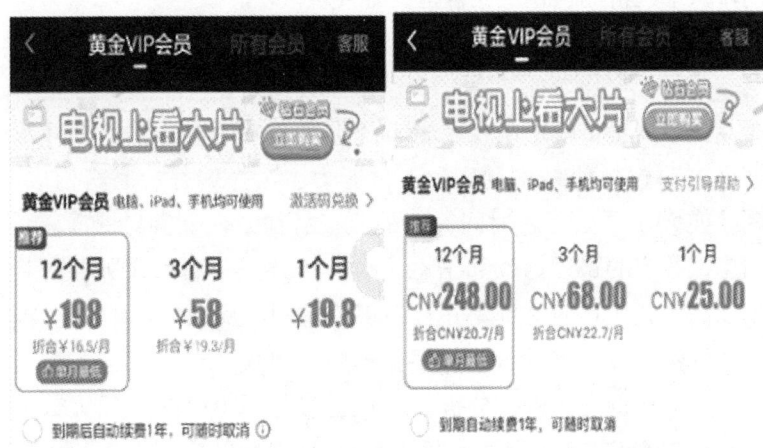

图 3-1　左为安卓客户端（版本号 9.2.1）的会员充值界面，右为苹果客户端（版本号 9.2.0）测试日期：2018 年 4 月 2 日。（艾媒供图）

在抖音短视频中，同样是充值 6 元，在安卓客户端中可以得到 60 个抖音币，在苹果客户端中只得到 45 个抖音币。相同的情况在 30 元、108 元、518 元等充值档位中也相应出现：充值 30 元，在安卓和苹果客户端中获得的抖音币分别是 300 个和 210 个；充值 108 元，安卓和苹果客户端中获得的抖音币分别是

1080 个和 756 个；充值 518 元，安卓和苹果客户端中获得的抖音币分别是 5180 个和 3626 个。（如图 3-2 所示）

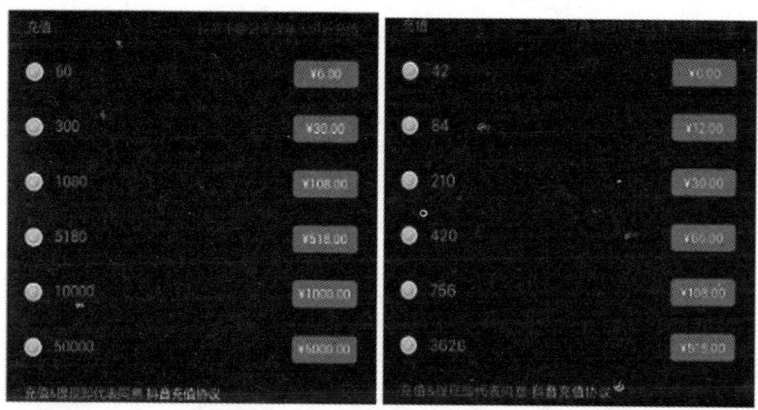

图 3-2　左为安卓客户端（版本号 1.7.9）的会员充值界面，右图为苹果客户端（版本号 1.7.8）测试日期：2018 年 4 月 2 日。（艾媒供图）

2. 同一应用同一服务经常使用的用户与不常使用的用户定价不同——以美团软件为例

在美团软件中，同时选择预定 12 月 6 日至 12 月 7 日某酒店的房间，对于经常使用的用户特价大床房为 170 元/晚，享有 188 减 18 的满减优惠；不常使用的用户价格为 166 元/晚，享有 188 减 22 的满减优惠。同样的对于经常使用的用户商务大床房为 206 元/晚，享有 228 减 22 的满减优惠；不常使用的用户价格为 194 元/晚，享有 228 减 34 的满减优惠。（如图 3-3 所示）

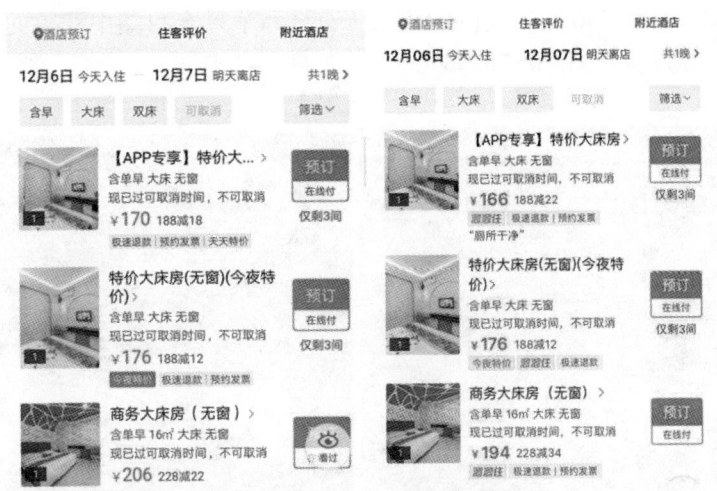

图 3-3 左为常用用户（版本号 9.9.9）的预定界面，右为非常用用户（版本号 9.9.6）的预定界面，测试日期：2018 年 12 月 6 日。

综上，大数据价格歧视表现为：相同的商品或者服务在相同的交易条件下，不同的消费者所看到的价格不相同。经营者对消费能力强、价格敏感度低、消费频率高的消费者定价较高。

（二）网民对大数据价格歧视的态度

1. 超七成网民对大数据价格歧视不知情

73.9%的受访网民不知道互联网服务应用利用大数据针对不同用户进行差异定价的情况。[1]由于大数据价格歧视具有极强的隐蔽性，对于经常使用某一软件的用户来说，对应用中展示的价格相对不敏感，所以公众对于价格歧视知情度相对较低。

2. 仅 14.6%的网民会经常进行比价

20%的受访网民在使用服务前不会进行比价，偶尔进行比

---

[1] 整理自：艾媒报告，"2018 中国大数据'杀熟'网民态度行为调查报告"，载 http://www.iimedia.cn/61120.html，访问日期：2018 年 9 月 5 日。

价的受访网民占 43.4%，仅 14.6%的受访网民每次都会进行比价[1]。大部分用户在看到应用中的价格时，会当然地认为该价格与交易条件相同的其他用户所看到的价格是相同的，不会再刻意地进行价格对比，从而忽视了价格歧视行为的发生。

3. 近八成网民不接受大数据价格歧视

77.8%的受访网民表示不能接受利用大数据进行差异定价的行为，认为可以接受的受访网民仅为 12.2%。42.9%的受访网民表示会因为应用利用大数据进行差异定价考虑更换应用。40.5%的受访网民会认为如果自己使用的应用利用大数据进行差异定价，未来将不会再使用该应用。[2]这表明，在了解真实情况的条件下，大部分用户不会购买商家的商品或者服务。大数据价格歧视下达成的买卖是违背用户真实意愿的。

三、大数据价格歧视的属性

大数据价格歧视是网络时代背景下的产物，而法律固有的滞后性使得现有法律无法直接适用。因此，必须明确大数据价格歧视的内在属性，才能将其纳入现有的法律轨道内予以规制。

（一）经济学上的价格歧视

价格歧视首先是经济学意义上的事物。价格歧视（price discrimination）是指向不同的消费者出售同样产品时索取不同的价格，或者视消费者购买量不同而制定不同的价格，厂商的这种定价方式称为价格歧视或差别定价。[3]由于不同的消费者对

---

[1] 整理自：艾媒报告，"2018 中国大数据'杀熟'网民态度行为调查报告"，载 http://www.iimedia.cn/61120.html，访问日期：2018 年 9 月 5 日。

[2] 整理自：艾媒报告，"2018 中国大数据'杀熟'网民态度行为调查报告"，载 http://www.iimedia.cn/61120.html，访问日期：2018 年 9 月 5 日。

[3] 陈宪、韩太祥编著：《经济学原理与应用》，高等教育出版社 2006 年版，第 189~190 页。

同一商品或者服务愿意支付的价格（称为保留价格）不同，在该商品或者服务被统一定价的情况下，保留价格与市场价格之间的差额，就是消费者剩余。而经营者针对不同的消费者制定不同的销售价格就会把增加的消费者剩余转变为生产者剩余，从而形成经营者自身的利润。因此，为了占有更多的消费者剩余，经营者乐于进行价格歧视。

价格歧视的表现形式如下：

一级价格歧视（first-degree price discrimination）是指经营者能够根据每个消费者的保留价格，为每单位商品或者服务制定不同的销售价格。[1]消费者被制定的价格正好等于他们的保留价格，而价格歧视不影响经营者的成本，那么所有的消费者剩余都被经营者占据了。在传统的交易活动中，一级价格歧视几乎是不可能实现的。因为"明码标价"既是商业惯例也是《消费者权益保护法》的明文规定，因此向每一个消费者索取不同的保留价格十分困难，消费者也不会乐于提供自己的保留价格。

二级价格歧视（second-degree price discrimination）是指经营者根据不同的购买量对相同的商品或者服务确定不同的价格。[2]这是因为在某一特定的时间内，随着购买数量的增加，消费者的支付意愿是下降的。比如，在日常生活中，电是生活的必需品，每一个消费者都会购买，假设每个月100度的电足以满足生活基本所需，那么他们对于在此之外的额外用电量需求是很低的。如果电力公司想要获取更多的生产者剩余，那么就可以对低于100度用电量的消费者收取高价，对于高于100度

---

〔1〕 陈宪、韩太祥编著：《经济学原理与应用》，高等教育出版社2006年版，第191页。

〔2〕 陈宪、韩太祥编著：《经济学原理与应用》，高等教育出版社2006年版，第191页。

用电量的消费者收取低价。这样从每个消费者处所得到的收益将大于统一定价所得的收益。此时，经营者侵占的是一部分的消费者剩余。我们常见的第二件半价的促销活动即属于二级价格歧视。

三级价格歧视（third-degree price discrimination）是指经营者根据对价格弹性的需求程度，将消费者区分为不同的群体，对于需求价格弹性比较小的消费者收取较高的费用，对需求价格弹性大的消费者收取较低的费用，从而获取更多的消费者剩余。[1]这是最为常用的价格歧视，常见的公园年票和普通票、提前数月定下的特价机票和出行前临时购买的常价机票均属于此种类型。

通过对传统经济学上价格歧视的分析，可以得出，在二级和三级价格歧视中，经营者会得到更多的收益，而消费者的权益也没有受到损害。一级价格歧视下，经营者实现了利益最大化，但是消费者的知情权、公平交易权等权益均受到了损害，是应该被法律禁止的营销手段。

（二）大数据价格歧视的属性

通过上述分析可知，大数据价格歧视属于一级价格歧视。在传统商业活动中较难实现的一级价格歧视依托大数据成为可能。

首先，经营者拥有数据优势（如图3-4所示）。现有互联网平台的使用多是免费的，但前提是用户必须同意提供自己的个人信息，否则将不能使用。例如，我们在使用滴滴快车服务时，首先需要进行用户注册。在注册界面，《个人信息保护和隐私政策》是默认勾选同意的（如图3-5所示），如不勾选，则无法注

---

[1] 陈宪、韩太祥编著：《经济学原理与应用》，高等教育出版社2006年版，第192页。

册（如图 3-6 所示）。一经授权，基于业务关系，用户和经营者之间会产生大量的数据。笔者以滴滴快车软件于 2018 年 10 月 26 日生效的《个人信息保护和隐私政策》[1]为例，该协议的第二部分表明滴滴主要对如下个人信息进行收集：手机号码及微信平台的 Open ID（2.2.1 条）；照片、昵称、姓名、身份证、性别、年龄、行业、公司、职业、个性签名（2.2.2 条）；常用地址、位置信息（2.2.4 条、2.13.1 条）；通讯录（2.2.5 条）；行程信息（2.3.2 条）；录音信息（2.3.3 条）；录像信息（2.3.4 条）；学生认证信息（2.10 条）；日志信息，包括检索内容、IP 地址、设备信息（2.12 条）等。

另外，基于互联网免费、共享、跨界的特点，很多互联网平台都开通了第三方授权登录的功能，用户信息共享扩充了经营者的数据量。在滴滴的《个人信息保护和隐私政策》中也有相关规定，如滴滴可以向第三方获取用户的征信信息、职业信息（2.2.2 条）；在用户使用第三方服务过程中，滴滴将收集用

---

[1] 滴滴平台："个人信息保护和隐私政策"，载 http://help.xiaojukeji.com/static/index.html?source=app_wxck_home&token=_2DRa_TahdbWkDqddGjyJMf6zggTfyR8WFZuJDjDc4MkzDkOwkAQRcG7vLhl_Z7V7tuwmCUZJBCR5bsj5Kiy2hgiyJMmYQwn3BiJyJJkjEz8KQeVAON0cCbSsqj13Ossn2sxrkQ2VmLj8_q-Lyvhu3EjvJaiusibcSfw3lxKraeK8TjKJ6H9FwAA__8=& lat=39.91466274513757& lng=116.55773120914907& lat=39.91466274513757&lng=116.55773120914907&cityid=1&flat=39.9157&flng=116.55596&fcityid=1&city=%25E5%258C%2597%25E4%25BA%25AC%25E5%25B8%2582&countryid=86&maptype=soso&datatype=webapp&token=_2DRa_TahdbWkDqddGjyJMf6zggTfyR8WFZuJDjDc4MkzDkOwkAQRcG7vLhl_Z7V7tuwmCUZJBCR5bsj5Kiy2hgiyJMmYQwn3BiJyJJkjEz8KQeVAON0cCbSsqj13Ossn2sxrkQ2VmLj8_ q-Lyvhu3EjvJaiusibcSfw3lxKraeK8TjKJ6H9FwAA__8%3D&phone=17610026725&channel=1200&openid=oDe7ajgjJL_TJupQm3H43i7ApHm0&trinityOpened=1&daijia_ token=_2DRa_TahdbWkDqddGjyJMf6zggTfyR8WFZuJDjDc4MkzDkOwkAQRcG7vLhl_Z7V7tuwmCUZJBCR5bsj5Kiy2hgiyJMmYQwn3BiJyJJkjEz8KQeVAON0cCbSsqj13Ossn2sxrkQ2VmLj8_q-Lyvhu3EjvJaiusibcSfw3lxKraeK8TjKJ6H9FwAA__8%3D&daijia_ pid=501748027&timestamp=1544059021487&appversion=5.2.30&appid=30000#/law，访问日期：2018 年 11 月 3 日。

户的必要个人信息，将其共享给提供服务的第三方，并间接从第三方获取用户使用第三方服务的相关信息（2.14条）。

信息来源	信息层级	信息类别
注册信息	低→高	用户名、密码、登录账号 手机号码、邮箱地址 身份证号码、真实姓名、性别 银行账户
使用信息	低→高	浏览记录、消费记录 手机通讯录、地理位置 聊天记录等
"对撞"信息		用户明确授权与第三方共享 用户无明确授权与第三方共享 用户在使用过程中特别授权 无用户授权许可

图 3-4　互联网平台的数据来源

图 3-5　注册界面（1） 　　　图 3-6　注册界面（2）

其次，运用大数据分析技术精准刻画消费者需求曲线。此前，根据用户的个人资料、浏览记录、消费记录等信息对消费者实行精准营销的行为早已有之，新颁布的《电子商务法》对精准营销行为未作明令禁止。在此基础上，经营者通过进一步的数据挖掘，实现对用户的精准"画像"，从而推测出具体消费者的保留价格，实现商品和服务定价的"千人千价"。

最后，线上交易能够区隔客户以免转售套利。传统的一级价格歧视之所以难以实现，一个重要的原因就在于经营者必须具有垄断地位，这样才具有某一商品或者服务的定价权，才不会出现转售套利的现象。而线上交易时，消费者间的交流是极少的，如果不是有意的寻找另外一位消费者在相同的交易情况下进行比较，大数据价格歧视是很难被发现的。另外，大数据价格歧视的多发领域为订票、住宿、打车等行业，这些行业提供的商品和服务具有人身依附性，转售的可能性极小。因此，大数据价格歧视的隐秘性和行业的特殊性使其突破了垄断地位这一条件限制。正是由于大数据价格歧视的这一特殊性，使得《反垄断法》所规制的价格歧视不能完全适用于大数据价格歧视，这也是现有法律规制的困境。

四、大数据价格歧视的法律分析

大数据价格歧视是传统经济学上差别定价的一种，在自由的市场竞争中，经营者当然享有自主定价的权利，但是这不能成为大数据价格歧视违法的抗辩理由。根据本文绪论部分的文献综述可知，学界主要从《消费者权益保护法》《价格法》《反垄断法》及个人信息保护的角度分析大数据价格歧视这一行为的违法性，本部分将结合国内现有的法律法规对大数据价格歧视进行法律分析。

(一)《消费者权益保护法》方面

笔者在对大数据价格歧视进行法律分析时发现,并不能单独运用《消费者权益保护法》定性,需要《价格法》的有关规定和理论进行支撑。《消费者权益保护法》是基于保护消费者的合法权益,维护社会经济秩序,促进社会主义市场经济健康发展的目的制定的,《价格法》也有保护消费者和经营者的合法权益,促进社会主义市场经济健康发展的立法目的[1]。事实上,消费者权益保护法有广义和狭义之分,广义的消费者权益保护法是指所有涉及消费者权益保护的法律规范构成的整体,主要包括《广告法》《价格法》《产品质量法》《食品安全法》等部门法,许明月、李昌麒所著的《消费者保护法》[2]一书中将价格管理法律制度作为消费者公平交易保障法律制度;而狭义的消费者权益保护法仅指现行的 2013 年修正的《消费者权益保护法》。因此,《消费者权益保护法》和《价格法》有诸多的交叉规定,如《消费者权益保护法》第 8 条保障消费者知悉商品和服务价格的权益、第 10 条保障消费者获得价格合理的交易条件,第 20 条规定经营者有对其提供的商品或者服务明码标价的义务;而《价格法》第 13 条也规定经营者应当明码标价。这也是《消费者权益保护法》会出现"其他有关法律、法规对处罚机关和处罚方式有规定的,依照法律、法规的规定执行"[3]这一规定的原因。故笔者在论述《消费者权益保护法》部分时,将援引《价格法》的有关规定。

在《消费者权益保护法》方面,邹开亮、刘佳明在《大数

---

[1] 参见《中华人民共和国消费者权益保护法》第 1 条、《中华人民共和国价格法》第 1 条。

[2] 李昌麒、许明月编著:《消费者保护法》(第 4 版),法律出版社 2014 年版,目录页。

[3] 参见《中华人民共和国消费者权益保护法》第 56 条。

据背景下价格歧视行为的法律规制》一文中表明，经营者通过大数据分析技术分析出消费者的消费习惯及消费水平等信息，使消费者在毫无还价余地的网络交易情形中遵照其单方面的定价，使得不同的消费者在其最大的消费能力范围内购买服务或者商品。事实上，消费者在同一服务或者商品上付出了比其他消费者更高的购买价格，经营者由此实现利润最大化。经营者人为地将消费者划分为三六九等，这与公平、诚信的市场交易理念是相悖的[1]。笔者认为，大数据价格歧视是对消费者权益的侵害，但是仅从立法精神上分析并不具有说服力和可操作性，而应当从公平交易权和知情权方面分析。

1. 公平交易权

公平交易权是指消费者在购买商品或者接受服务时，有权获得质量保障、价格合理、计量正确的公平交易条件，有权拒绝经营者的强制交易行为[2]。公平交易权主要体现在以下几个方面[3]：

第一，质量保障。质量保障是指经营者应当保障商品或服务的使用价值，应当符合相应的国家标准、行业标准等，保障消费者的财产安全权、健康权和生命权不受损害。

第二，计量正确。一方面，经营者应使用符合强制鉴定规定的计量器具；另外一方面，计量准确要求经营者在提供商品或者服务时应当准确无误。

第三，拒绝强制交易行为。强制交易是违背消费者意愿的交易行为。如景区的饭店强制游客进店消费、购买A件商品时

---

[1] 邹开亮、刘佳明："大数据背景下价格歧视行为的法律规制"，载《安阳工学院学报》2018年第1期。

[2] 参见《中华人民共和国消费者权益保护法》第10条。

[3] 李昌麒、许明月编著：《消费者保护法》（第4版），法律出版社2014版，第125~126页。

强制搭售 B 件商品，否则不予交易。强制交易使得消费者在交易活动中处于不公平的弱势地位，因而属于不公平交易。

第四，价格合理。价格合理要求商品或者服务的价格与其价值相符，经营者定价应该符合法定依据。

（1）经营者定价的依据。价格包含政府定价、政府指导价、市场调节价三种形式。在政府定价和政府指导价中，经营者拥有的自主性较小，因此大数据价格歧视通常发生在市场调节价中。

市场调节价是经营者自主制定，通过市场竞争形成的价格。我国《价格法》第 8 条明确规定："经营者定价的基本依据是生产经营成本和市场供求状况。"

生产经营成本是指在生产经营活动中所使用的生产要素的价格，包括劳动、资本、土地等要素的价格。这并不意味着，同一商品或者服务的价格是统一的，除了受到市场供求状况的影响之外，地区间的经济水平差异化也是重要的原因之一。不同地区的收入水平不相同，因此在高收入地区同一件商品或者服务的价格一般要比低收入地区高一些。地区间的差价并不阻碍公平交易权的行使，如不能以青海、甘肃等地的收费价格低于深圳、海口等沿海城市而主张损害公平交易权。虽然商品或者服务相同，但是实际的运营成本（如房租、人工等）及居民收入水平是不同的，因此，价格合理的要求应该是以当地的消费水平为准。

市场的供求状况，一般而言，是指当商品或者服务供不应求时为卖方市场，同一件商品或者服务的价格会升高；当商品或者服务供过于求时为买方市场，同一件商品或者服务的价格会降低。大多数消费者都希望在市场上购买到物美价廉的商品或者服务，经营者需要力争使自己的商品或者服务的性能价格比更加符合消费者的需求。经营者会充分调动消费者的购买欲望,因势利导确定价格,以寻求收益的最大化。例如,有的企业会通过区分不同需求弹性的消费者,制定不同的价格。对于购买整车和零部件的顾客,采取不同的价格。再如,有的企业会根据消费者的性别、年龄、生活习惯等个性化定制产品,确定产品的不同价格。

(2) 大数据价格歧视侵害消费者公平交易权。也就是说,在生产经营成本和市场供求状况的基本条件下,某一商品或者服务的价格并不是统一的,经营者有权进行差别定价。但是,大数据价格歧视下的差别定价并不符合上述定价规则。首先,大数据价格歧视针对性能完全相同的一种商品或者服务,其生产经营成本和市场供求状况在特定时间内是相同的。其次,线上销售也突破了地区间消费水平的差异,其并不存在线下运营成本及居民收入水平的地区差异,即在相同的交易条件下,该商品或者服务的价格应该是相同的。而在大数据价格歧视下,经营者差别化定价的依据是消费者黏性和消费者对价格的敏感度,同一种商品或者服务,对于经常购买的消费者采取高价,对于购买次数较少的消费者采用低价。这样的计价规则违反了《价格法》的规定,突破了价格合理的限度,是对消费者公平交易权的侵害。

2. 知情权

消费者的知情权是指消费者享有知悉其购买、使用的商品或者接受的服务真实、准确、完整的信息的权利[1]。

法律之所以赋予消费者知情权,是因为消费者在交易活动中处于信息弱势地位。由于生产过程、生产技术日趋复杂,消费者在购买商品时愈发难以判断其品质。生产者、经营者广泛运

---

[1] 参见《中华人民共和国消费者权益保护法》第8条。

用各种广告和宣传手段推销商品，使消费者实际上处于盲目状态，只能任凭其摆布[1]。消费者与生产者、经营者之间的信息不对称使得消费者处于弱势地位。无论是线上交易还是线下交易，消费者在交易过程中都应当是自由的和自为的，即具有自由意志，能够独立依自己的意愿行事，这是合同法所遵循的意思自治原则。而在信息不对称的交易环境中，消费者相对于生产经营者而言，不可能是平等的、自由的。因此，法律要通过赋予消费者知情权还原消费者的自由意志。

（1）知情权的标准。那么，究竟何种知悉程度才能达到保障消费者知情权的标准，笔者认为主要包括以下三个标准：

第一，信息必须是真实的。即经营者所提供的信息应当是客观真实的，它必须是确定的，不得含有虚假或者编造的内容。

第二，信息必须是准确的。即经营者所提供的信息应当准确无误，能够反映商品和服务的真实情况，不具有误导性的言语或者不以模糊不清的表达使消费者对其提供的信息产生误解。

第三，信息必须是完整的。即提供给消费者的信息应当是多角度、多层次和多方位的。

我国《消费者权益保护法》第 8 条规定的知情权包含了商品的价格，价格作为经营者提供的信息之一，也必须是真实的、准确的、完整的。

（2）大数据价格歧视侵害消费者知情权。经营者提供价格的方式为明码标价，《价格法》第 13 条以及《关于商品和服务实行明码标价的规定》对此都作出了规定，商品和服务须明示其价格，不得高于标价出售商品或者收取费用。经营者在平台提供给消费者差异化制定的价格是否已经履行了明码标价的义

---

[1] 梁慧星："消费者运动与消费者权利"，载《法律科学（西北政法大学学报）》1991 年第 5 期。

务？笔者对此持否定态度。首先，经营者应当公开的范围应该还包括差异化定价之外的价格，并且该价格并不是虚假的价格。对此，可以参照《电子商务法》第18条的规定。虽然《电子商务法》第18条规定针对的是"精准营销"行为，但是对于经营者应当公开范围的界定具有相当的参考性。其规定经营者在给消费者推荐个性化搜索结果时，应当同时向该消费者提供不针对其个人特征的选项。本条的立法原意是为了充分保障消费者的知情权、自主选择权，让消费者在充分了解商品或者服务真实情况的基础上，自由地选择商品或者服务。同理，经营者的明码标价义务并不仅限于提供特定差异化的价格，还应提供不针对该消费者的价格。从前文可知，近八成网民不接受大数据价格歧视，如果经营者明示其对消费者提供的价格高于其他消费者，其用户将大幅度减少。这也是经营者隐秘价格歧视行为的重要原因。其次，明码标示的价格须为正当的、符合前述计价规则的。经营者所提供的价格本身并不符合计价规则，是带有歧视性的差别待遇，并不符合明码标价所要求的价格标准。综上，大数据价格歧视下，经营者并未履行明码标价义务的，侵害了消费者的知情权。

(二)《反垄断法》方面

在《反垄断法》方面，邹开亮、刘佳明在《大数据背景下价格歧视行为的法律规制》一文中表明，《反垄断法》规定了实施价格歧视行为的经营者须具有市场支配地位，但是在大数据背景之下，居于数据信息优势地位的经营者对消费者信息掌握的熟悉程度要高于其他经营者，因此应将大数据价格歧视纳入《反垄断法》的规制范围。[1]笔者认为，数据优势并不等同于

---

〔1〕 邹开亮、刘佳明："大数据背景下价格歧视行为的法律规制"，载《安阳工学院学报》2018年第1期。

《反垄断法》中的具有市场支配地位，这同《反垄断法》的立法目的相悖。

1. 差别待遇

差别待遇是指具有市场支配地位的经营者没有正当理由，对交易条件相同的交易相对人在交易价格等交易条件上实行差别待遇[1]。

经营者实行差别待遇是为了追求利益的最大化，差别待遇主要包括以下几个构成要件：

第一，经营者具有支配地位。《反垄断法》第19条[2]规定了以市场份额来认定某一经营者是否具有市场支配地位。

第二，无正当理由。判断是否属于正当理由，应考虑以下两个因素：①有关行为是否为经营者基于自身正常经营活动及正常效益而采取；②有关行为对经济运行效率、社会公共利益及经济发展的影响。[3]根据本文第三部分的分析可知，大数据价格歧视实质上是经营者最大限度地榨取消费者剩余而实现自身利益最大化，这种压榨行为排除了如成本、地域差异等因素。此外，在消费者总体消费水平不变的情况下，消费者在某一项消费中花费较大，将会导致其在其他消费项目中减少开支，间接地影响其他经营者的正常经营活动。因此大数据价格歧视并不符合正当理由的两个考量因素。

---

[1]《中华人民共和国反垄断法》第17条第1款第（六）项规定了，禁止具有市场支配地位的经营者从事下列滥用市场支配地位的行为，即"……（六）没有正当理由，对条件相同的交易相对人在交易价格等交易条件上实行差别待遇……"

[2]《中华人民共和国反垄断法》第19条第1款："有下列情形之一的，可以推定经营者具有市场支配地位：（一）一个经营者在相关市场的市场份额达到二分之一的；（二）两个经营者在相关市场的市场份额合计达到三分之二的；（三）三个经营者在相关市场的市场份额合计达到四分之三的。"

[3] 参见《工商行政管理机关禁止滥用市场支配地位行为的规定》第8条。

第三，针对交易条件相同的交易相对人。一方面，交易条件相同指的是消费者所处的对交易有影响的环境是相同的[1]。比如大数据价格歧视实例中打车的里程、时间、时长等因素。另一方面，《反垄断法》中多数条款指向的经营者，但是在差别待遇这一行为构成上扩大为"交易相对人"，结合《反垄断法》的立法目的之一，即维护消费者利益[2]，可以得知，交易相对人是包含消费者的。

第四，在交易价格等交易条件上实行差别待遇。交易条件是指双方就交易达成所商定的，能够对交易产生实质影响的各种因素，包括商品价格、商品数量、商品品质、付款条件、交付方式、售后服务等。[3]经营者利用无正当理由的差异化定价来"杀熟"，是在交易价格上的差别待遇。

2. 大数据价格歧视不构成差别待遇

根据上述分析，排除具有市场支配地位这一主体要求，大数据价格歧视符合差别待遇的其他构成要件。之所以禁止差别待遇，是因为差别待遇是经营者对消费者的歧视，从而损害了正常的交易秩序。经营者对交易条件相同的消费者，实施无正当理由的价格上的差别待遇，这实际上是对消费者在商品或者服务价格上的不公正待遇，是对部分消费者的一种歧视。这部分受歧视的消费者按照歧视性的价格购买产品，付出了更多的费用，损害了消费者的权益，间接地损害了其他经营者的合法利益。因此，大数据价格歧视应当属于《反垄断法》规制的差别待遇。

---

〔1〕 张国栋："大数据'杀熟'的是是非非——反垄断法角度的梳理与分析"，律商视点微信公众号2018年4月28日。

〔2〕 参见《中华人民共和国反垄断法》第1条。

〔3〕 参见《工商行政管理机关禁止滥用市场支配地位行为的规定》第3条第2款。

但是《反垄断法》对于差别待遇的主体要件是具有市场支配地位的经营者。在线下市场中，具有市场支配地位的经营者才具有某一商品或者服务的定价权，否则消费者可以转售套利来破除差别待遇。而在线上消费中，如前文分析所示，仅14.6%的网民每次都会进行比价，大部分消费者是不进行比价的。消费者所使用的手机将其与其他的消费者天然隔离开，经常使用某一应用形成的用户黏性也使得消费者当然地相信，其看到的价格与其他同等交易条件的消费者看到的相同。另外，大数据价格歧视的多发领域为具有人身属性的服务行业，如预订酒店、飞机票等，这些服务的特点是具有人身依附性，不易转售，也就避免了转售套利的发生。企业利用大数据分析技术锁定这些目标消费者后，无须具备市场支配地位就可以隐蔽地对部分消费者进行差别待遇。这种行为给消费者权益带来的损害同传统意义上的差别待遇无异，但是《反垄断法》的立法目的是预防和制止垄断行为，大数据价格歧视并不必然成立垄断行为，排除了这一主体限制条件是否会与其立法目的相悖，尚有争议。

（三）《价格法》方面

2019年5月30日，国家市场监督管理总局公开就《明码标价和禁止价格欺诈规定（征求意见稿）》[1]向社会征求意见，其中第10条规定："经营者应当保证在同一时间、同一经营场所内，向消费者展示的明码标价内容一致。经营者实行会员价和非会员价或者对不同交易条件的交易相对人实行不同价格的，应当同时标明会员价、非会员价或者不同交易条件下的对应售价。"本条所规制的即为大数据价格歧视这一行为，虽然目前尚在征求意见阶段，但是也体现出大数据价格歧视的违法性及适

---

[1] 载 http://www.chinalaw.gov.cn，访问日期：2019年5月30日。

用《价格法》对其进行规制的立法趋势。

《价格法》方面，主要涉及价格歧视、价格欺诈和明码标价，明码标价在前文的《消费者权益保护法》部分已有论述，在此不予赘述。

邓智超在《从"杀熟"看大数据的法律边界》[1]一文中表明，《价格法》中的价格歧视是指：经营者提供相同的商品或者服务，不得对具有同等交易条件的其他经营者实行价格歧视[2]。因此，经营者对于不同的消费者实行差异化定价的行为显然违背了《价格法》规定的经营者应当遵循公平、合法和诚实信用原则的立法精神[3]。但是在现有的法律制度下，《价格法》并不能适用。因为《价格法》规定价格歧视的主体为经营者之间，并不包含消费者。笔者对于未将消费者列入主体范围并不赞同，这一规定本身就是对消费者权益的侵害。

1. 价格歧视

《价格法》中的价格歧视，是指商品或服务的提供者提供相同等级、相同质量的商品或服务时，使同等交易条件的经营者在价格上处于不平等地位[4]，由于价格歧视会导致条件相同的买受者处于不公平地位，妨碍了买受者之间的正当竞争，具有限制竞争的危害，因此《价格法》要对此予以规制。

（1）价格歧视要件。《价格法》中的价格歧视包括以下要件：①交易双方均为经营者；②无正当理由；③交易条件上相同；④交易价格上不相同。从价格歧视的定义及其构成要件可得，《价格法》中的价格歧视同前述《反垄断法》的差别待遇

---

[1] 邓智超："从'杀熟'看大数据的法律边界"，载《怀化学院学报》2018年第8期。

[2] 参见《中华人民共和国价格法》第14条第（五）项。

[3] 参见《中华人民共和国价格法》第7条。

[4] 参见《中华人民共和国价格法》释义第14条第（五）项。

有相似之处，因此对二者相同的构成要素，在本部分不再详述。不同的是《价格法》中的价格歧视要求交易双方均为经营者，即买受方也是经营者。比如，买方乙和买方丙均从卖方甲处购买零件以组装电脑销售，在相同的交易条件下，卖方甲销售给买方乙的价格要高于销售给买方丙的价格，这种价格差异和成本差异是不对等的。

（2）大数据价格歧视构成价格歧视的困境。排除交易双方均为经营者这一构成要件，大数据价格歧视符合《价格法》中的价格歧视其他构成要件。《价格法》第14条第（五）项规定："经营者不得有下列不正当价格行为：……（五）提供相同商品或者服务，对具有同等条件的其他经营者实行价格歧视。"这实际上主要是规制生产者对经营者的价格歧视行为。这是十分必要的，但是我国《价格法》制定于1997年，由于制定之时我国的市场经济发展程度较低，因此《价格法》并未把经营者对消费者的价格歧视列为"不正当价格行为"加以规制。事实上，随着市场经济的发展以及互联网经济的到来，经营者对消费者的价格歧视越来越普遍，价格歧视借助大数据更加精准和隐秘，而《反垄断法》的立法目的致使差别待遇不能涵盖所有的价格歧视行为，因此规范这类价格歧视行为更为重要。如果不对这类价格歧视行为进行规范，明码标价制度就不能贯彻"公正""公开"的原则，做到明码标实价，对消费者权益的损害将更严重。因此，有必要根据市场经济的发展状况进一步完善《价格法》及其配套制度，以此来更好地规范价格歧视行为。

2. 价格欺诈

《价格法》第14条第（四）项和《禁止价格欺诈行为的规定》第3条界定了价格欺诈这一行为的定义，价格欺诈是指用虚假的或者使人误解的价格手段，诱骗消费者或者其他经营者与其进行交易。我国《价格法》规定禁止进行价格欺诈。目前对价格欺诈的界定采用定义式和列举式两种方式。《禁止价格欺诈行为的规定》第 6 条和第 7 条从标价行为和价格手段两方面列举了价格欺诈行为。若盲目采用其中一种方式来判定某一行为是否构成价格欺诈，有失妥当。而从这两种界定方式中厘清价格欺诈行为的构成要件，较为妥当。

（1）价格欺诈构成要件。价格欺诈本质上是一种欺诈行为。欺诈是指当事人一方故意编造虚假或歪曲的事实，或故意隐瞒事实真相，使表意人陷于错误而为意思表示的行为[1]。美国《侵权法重述第二版：条文部分》第 252A 条规定："通过欺诈或胁迫获得的对占有动产的同意，不具有阻止他人因侵权行为或非法占有请求赔偿的效力，除非该请求系针对该动产的善意购买人。"[2]其所强调的是，行为人对通过欺诈或者胁迫获得的他人享有权利的动产进行非法占有或者侵害，他人的同意并不能阻却因侵权行为或非法占有而请求赔偿的权利，只有善意购买人因构成善意取得而对其不得提出侵权损害赔偿请求。英国《侵权法》认为欺诈系指故意采取口头、书面或者其他方式对他人作虚假或不实的陈述，而该他人由于信赖该陈述而遭受了损失的行为。其构成要件有五个：一是存在以言辞或行为表示的不实陈述的；二是该不实陈述须是行为人基于受害人或者含受害人在内的某类人会根据该陈述而为行为的意图作出的；三是受害人已经依据该不实陈述而为行为的；四是受害人已经由此遭受了损失的；五是行为人不实陈述时知道该不实陈述是虚假

---

[1] 参见最高人民法院《关于贯彻执行〈中华人民共和国民法通则〉若干问题的意见（试行）》第 68 条。

[2] 美国法律学会：《侵权法重述第二版：条文部分》，许传玺、石宏、和育东译，法律出版社 2012 年版，第 103~104 页。

的或可能是虚假的。[1]借鉴美国和英国关于欺诈行为的规定,结合价格欺诈的定义及列举式,笔者认为,满足如下构成要件,应该界定为价格欺诈:①经营者具有欺诈故意;②经营者实施了价格欺诈的行为;③消费者因价格欺诈陷入错误认识,并基于错误认识进行了错误的意思表示。

(2) 大数据价格歧视构成价格欺诈。从前述价格欺诈的构成要件上分析,可知大数据价格歧视构成价格欺诈。

经营者具有欺诈故意。所谓欺诈的故意是指,经营者明知自己的行为会使交易相对人陷入错误认识,而追求或者放任这一结果的发生。例如,某商家为了招揽顾客,将一件风衣的价格原价虚标为 2888 元,并给出 5 折优惠价,实际上该件风衣原价为 1888 元。商家明知这种行为会造成消费者对该商品价格降幅大的误解,仍然主动为之,因此该商家具有欺诈的故意。大数据价格歧视的欺诈故意性表现在,经营者为了寻求利益最大化,主动收集消费者个人信息,对消费者精准画像,探知其对价格的敏感度,为具有相同交易条件的消费者推送差异化的定制价格,主动追求消费者误认为是统一价或者老顾客优惠价的结果。

经营者实施了价格欺诈的行为。《禁止价格欺诈行为的规定》对价格欺诈的方式采用了列举加兜底的立法形式,这符合立法精神和实际需要。从国外相关立法来看,价格欺诈可以采取商标、标签、宣传册、电台广告等误导行为。在实际经营活动中,有些经营者将价格或收费标准仅从形式上予以明码标价,但其标示内容、方法则存在可能虚假或引人误解的情形,从而诱导公众与之交易[2]。因此,从欺诈的本义和各国立法实践来

---

[1] 胡雪梅:《英国侵权法》,中国政法大学出版社 2008 年版,第 302 页。
[2] 罗泽胜:"价格欺诈法律界定的困惑与厘定",载《价格理论与实践》2011 年第 7 期。

看，价格欺诈行为的方式是指可能误导公众的价格手段和方法。大数据价格歧视所采用的价格手段虽然不在《禁止价格欺诈行为的规定》列举的具体形式之列，但是其符合价格欺诈方式的本意。大数据价格歧视采用的价格手段是把针对不同消费者的差别定价作为统一价推出，主要表现为对价格不敏感的熟客适用高价格，这种无正当理由的高价格是虚假的。虚假的高价格借助线上交易具有高度的隐蔽性，而作为消费者有理由相信其所看到的商品或者服务价格（排除优惠券、折扣等的适用）与同他具有相同交易条件的消费者所看到的价格是相同的。但是事实却并非如此，如上文提到的，预定同一酒店12月6日至12月7日的同一房型，常用用户却比非常用用户的价格更高。

消费者因价格欺诈陷入错误认识，并基于错误认识进行了错误的意思表示。具体到大数据价格歧视上而言，经营者把针对不同消费者的差别定价，采用统一价的形式推出。消费者当然地相信其看到的价格与具有相同交易条件的其他消费者是一致的，并在这种错误认识下完成了交易。这种交易如果在被告知真实情况后，其实是违背消费者真实意愿的。

综合上述分析，大数据价格歧视构成价格欺诈。

（四）个人信息保护方面

在个人信息保护方面，在《用信息交换歧视——从大数据"杀熟"看算法运用中的个人信息合规问题》一文中表明：大数据价格歧视"个人信息杀熟"，是对个人信息的滥用。[1]的确，大数据价格歧视从根本上而言突破了个人信息的收集、使用原则。

---

〔1〕 "用信息交换歧视——从大数据'杀熟'看算法运用中的个人信息合规问题"，载 http://blog.sina.com.cn/s/blog_182a7903d0102xphb.html，访问日期：2018年4月15日。

1. 个人信息

个人信息的范围很广,其既包含狭义的个人信息,也包含个人敏感信息。在全国信息安全标准化技术委员会制定的《信息安全技术 个人信息安全规范》(以下简称《个人信息安全规范》)中,将个人信息定义为,以电子或者其他方式记录的能够单独或者与其他信息结合识别特定自然人身份或者反映特定自然人活动情况的各种信息。[1]将个人敏感信息定义为,一旦泄露、非法提供或滥用可能危害人身和财产安全,极易导致个人名誉、身心健康受到损害或歧视性待遇等的个人信息。[2]

《消费者权益保护法》《网络安全法》《个人信息安全规范》都明确规定了,经营者收集、使用消费者个人信息,应遵循合法、正当、必要的原则。

传统交易市场中,受信息搜集技术的限制,经营者无法有效获取消费者有关消费需求、消费倾向等方面的信息,其商品或者服务的提供带有很大的盲目性,而在当前信息技术发达、个人信息流通便捷的情况下,经营者可以利用各种低成本、高效率的信息搜集方式获取并分析消费者的消费习惯、消费倾向,从而有效地为特定消费者提供个性化服务,进而取得市场竞争优势。但是,过度和不正当的利用会造成对个人信息的滥用。2018年11月28日中国消费者协会发布《100款App个人信息收集与隐私政策测评报告》(以下简称《测评报告》),该报告显示:91款App存在过度收集和使用用户个人信息的问题,如

---

[1] 个人信息包括姓名、出生日期、身份证件号码、个人生物识别信息、住址、通信通讯联系方式、通信记录和内容、账号密码、财产信息、征信信息、行踪轨迹、住宿信息、健康生理信息、交易信息等。
[2] 个人敏感信息包括身份证件号码、个人生物识别信息、银行账号、通信记录和内容、财产信息、征信信息、行踪轨迹、住宿信息、健康生理信息、交易信息、14岁以下(含)儿童的个人信息等。

下图 3-7 所示。

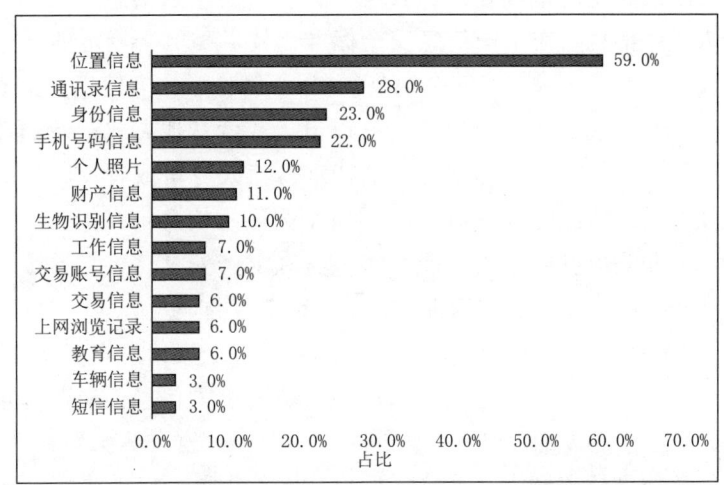

图 3-7　App 涉嫌过度收集或使用个人信息情况（中国消费者协会供图）

2. 大数据价格歧视是对个人信息的滥用

经营者利用大数据进行价格歧视,需要收集和共享海量的个人信息,为了进行价格歧视而进行的"精准画像"也突破了使用目的和《个人信息安全规范》的限度。下面,笔者将结合《测评报告》分析大数据价格歧视构成对个人信息的滥用这一观点。

（1）收集个人信息。任何个人信息都必须采用合法、公平的手段收集。经营者应当事先向消费者明示使用目的和使用范围,不得收集与交易无关的信息,更不能突破使用范围。这一原则与《关于隐私保护和个人信息跨境流动的指导原则》中明确的"收集限制原则"和"目的既定原则"是一致的。

现实中,经营者为了实施大数据价格歧视,经常突破必要限制,收集许多非必要信息。比如,《测评报告》显示:聚看点

App 收集个人身份信息、个人上网记录、个人财产信息等，聚看点 App 作为一款阅读软件，上述信息并不是其运营所必须，其也未对各类信息对应的业务功能明确说明。超限度收集个人信息，未明示使用目的和使用范围，是众多 App 的通病，这些被超限量收集来的信息，为大数据价格歧视提供了数据支撑。例如，消费者的财产状况、消费时长可以帮助经营者分析该消费者对价格的敏感程度；消费者的常用位置信息、行动轨迹可以帮助经营者分析该消费者的消费倾向和对商品的依赖度。

（2）使用个人信息。经营者收集消费者个人信息是为了实现产品或服务的业务功能，进行价格歧视并非收集个人信息之目的。根据前述分析，大数据价格歧视并不是合法行为，因此经营者的隐私条款中并不会将价格歧视列为其使用目的，这一行为本身就违反了使用个人信息的明示规则。

大数据价格歧视中的关键一步是用户画像。用户画像分为直接用户画像和间接用户画像。直接使用特定自然人的个人信息，形成该自然人的特征模型，称为直接用户画像；使用来源于特定自然人以外的个人信息，如其所在群体的数据，形成该自然人的特征模型，称为间接用户画像。[1]用户画像技术能使得经营者实现精准营销，提高交易成功率。我国《电子商务法》虽未禁止精准营销，但是为了保障消费者的知情权，要求经营者提供不具有针对性的选项，这就表明精准营销是在明示的状态下进行的。但是大数据价格歧视却不是，其隐秘地利用用户画像技术，让用户误以为其看到的价格是标准价或者是会员的优惠价。另外，除目的所必需外，使用个人信息时应消除明确的身份指向性，避免精确定位到特定个人。例如，为准确评价

---

[1]《信息安全技术 个人信息安全规范》3.7 用户画像。

个人信用状况,可使用直接用户画像,而用于推送商业广告目的时,则宜使用间接用户画像。[1]显然,大数据价格歧视使用的是直接用户画像,其差异化定价并不是目的所必需,且精确定位到个人,是对个人信息的滥用。

3. 个人同意规则的滥用

从本文第三章可以看出,经营者在收集消费者信息的初始阶段,首先便会征求消费者的同意,即签署用户协议。那么消费者同意能否成为经营者免责的事由?笔者对此持否定态度。

现代个人信息保护法上的同意原则根植于隐私权。对于个人隐私内容,如私密信息、私人事务等,都应该由个人控制。在隐私权的根本观念中,个人对于自己的隐私领域拥有绝对的权威,可以自由地决定是否允许他人进入自己这一领域、什么时间进入、可以待多久等,法律保护的实际上是个人决定是否允许进入或公开的权威[2]。保护隐私权的核心目的是自我决定权利的行使。然而在实践中,经营者往往通过用户协议的方式履行告知义务。相对于具有专业知识、熟悉大量消费习惯的经营者来说,消费者在面对繁杂的告知书时,往往不能快速理解并作出正确的选择。

实践中,消费者知情同意规则无法充分发挥作用的原因主要有三个:

(1) 经营者提供的隐私协议往往比较繁杂,且要求消费者在短时间内阅读并选择。我们在使用 App 时,需要先进行授权,而这些用户协议通常都有 7 至 8 页,更有甚者多达几十页。例如,2001 年易趣网络平台的服务协议长达 67 页,刘某因协议过

---

[1]《信息安全技术 个人信息安全规范》7.3 个人信息的使用限制。

[2] Steven L. Willborn,"Consenting Employees: Workplace Privacy and the Role of Consent ", La . L . Rev , 66 (2006), p.975.

长直接勾选同意，随后和易趣网络平台发生纠纷，刘某主张其是被迫同意该服务协议。[1]日常生活中，消费者使用 App 是为了使得生活更加便捷，网络服务的即时性要求用户短时间内完成选择，对于无法在短时间内完成阅读的冗长用户协议，用户几乎不会去阅读。

（2）经营者往往在隐私协议上使用相关链接、专业术语，并将其作为隐私声明的重要内容，要求用户查看并进行选择。由于消费者对于专业术语认知不足，且专业中介机构在扁平化的网络服务中无法及时介入。因此，数据主体很难客观地作出选择。

（3）消费者必须同意用户协议和隐私政策，否则不能使用该 App，消费者实质上是被强制索权。如滴滴快车的注册界面即为实例，在不勾选"同意"的情形下，无法注册。因此，对于协议规定的内容，消费者没有同经营者商讨的余地，消费者在此时意志是不自由的。事实上，这些协议中多含有霸王条款，多涉及免除或限制责任或对消费者隐私信息的许可使用的内容，而且这种强制同意的要求并不符合《个人信息安全规范》第5.5条的规定，即当个人信息主体拒绝同意使用个人敏感信息时，可不提供相应的附加功能，但不应以此为理由停止提供核心业务功能，并应保障相应的服务质量。[2]在现实中，经营者因消费者处于信息技术的弱势地位，用服务强制消费者同意。

消费者知情同意规则是为了建立保护消费者隐私的防御机制，但在实践中却沦为经营者违法收集、使用个人信息的免责条款。因此，学者们认为隐私声明意义不大，只是有利于网站

---

〔1〕载 https://wenku.baidu.com/view/383a53490a4e767f5acfa1c7aa00b52acfc79c86.html，访问日期：2018 年 11 月 15 日。

〔2〕参见《信息安全技术　个人信息安全规范》第5.5条。

"规避责任",为企业免于承担法律责任提供了借口[1]。

综上分析,大数据价格歧视的违法性是多方面的。经营者实施大数据价格歧视不符合市场调节价的定价依据,即以生产经营成本和市场供求状况为基本依据,不符合价格合理的要求,侵犯了消费者的公平交易权;经营者违反明码标价义务,向消费者提供不真实、不准确、不完整的信息,侵犯了消费者的知情权;经营者实施差异化定价实质上是对消费者的误导,构成价格欺诈;经营者违法收集、使用个人信息,是对个人信息的滥用。

五、大数据价格歧视的法律规制途径

在法律规制途径的选择上,价格欺诈这一行为本身就涵盖了对消费者知情权、公平交易权的侵害。一方面,价格欺诈使得消费者并不知悉经营者的真实意图,其获得的信息是不真实、不准确、不完整的;另外一方面,消费者的意志不自由使其处于相对弱势的地位,无法获得价格合理的公平交易条件。从救济实效方面看,价格欺诈是更为具体的违法行为,无论是消费者通过消费者权益保护投诉途径来解决,还是价格监督执法部门通过行政执法手段来解决,法律规定都更为明确、具体,救济的效率相对其他方式也更高。

对于《反垄断法》中差别待遇的规定,鉴于《反垄断法》的立法目的是预防和制止市场垄断行为,而《价格法》的价格歧视的构成要件同差别待遇的构成要件较为相似,笔者认为,应该尊重《反垄断法》的立法目的,不应进行盲目修改。相对《价格法》而言,其制定时间早,与大数据价格歧视的属性更为贴切,通过完善《价格法》来规制大数据价格歧视行为更利于

---

〔1〕 [美]欧姆瑞·本·沙哈尔、卡尔·E. 施奈德:《过犹不及:强制披露的失败》,陈晓芳译,法律出版社2015年版,第76页。

实现。此外，从法律的系统性上来讲，同一违法行为也不宜在不同的法律规定中重复出现。

另外，对于将大数据价格歧视纳入《电子商务法》第18条第1款[1]规制的观点，笔者并不认同。其强调的是个性化推荐的规则，要求经营者在提供个性化推荐搜索结果的同时，提供不具有个性化推荐内容的选项。如果将这点应用在大数据价格歧视上，也不具有现实可行性。大数据价格歧视是利用精准画像隐秘进行的，是经营者谋取不正当利益的手段，对于这种违法行为，法律应该直接予以禁止，而不是加以引导。

综上所述，大数据价格歧视的法律规制途径主要应包括价格欺诈、个人信息保护两个方面。

（一）完善价格欺诈规制体系

从大数据价格歧视的认定角度而言，因大数据价格歧视具有极高的隐秘性、形式多样性，法律的模糊界定给了非法经营者空间，使他们游走在侵权的边缘获利。因此，应当将价格欺诈的概念和类型进一步细化，在保留兜底条款的前提下将大数据价格歧视纳入价格欺诈的具体类型，明确大数据价格歧视的非法性。

从法律规制途径的角度而言，作为消费者可以依据《消费者权益保护法》第55条第1款[2]的规定获得不少于500元赔

---

[1]《中华人民共和国电子商务法》第18条第1款："电子商务经营者根据消费者的兴趣爱好、消费习惯等特征向其提供商品或者服务的搜索结果的，应当同时向该消费者提供不针对其个人特征的选项，尊重和平等保护消费者合法权益。"

[2]《中华人民共和国消费者权益保护法》第55条第1款："经营者提供商品或者服务有欺诈行为的，应当按照消费者的要求增加赔偿其受到的损失，增加赔偿的金额为消费者购买商品的价款或者接受服务的费用的三倍；增加赔偿的金额不足五百元的，为五百元。法律另有规定的，依照其规定。"

偿；作为价格监督部门可以依据《价格法》第40条第1款[1]和《价格违法行为行政处罚规定》第7条[2]对实行大数据价格歧视的经营者进行处罚。但是，由于上述两部法律法规立法较早，在具体规定方面存在一定的问题。主要表现在两个层次：一是《价格法》第40条第1款中规定，如果处罚机关另有规定的，可以依据其规定进行处罚。根据《立法法》的规定，行政机关并非法律的制定主体，虽然从本条的立法原意我们可以推出此处使用的"法律"是包含行政法规、部门规章等在内的广义上的法律，但是从法律法规的系统性和权威性方面考虑，笔者认为应谨慎用语，使用"依照有关规定执行"较为妥当。二是《价格违法行为行政处罚规定》第7条中，罚款数额是依据违法所得来确定的，最高不超过违法所得的5倍，但是当不具有违法所得时，罚款数额为5万元至50万元。试想，若某经营者的违法所得为100元，那么该经营者仅需要承担最高500元的罚款，而对于无违法所得的某一经营者，却需要承担不低于5万元的罚款。这样的幅度划分同违法行为本身的社会危害性并不相符，相反降低了经营者的违法成本。对此笔者认为，可以借鉴《食品安全法》中有关罚款的裁量幅度的规定，以货值金额为裁量的基准，对于经营者违法经营的商品或者提供的服务

---

[1]《中华人民共和国价格法》第40条第1款："经营者有本法第十四条所列行为之一的，责令改正，没收违法所得，可以并处违法所得五倍以下的罚款；没有违法所得的，予以警告，可以并处罚款；情节严重的，责令停业整顿，或者由工商行政管理机关吊销营业执照。有关法律对本法第十四条所列行为的处罚及处罚机关另有规定的，可以依照有关法律的规定执行。"

[2]《价格违法行为行政处罚规定》第7条："经营者违反价格法第十四条的规定，利用虚假的或者使人误解的价格手段，诱骗消费者或者其他经营者与其进行交易的，责令改正，没收违法所得，并处违法所得5倍以下的罚款；没有违法所得的，处5万元以上50万元以下的罚款；情节严重的，责令停业整顿，或者由工商行政管理机关吊销营业执照。"

货值金额不超过×元的,处×元以上×元以下罚款;对于经营者违法经营的商品或者提供的服务货值金额超过×元的,处货值金额×倍以上×倍以下罚款。以此来增加经营者的违法成本,预防和制止大数据价格歧视行为的发生。

(二)强化个人信息收集和加强政府的事前监管

之所以会产生大数据价格歧视,较为重要的原因之一是经营者与消费者信息不对称,消费者处于弱势的一端。即使消费者知悉了自己被差异化定价,由于信息上的匮乏及技术上的劣势,消费者也难以收集充分的证据来支撑其合法的诉求。并且,诉讼途径的救济是修复性的,其前提要件是发生了损害结果。例如,在"KATZ v. PERSHING, LLC"一案中,KATS认为PERSHING, LLC没有保护自己敏感的个人隐私信息,马萨诸塞州联邦地方法院驳回了她的诉讼请求。因为KATS不能证PERSHING, LLC不安全的数据措施给她造成了实际的或即将的损害。[1]法院的这种裁判结果要求必须发生个人信息被侵害的后果,这将会使得消费者付出巨大的代价。因此,可以加强政府事前监管,将大数据价格歧视扼杀在源头。政府可以加强收集和使用个人信息事前的指导和审批,制定统一的"个人信息收集和使用"模板,提供给经营者使用,同时增加可以协商条款,经营者也可以针对授权的信息有选择性地开放功能。

六、结论

大数据价格歧视是经营者极力否认但却时有发生的客观事实,主要表现为经营者区分手机型号差异定价和经营者区分常用和非常用消费者差异化定价。经营者依托数据优势,运用大

---

[1] KATZ v. PERSHING, LLC,载http://www.leagle.com/decision/In FCO 201 20228121/KATZ v. PERSHING, LLC,访问日期:2016年10月8日。

数据分析技术精准刻画消费者需求曲线，借助线上交易有效区隔客户以免转售套利，使得经济学上的一级价格歧视成为现实。一级价格歧视能使得经营者最大限度地榨取消费者剩余，获得利益的最大化，因此经营者乐意为之。但是大数据价格歧视是对消费者知情权、公平交易权的侵害，本质上是一种价格欺诈行为，深层次的原因是经营者对消费者个人信息的滥用。由于法律规定的滞后性和模糊性，给了非法经营者可乘之机。因此，逐步细化和完善大数据价格歧视的违法属性，还需从保护个人信息的源头入手对其加以遏制。

第四章 网络新技术的治理

智媒时代媒体人的法律风险及应对之道

大数据、云计算、人工智能等技术的发展推动传媒业进入了"人工智能+传媒"的智媒时代[1]，传媒生态也发生了深刻变化。一方面，人工智能将单一向度的新闻生产流程升级为媒体与用户间交互式的生产，大大提升了内容生产的效率和用户体验。一些媒体已经大量使用机器人写稿，美联社全面采用 wordsmith 写作，每秒最多可以产出 2000 篇上市公司盈利报道。[2][3]腾讯财经用机器人 Dreamwriter 发布财经报道[4]，新华社在财经和体育新闻领域采用写稿机器人"快笔小新"。[5]"微软小冰"能轻松捕捉用户兴趣点，自动抓取热点事件，罗列交锋观点，邀请

---

[1] 腾讯网、清华大学新媒体研究中心："智媒来临与人机边界：2016 中国新媒体发展报告"，载 https://v.qq.com/x/page/e03474pxam2.html，访问日期：2018 年 12 月 16 日。

[2] RLatar Noam Lemelshtrich, *Robot Journalism*: *Can Human Journalism Survive?*, World Scientific Publishing Co Pte Ltd, 2018, p. 111.

[3] Computers write news at Thomson, 载 https://www.ft.com/content/bb3ac0f6-2e15-11db-93ad-0000779e2340，访问日期：2018 年 4 月 22 日。

[4] 任翀："腾讯财经开发自动化新闻写作机器人 Dreamwriter"，载《解放日报》2015 年 9 月 11 日。

[5] "'快笔小新'上岗了！84 岁新华社启用'机器人记者'"，载 http://www.xinhuanet.com/tech/2015-11/06/c_1117062029.htm，访问日期：2018 年 12 月 16 日。

网友互动点评,还可以不定期地推出数据解读稿。[1]另一方面,人工智能利用智能算法进行内容分发和个性化推荐,创新了内容传播的方式。美国《纽约时报》虚拟编辑"Blossomblot"每天根据大数据筛选出大家最感兴趣的内容,优先推荐,其自动推荐的文章,点击量是普通文章的38倍。[2]今日头条等APP也在利用智能算法进行内容分发和个性化新闻推荐。智媒时代给传媒业和传媒人带来了巨大机遇,但机遇和风险并存,本文剖析了媒体人主要面临的三大法律风险,并提出应对策略。

一、智媒时代媒体人的法律风险

(一) 假新闻的风险

真实是新闻的生命线。假新闻成为全球媒体共同面临的困扰。据美国皮尤中心的调查,24%的受访者承认曾转发过社交媒体上的假新闻,82%的人认为自己经常在网络上看到虚假消息,64%的人觉得假新闻已扰乱了社会基本秩序。[3]人工智能技术使得假新闻的生成更加容易,对公众的迷惑性和误导性更强,对社会秩序的破坏性更大。人工智能驱动的假新闻已经对美国的政治产生了深刻的影响。2016年美国大选中,马其顿共和国维勒斯小镇居然有100多个支持特朗普的网站发布大量假新闻,比如"教皇宣布支持特朗普"等,通过耸人听闻的标题吸引大量流量,通过社交网络大肆传播,网站主则通过谷歌广

---

[1] "微软小冰入职钱江晚报成特约记者完成20篇报道",载http://it.gmw.cn/2017-07/07/content_25010468.htm,访问日期:2018年4月22日。

[2] "惊!纽约时报机器人编辑让流量涨了38倍!",载https://www.prnasia.com/blog/archives/17229Buder,访问日期:2018年12月16日。

[3] The Future of Truth and Misinformation Online,载http://www.pewinternet.org/2017/10/19/the-future-of-truth-and-misinformation-online/,访问日期:2018年12月16日。

告获取利润。[1]在推特声称的活跃用户中,有多达 4800 万个账号是模拟真人账号;脸书上可能有 6000 多万个自动账号。这些"机器人水军"账号可以影响民众的大选投票。[2]2017 年,华盛顿大学的研究人员利用人工智能技术,制作了一段美国前总统奥巴马的假演讲视频,其图像和声音足以以假乱真。[3]2017 年 7 月,社交媒体上疯传一位中国游客在美国的一个火山口游玩不幸跌倒滑入岩浆的短视频,引起人们对"中国游客不讲规则"的讨论,但真正的原视频是该游客在美国海边游玩不幸滑入大海中,造假者把海水 PS 成岩浆。[4]随着人工智能技术的成熟,这种新闻会更加真假难辨。

我国建立了规制假新闻的民事、行政、刑事的立体法律体系。《出版管理条例》第 27 条和《网络出版服务管理规定》第 28 条规定了出版物内容不真实或不公正,导致公民、法人或其他组织的合法权益受到侵害的,出版单位应当承担停止侵权、公开更正、消除影响等民事责任。《报刊刊载虚假、失实报道处理办法》明确了行政责任,包括:下达违规通知单,通报批评、责令限期改正或检讨、警告、罚款、业务整顿、行政处分等。如果捏造事实诽谤他人,情节严重的还会构成《刑法》第 246 条中规定的诽谤罪。此外,传播特定的虚假信息还有可能构成《刑法》中的编造并传播证券、期货交易虚假信息罪(第 181

---

[1] 徐剑梅:"美国大选假新闻横行带来的警示",载《新华每日电讯》2016 年 11 月 24 日。

[2] "美国社交媒体'造粉工厂'",载 https://cn.nytimes.com/technology/20180129/social-media-bots/,访问日期:2018 年 12 月 16 日。

[3] 陆益峰:"未来我们还能看到真实的世界吗?",载《文汇报》2018 年 2 月 1 日。

[4] "中国游客为拍照不顾警示跌入熔岩?网友:特效很好但传谣可耻",载 https://www.guancha.cn/society/2017_08_10_422262.shtml,访问日期:2018 年 12 月 16 日。

条),损害商业信誉、商品声誉罪(第221条),编造、故意传播虚假信息罪(第291条之一)。我国政府监管部门每年都开展打击新闻敲诈和假新闻的专项行动并公布典型案例。

2018年,发达国家纷纷出台法律或政策,严厉打击假新闻。1月,英国政府建立假新闻安全行动小组(Fake News'security Task Force)。[1]10月,韩国国务总理李洛渊作出严厉打击虚假新闻的指示,韩国国务调整室牵头,联合韩国广播通信委员会、法务部、警察厅等相关政府部门,正在出台旨在根除假新闻的泛政府制度改善方案。[2]11月,法国议会通过《虚假新闻法》授予法院在竞选期间要求媒体删除虚假新闻的权力,确保国家选举免受虚假信息的影响,违法的人将面临1年监禁和75 000欧元的罚款,这被认为是西欧国家治理虚假信息的首次尝试。[3]

(二) 版权侵权的风险

我国媒体版权侵权纠纷屡见不鲜,侵权赔偿数额也不断提高。2017年5月,北京市石景山区人民法院在暴风影音侵犯腾讯《中国好声音(第三季)》信息网络传播权系列案件中,判决暴风影音未经授权盗播节目的行为构成侵权,每期节目赔偿金额高达101万元。2018年10月,江苏省高级人民法院对现代快报诉今日头条侵害著作权案作出终审判决,今日头条因未经授权转载4篇文章,须赔偿现代快报10万元,该案是目前网络

---

〔1〕 The media today:Britain sets up a 'fake news' security task force,载https://www.cjr.org/the_ media_ today/theresa-may-fake-news-task-force.php,访问日期:2018年12月16日。

〔2〕 单士磊:"韩多部门将联合开展清理网络假新闻行动十二月将公布治理假新闻泛政府制度改善方案",载《法制日报》2018年10月13日。

〔3〕 French Parliament passes law against 'fake news' 载https://www.politico.eu/article/french-parliament-passes-law-against-fake-news/,访问日期:2018年12月16日。

违法转载传统媒体原创新闻判赔数额最高的案例。如果其他组织或个人未经授权使用了媒体利用人工智能生产的创造物，是否侵犯了著作权呢？12月，北京互联网法院审理的菲林律师事务所诉百度案就提出了这一争议，菲林律师事务所认为，百度未经许可在其经营的百家号平台上发布自己利用法律大数据软件生成的一篇文章，并将首尾段和署名删除，侵害了其信息网络传播权、保护作品完整权和署名权。百度辩称，该文章不具有独创性，是采用法律统计数据分析软件生成的，并非由原告通过自己的劳动创造获得的，因此不属于著作权法的保护范围。[1]

认定人工智能创造物是否构成版权侵权主要判断两个要件：第一，创造物是否构成作品；第二，如果构成作品，著作权归属于谁。

关于第一个问题，独创性是我国《著作权法》上认定作品的主要标准，我国司法实践普遍要求独创性要达到一定高度。一派观点认为，尽管人工智能生产稿件的表达技巧有限，但仍可视为著作权法意义上的作品。[2]另一派观点认为，人工智能制作的稿件，由于是应用算法、规则和模板的结果，不具有个性特征，不符合独创性的要求，不能构成作品。[3]笔者认为，人工智能创造物是否具有独创性，需要个案分析。目前人工智能生产的新闻还主要停留在消息和通讯层面，高度同质化，要认定为具有独创性存在困难，但是随着深度学习技术的不断完善，未来人工智能很可能撰写出新闻评论等深度报道和个性化

---

[1] "文章是否为人工智能创作能否享有著作权？"，载 https://www.chinacourt.org/article/detail/2018/12/id/3596909.shtml，访问日期：2018年12月16日。

[2] 吴汉东："人工智能时代的制度安排与法律规制"，载《社会科学文摘》2017年第12期。

[3] 王迁："论人工智能生成的内容在著作权法中的定性"，载《法律科学（西北政法大学学报）》2017年第5期。

新闻,如果其生产内容符合独创性的要求,就可以构成《著作权法》上的作品。

关于第二个问题,学界观点不一,包括归属于人工智能本身、人工智能创制人、所有人、投资人、使用人、公有领域等观点。[1]各国也有不同做法,英国把计算机生产作品的作者授予操作者。1988年《版权、设计和专利法》规定,为计算机所生成之作品进行必要程序者,视为该计算机生成之作品的作者。[2]而美国法院则认为著作权属于编程者,在1982年的Williams Electronics, Inc. v. Artic International, Inc.案中,第三巡回上诉法院的判决认为经由电子游戏演示所产生的视频可以产生著作权,且该权利属于该电子游戏软件的编程者,不属于电子游戏的使用者。[3]

笔者认为要具体问题具体分析,如果人工智能生成的内容是基于内部程序或算法的事前设计,著作权应归属于软件著作权人所有。如果人工智能基于所有者提供的素材自行生成新的内容,如写稿机器人根据编辑提供的关键词随机生成具有一定风格的文字作品,可视为代表所有者意志的创作行为,可以借鉴法人作品制度安排,将人工智能的所有者视为著作权人。

(三) 侵犯个人信息的风险

数据是人工智能的基础。人工智能要建立在大量收集、使用和分析数据之上,基于数据,不断优化算法,提供个性化服务。然而,近来发生的Facebook、今日头条、万豪酒店用户数据泄露等事件使得个人信息保护问题更加突出。

---

[1] 袁真富:"人工智能作品的版权归属问题研究",载《科技与出版》2018年第7期。

[2] Copyright, Designs and Patents Act 1988, 载https://www.legislation.gov.uk/ukpga/1988/48/contents, 访问日期:2018年12月16日。

[3] Williams Electronics, Inc. v. Artic International, Inc. 685 F. 2d 870 (3d Cir. 1982).

我国《民法总则》第 111 条规定："自然人的个人信息受法律保护。任何组织和个人需要获取他人个人信息的，应当依法取得并确保信息安全，不得非法收集、使用、加工、传输他人个人信息，不得非法买卖、提供或者公开他人个人信息。"《网络安全法》第 41 条规定："网络运营者收集、使用个人信息，应当遵循合法、正当、必要的原则，公开收集、使用规则，明示收集、使用信息的目的、方式和范围，并经被收集者同意。"第 43 条规定，个人有权要求网络运营者删除或更正其个人信息。2017 年，最高人民法院和最高人民检察院发布《关于办理侵犯公民个人信息刑事案件适用法律若干问题的解释》及七起典型案例，明确了"公民个人信息"的范围、"非法提供公民个人信息"和"非法获取公民个人信息"行为的认定标准，细化了量刑标准。2018 年 1 月网信办等部门联合发布了国家标准《信息安全技术　个人信息安全规范》，全面规定了个人信息处理各个环节的合规要求，创设性地将"个人信息控制者"概念定义为"有权决定个人信息处理目的、方式等的组织或个人"，提出了收集环节中的同意规则，间接获取个人信息时的有限尽调，服务终止后信息数据的保存和处理，流转环节中的三方关系处理规则。6 月，工信部公布一批问题软件名单，多款 APP 被责令下架，其中不少涉及未经用户同意收集使用个人信息。11 月，工信部发布了 2018 年第三季度关于电信服务质量的通告，指出苏宁云商等 12 家互联网企业存在未公示用户个人信息收集使用规则、未告知查询更正信息的渠道等问题。

国际组织和各国也出台法律加强对个人信息的保护。2018 年 5 月生效的欧盟《一般数据保护条例》规定了处理个人数据的七项原则：①合法、正当、透明；②处理数据的目的是有限的；③仅处理为达到目的的最少数据；④确保数据准确、时新；

⑤储存数据的期限不得长于为达到目的所需的时间;⑥采取技术和管理措施以保护数据的安全;⑦数据控制者有责任并应能够证明其做到了以上几点。同时,还规定了被遗忘权,即权利主体可以要求更正或删除信息。6月,美国加利福尼亚州通过全美最严格的隐私保护法《2018加州消费者隐私法案》,要求企业必须披露收集的信息、商业目的以及共享这些信息的所有第三方;企业需依据消费者提出的正式要求删除相关信息;消费者可选择出售他们的信息,而企业则不能随意改变价格或服务水平;加州政府有权对违法企业给予罚款;公司必须依法为行使这种权利的用户提供平等的服务。[1]

二、智媒时代媒体人如何应对法律风险?

智媒时代,媒体人要预防和化解上述法律风险,应当从以下三方面加以应对:

(一)加强媒体全流程的合法合规管理

从我国媒体现状来看,往往是规模越大的媒体越重视法律事务,但也有很多媒体没有独立的法务部门,甚至没有专门的法务人员,也不重视媒体的合法合规管理,导致很多不必要的法律纠纷发生。媒体应当全面加强对媒体各个流程的合法合规管理。在机构和人员建设方面,应当建立法律部门或招聘专职法务人员,外聘法律顾问。在制度建设环节,健全网络安全制度、用户信息保护制度、版权管理制度、人工智能算法管理制度等。在媒体生产和交易环节,注重合同管理,通过合同明确各方权利、义务和责任,防范纠纷。

---

[1] 王如君:"《2018加州消费者隐私法案》引关注",载《人民日报》2018年07月19日。

(二) 全面提升媒体人的法律意识

虽然我国各大新闻学院已把传媒法规作为必修课，但授课内容、形式和师资力量尚不能满足需求，传媒法理念尚未深深植根于媒体人心中，诸多传媒违法犯罪案件也反映出我国媒体人的法律意识和法律素养不高。根据美国做的一项针对新闻学院毕业生的调查，传媒法是媒体人觉得最有用的新闻学院课程之一。笔者认为，要在媒体专业的大学课程设置和在职培训上高度重视法律课程建设，内容涵盖宪法、行政法、刑法、民法、知识产权法等内容，并通过大量案例教学和实践教学切实提升媒体人的法律素养。近年来中国人民大学、中国传媒大学、中国政法大学等一些高校已经开始培养媒体与法律复合型人才，传媒法的教学和研究队伍也不断壮大，有助于打造一批具有法律素养的高素质媒体人。

(二) 利用技术手段防范媒体法律风险

任何技术都是双刃剑，人工智能在带来法律风险的同时，也可被利用来识别和打击假新闻。人工智能技术可以通过新闻标题和正文当中的内容名词进行判断侦测，随着样本的不断扩大，可以大大提升判断假新闻的能力。2018年麻省理工学院计算机科学与人工智能实验室和卡塔尔计算研究所的研究人员就推出了一套鉴别假新闻的全新AI解决方案。[1]

此外区块链作为一种去中心化的分布式账本数据库，具有透明、不可伪造等特点，在版权保护领域也大有用武之地，2018年6月，全国首例区块链存证案在杭州互联网法院一审宣判，法院支持了原告采用区块链存证的方式，并认定了对应的

---

[1] Detecting fake news at its source, 载 https://news.mit.edu/2018/mit-csail-machine-learning-system-detects-fake-news-from-source-1004, 访问日期：2018年10月30日。

侵权事实。[1]10月,北京互联网法院审理"抖音短视频"诉"伙拍小视频"著作权权属、侵权纠纷一案,原告所提交的电子证据是通过北京中经天平公司司法电子证据云平台在线取得的。[2]

(本文原载于《青年记者》,2019年第2期)

---

〔1〕 "杭州互联网法院又出'首创'全国首个司法区块链系统正式上线",载http://ori.hangzhou.com.cn/ornews/content/2018-09/18/content_7070009.htm,访问日期:2018年9月18日。

〔2〕 向江林、刘永生、廖丹:"'抖音'诉'伙拍'案今日开庭北京互联网法院第一案采用区块链存证",载《每日经济新闻》2018年10月30日。

第四章 网络新技术的治理

人工智能创造物的可版权性及权利归属

一、绪论

(一) 研究背景

从逻辑推理到艺术，人工智能的能力让人类的优越感逐渐降低，人工智能"创造作品"已不再是新鲜事物。2015 年腾讯已经开始用机器写新闻稿，2016 年日本用人工智能写的小说入围"新兴一文学奖"，2017 年微软小冰出版第一部人工智能诗集《阳光失去玻璃窗》，2018 年微软小冰为歌曲《AI 北京》填词、为知乎大会创造主题曲《我知我新》歌词并演唱，等等。人工智能高效率的产出必将造成大量的"作品"涌向市场，因此人工智能创造物的版权问题是一个亟待解决的现实问题。

20 世纪 90 年代，美国已经开始关注到人工智能创造物的版权问题；2018 年 2 月 23 日，日本政府向国会提交了《著作权法》修正案，新法包括了对人工智能创造物的相关规定；2018 年 4 月 16 日，英国议会人工智能特别委员会发布英国《人工智能发展的计划、能力与志向》；2017 年初，欧盟议会已经建议欧盟委员会起草相关的法律文件。而中国对人工智能的法律研究仍处于起步阶段，因此，我们必须加强研究才能在世界上抢占人工智能战略的制高点。

目前，相关研究主要涉及以下几个方面：其一，人工智能创造物对著作权制度造成的冲击。有研究者认为人工智能创造物对著作权制度的冲击是系统性的,[1]涉及著作权的客体、主体等多方面,《著作权法》需要设计出一整套新的方案,比如权利内容、归属及保护期限等。而有研究者认为,人工智能创造物并没有对著作权制度产生颠覆性的影响,对现有制度进行重新解读即可解决当前问题。[2]此外,还有观点认为人工智能创造物并没有给著作权制度带来难题。[3]其二,目前对人工智能创造物进行保护已基本达成一致,但就如何保护有所分歧。有的主张应将它纳入作品范围或是采用邻接权制度,有的则主张可以单独创设特别权。其三,权利归属问题,主要有编程者所有、所有者所有、合同模式等观点。

(一) 研究内容

1. 对人工智能创造物的分析研究

首先,文章对人工智能创造物的相关概念进行了简单的梳理,剔除了看似属于人工智能创造物范畴的部分,指出目前人工智能创造物中人类的贡献度和机器的贡献度处在一种变动的状态。其次,对与人工智能创造物相关的概念进行了简单区分,指出使用的其他概念的不规范之处,使用人工智能创造物这一概念既能准确地指向研究对象,又能体现出该类生成物的特性。最后,通过对人工智能技术的研究,论证现有阶段的人工智能技术已经具备一定的创造力,而且随着技术的发展和其他学科

---

[1] 易继明:"人工智能创作物是作品吗?",载《法律科学(西北政法大学学报)》2017年第5期。曹源:"人工智能创作物获得版权保护的合理性",载《科技与法律》2016年第3期。

[2] 梁志文:"论人工智能创造物的法律保护",载《法律科学(西北政法大学学报)》2017年第5期。

[3] 比如王迁教授认为,从人工智能创造物产生过程来看,其并不能被认定为作品。人工智能创造物的出现也并没有给现有秩序带来很大冲击,不需要为此担忧。

的支持,人工智能创造力将会取得进一步的突破。

2. 对人工智能创造物构成作品的证成

首先,通过列举部分国家先前对人工智能创造物的态度,并对现有著作权制度进行分析,得出将人工智能创造物认定为作品的难点在于现有制度是以人类为中心而设计的。其次,论证了人工智能创造物获得保护的正当性。通过对著作权制度目的的分析,指出当前著作权制度目的在于促进社会文化的繁荣发展,将人工智能创造物纳入著作权保护不仅符合著作权的制度目的,而且具有必要性。再次,分析了人工智能创造物的独创性。指出人工智能具有创造性而且能够被著作权所接纳。最后,对作品的独创性进行分析,指出独创性不应仅包含作者个性,目前应采用客观主义的独创性标准,力求以最低的立法成本将人工智能创造物纳入保护范围。

3. 对人工智能创造物的权利归属的研究

人工智能创造物的可版权性和权利归属是两个独立的问题,虽然可版权性问题存有争议,但绝大多数学者认为权利归属是必须要作出的安排。首先,讨论了目前权利归属的几种观点,主要有编程者说、操作者说、所有者说、人工智能本体说以及法律拟制说等多种理论,这些观点或是不符合人工智能创造物的技术特征,或是不符合人工智能的发展状况,不能作为目前人工智能创造物在权利归属上的理论。其次,分析了著作权权利归属有两大原则:创作者原则和投资者原则,并指出投资者原则适用性越来越强。最后,指出对于人工智能创造物采用所有者所有是最合理的安排。

二、人工智能创造物概述

(一) 人工智能定义

人工智能一词由约翰·麦卡锡于 1956 年在达特茅斯会议上

提出,其认为人工智能就是要让机器的行为看起来像是人所表现出的智能行为一样。现在看来,这个定义并不能准确反映出人工智能的特点。约翰·麦卡锡将人工智能的发展目标定为类似于人的智能行为,但我们对于"智能"的理解是不断变化的,曾经计算能力被认为是人类最智能的表现之一,但如今,即使我国的"神威·太湖之光"拥有每秒达数十亿次的运算能力,也并没有人认为它是智能的;语言之间的实时翻译在百年以前更是不敢想象,而如今这一技术已被突破。尽管对人工智能并没有一个统一的定义,但我们可以借助美国国会在2017年12月提出的人工智能定义来理解,其指出人工智能应当具备以下几种特征:像人一样的思考、行动、理智行事的系统,模拟认知、自学技术等系统〔1〕。可以看出美国国会的定义注重了与人类思考、认知等更抽象的能力进行类比,而不单单是与人的外在行为的类比,也说明人工智能是拥有自己的"认知""思考"系统的。

(二) 人工智能创造物相关概念

概念的界定一定程度上代表着对该事物的认知程度,并影响着对该事物的进一步认识。在研究的最开始,不少研究者存在对研究对象认识不清的问题,比如有文章就将"Telstra公司诉电话号码出版公司案"作为案例进行专门讨论,但这一案例与所研究的核心问题并无关系,这类生成物即使由人类产生亦不能被认定为作品。针对这一现象,王迁教授进行了回应,他指出,我们所讨论的对象应该限于那些仅仅是因为人工智能这一主体而导致的作品认定困难的生成成果。目前,人工智能创造物版权领域还存在概念不清的问题,针对同一研究对象却使用了计算机生成物、人工智能生成物、人工智能创造物、人工

---

〔1〕参见"美国国会计划重新定义人工智能",载 http://www.sohu.com/a/211249450_104421,访问日期:2019年3月1日。

智能作品等多种表述,尽管相关文章越来越多,但少有文章有所回应,这将会影响对问题的顺利研究。笔者认为应该使用人工智能创造物这一概念[1]。

首先,计算机生成物不能体现出人工智能创造物的特点。计算机和人工智能两者之间有很大的区别,人工智能属于计算机学科的一个分支,它不仅需要计算机知识,还需要哲学、心理学、脑科学等诸多学科知识,麻省理工学院的温斯顿教授认为人工智能就是研究如何能让计算机做到过去只有人类才能从事的智能工作。采用计算机生成物这一概念,难以体现出人工智能创造物的智能性特点。其次,人工智能生成物和人工智能创造物两者之间也有区别。从字面上看,人工智能生成物应包括人工智能产生的一切,如各种信息、数据等,对于版权领域而言,使用这一表述显得有些宽泛。而且,人工智能创作的音乐、文学等作品在表现形式上与人类作品无异,"生成物"无法体现出这些生成结果的创造性。最后,使用人工智能作品有先入为主的嫌疑,有违文章的严谨性。

(三)人工智能创造物的分类

目前,人工智能在音乐、美术、文学、书法等领域都取得了一定成果,在研究人工智能创造物的版权问题时,不少文章都对研究对象进行了分类,比如分为计算机衍生品和人工智能创作物,弱人工智能创造物和强人工智能创造物,来自于人类的生成物和非来自于人类的生成物。人工智能创造物都是在一定程序运行下的结果,因此,对人工智能创造物的分类,主要涉及人工智能技术的分类。

---

[1] 不少研究者都使用了"人工智能创造物"这一概念,比如梁志文教授的《论人工智能创造物的法律保护》、易继明教授的《人工智能创作物是作品吗?》。

1. 第一类创造物

第一类生成物主要是模板化的人工智能创造物。虽然人工智能创造物都是在一定算法运行下的结果，但第一类生成物的算法形成的是一种模板化的系统，创造物的生成只是一种模板化的结果，即创造物生成的整个过程都已经由设计者或操作者提前设置，人工智能在创作时只需由人类提供一些基础的数据和设置即可，并不需要进行更多的操作。此类系统由编程者设计了收集、学习数据的学习方法，有一定的学习能力，故区别于纯粹的计算机创造物，但其仍未能突破设计者设计的整个框架而拥有自行创作算法的能力。例如，在肖像漫画绘制机器人中的肖像生成步骤中，有主动模型（ASM）、基于笔画和基于图像滤波的肖像生成等多种方法，但当多个系统选用的是同一种方法时，一张人像生成的结果大致相同。即使是在艺术性较强的"肖像漫画化"阶段，仍旧风格较为固定而无法做出灵活的变化[1]。此类创造物由于是模板化的产物，难以具备独创性，因此不易被认定为作品。

2. 第二类创造物

第二类创造物是没有可预测性的，即使用者或编程者无法预测人工智能系统生成的最后结果，比如基于神经网络算法的创造物。人工智能神经网络由感知器构成，感知器分为输入层（input layer）、隐藏层（hidden layer）以及输出层（output layer），其中隐藏层是核心部分，通过权重和阈值的设置来决定整个决策模型的准确性。神经网络算法的特性可以归结为：提取数据的特征并进行加工、输出的过程。目前该技术和专家系统有逐渐结合的趋势，形成智能CAD系统，该技术在书法创作

---

[1] 倪菲等："肖像漫画绘制机器人技术研究"，载《自然杂志》2007年第4期。

中有很好的价值作用，有研究者利用此技术设置出具有巨大创作空间的书法系统，使得机器能够创作出富有特色且具有美感的书法作品。同时由于知识组合的爆炸，计算机能够创作出崭新的书法作品[1]。此类创造物具有较大的独创性，更容易认定为作品。

三、人工智能创造物可版权性的证成

（一）将人工智能创造物认定为作品的困境

自20世纪70年代始，不少国家就人工智能创造物版权问题进行了讨论，[2]但多数国家并不认可人工智能作品的存在。比如，澳大利亚联邦法院首席法官指出，如果计算机操作者能够控制计算机的最终产出结果，将著作权归属于该操作者并无不当；但若操作者不能控制最终的结果，其未对创作的作品作出足够的贡献，不能认定为作者，而该创造物亦不能被认定为《版权法》中的作品。日本在2016年发布的《次时代知识财产系统检讨委员会报告书》中指出，如果使用者在计算机生成过程中存在创造性贡献，该创造物就被视为作品，该使用者即为权利人，而若没有人类的创造性贡献，则根据现有制度不能被认定为《著作权法》上的作品。[3]可见，计算机仍被当作是一种工具，人类的贡献程度对计算机作品的认定有着决定性作用，只有存在人类作者的前提下，才有可能存在人工智能创造物。美国著名的"猴子自拍案"也印证了这一点。本案法官认为，

---

[1] 徐颂华："中国书画艺术电子化创作的初步算法性探索——美、智能与计算"，浙江大学2007年博士学位论文。

[2] 当时主要讨论的是计算机作品，虽然计算机作品和人工智能创造物有一定区别，但就著作权制度因此而受到的挑战而言并无本质区别，故可以将其一并讨论。

[3] 曹源："日本人工智能发展及著作权问题上的选择与纠结"，文章来源于"百度公共政策研究院"公众号，访问日期：2019年3月1日。

《版权法》从未将作者的范围扩大到动物,根据以往的判例,法院在分析"作者"时,人类是必须具备的要件,猴子是不能成为作者的。造成这一困境的原因主要是现有著作权制度是以人类创造为中心而构建的。

现有著作权制度的设计以人类创造为中心,构成作品的前提必须是人类作者。关于何为作品,现有的国际公约和多数国家的立法都未给出定义,而在给出定义的国家中,都表现出需"自然人创造"这一要件。德国《著作权法》第2条规定:作品指个人的智力创造;[1]韩国认为,作品是对人的思想或情感的独创性表达;[2]日本规定为"文学、科学、艺术、音乐领域内,思想或感情的独创性表现形式"。[3]我国《著作权法实施条例》第2条规定:"著作权所称作品,指文学、艺术和科学领域内具有独创性并能以某种有形形式复制的智力成果。"当今世界著作权制度分为作者权体系和版权体系,作者权体系认为作品不仅是一种财产,更是作者人格的表现,不同于版权国家在《版权法》中仅规定了财产权利的制度设计,作者权体系的《著作权法》设置为人格和财产两大部分,这种对人格的保护凸显了对人类和人格的重视,最典型的德国甚至不允许转移全部的财产权利。美国一开始也是"创造者即为作者"的原则,只不过经济的发展导致"雇用作品"大量出现,在大量资本体的

---

[1]《十二国著作权法》翻译组译:《十二国著作权法》,清华大学出版社2011年版,第147页。

[2]《十二国著作权法》翻译组译:《十二国著作权法》,清华大学出版社2011年版,第509页。

[3]《十二国著作权法》翻译组译:《十二国著作权法》,清华大学出版社2011年版,第361页。

推动下，实际作者最终在公司实体中被"淹死"[1]。"视为作者的原则"表明采用的是法律拟制方法，只是区分了法律作者和事实作者。质言之，只有体现人类智力的产品，才能被称之为作品。[2]

由于人工智能并不具备"人类智力活动"的能力，其行为不能称之为创造，也就无法产生作品。因此，不少研究者认为人工智能不是人类，不应该成为主体，其创造物不可能成为《著作权法》上的作品。此外，还有研究者从独创性这一要素上进行解读，认为人工智能不具备《著作权法》上的独创性标准，因此不能认定为作品[3]，但仔细分析，其论证思路仍然没有跳出"人工智能不是人"这一论断，造成这一现象的原因就在于"只有人才具有创造的能力"这一思想的根深蒂固。

（二）人工智能创造物获得保护的正当性

1. 人工智能创造物获得保护符合著作权目的

一切制度、政策的设定都是基于一定的立法目的，当法律遇到新问题时，只有从立法目的出发，或是重新解释制度概念，或是补充修改新的法律，才是解决难题的正确思路。

（1）著作权制度目的。关于著作权制度的理论主要有四种：劳动论、人格论、激励论、利益平衡论，目前以利益平衡论为通说。17世纪的劳动论为作者和传播者主张权利提供了正当化基础，但其过度地强调私人权利严重阻碍了思想的传播。重视人格论的作者权体系在重视版权交易的时代显得十分

---

[1] 孙新强："论作者权体系的崩溃与重建——以法律现代化为视角"，载《清华法学》2014年第2期。

[2] 王迁：《著作权法》，中国人民大学出版社2015年版，第17页。

[3] 比如罗祥、张国安认为，从行为论角度来看，行为属于人有目的有意识的人类活动，机器人的"创造"将会颠覆这一传统观念。

不堪，最终面临崩溃，原因就在于它"固执地坚持由农耕社会所形成的一套理论，却硬要拿它来解决工业社会才出现的新的问题"[1]。经济学视角下的激励论则认为，只有给予作者一定的利益才能刺激更多作品的产生，著作权就为作者构建了一种激励机制。"著作权制度要实现自己的既定目标，首先必须寻求对智力作品创造者的激励。没有人热心于创造，以作品为依托的著作权制度将无从实现其社会目标。"[2]可以看出尽管激励论强调的是对作者创造的激励，但仍然承认了著作权制度的最终目的：促进社会的发展。同时需要注意的是，激励制度在某些领域并不能起到很好的作用，比如在学术领域，这些领域往往需要政府的拨款来实现，激励理论也并不能完整地解释著作权制度。

基于人权的发展以及对"任何人的创造都是基于前人的积累"的认识，利益平衡论认为，著作权就是在私人领域和公众领域进行博弈的制度，著作权不仅应当保护作者利益，还要促进与公众的接近、学习，最终促进社会文化的繁荣。从政治工具到作者、传播者再到社会公众，著作权在不同时期承担着不同的责任，如今著作权制度不单单是对作者和传播者利益的保护，促进社会的发展才是制度的最终目的。

上述理念在立法层面也有所体现。首先是国际公约层面，从1886年"为保护作者利益"的《伯尔尼公约》[3]到1993年"应保障作者、传播者及社会的利益，促进技术革新和传播"的

---

[1] 孙新强：" 论作者权体系的崩溃与重建"，载《清华法学》2014年第2期。

[2] 冯晓青：" 试论构建著作权法理论基础的激励论"，载《河南司法警官职业学院学报》2004年第2期。

[3] 《伯尔尼公约》约定："适用本公约的国家为保护作者对其文学和艺术作品所享权利结成一个同盟。"

《与贸易有关的知识产权协议》[1]，著作权的目的不再仅是对作者的保护，还应注重与公众利益的平衡，以及促进技术的发展。其次，各国的立法理念。美国《宪法》第1条规定，"为促进科学和实用艺术的进步，国会有权保障作者和发明者在一定期限内对其创造和发现享有专有权"。该条作为美国第一部《版权法》制定的直接依据，更是直接表明著作权制度的目的是促进社会的发展。日本《著作权法》第1条规定："本法目的在于通过规定有关作品以及表演、录音物、播放和有线播放的作者权利以及与此相关的权利，在关切这些文化财产公正利用的同时，保护作者等的权利，促进文化的发展。"[2]根据我国《著作权法》第1条的规定[3]，著作权的立法目的有三个：保护作者的权利；鼓励作品的创造和传播；促进社会科学文化的繁荣。将促进社会科学文化的繁荣至于条文的最后，彰显了其最终目的的地位。这一点与日本、美国立法所表现出来的理念基本一致。

其实，在《安娜女王法》中这种思想就已经有所显露[4]。《安娜女王法》否定了版权普通法上权利的看法[5]，将版权、

---

[1] 1993年《与贸易有关的知识产权协议》中目标条款规定："知识产权的保护和实施应有助于促进技术革新及技术转让和传播，有助于技术知识的创造者和使用者的相互利益，并有助于社会和经济福利及权利与义务的平衡。"

[2] 李扬：《知识产权法基本原理（Ⅱ）——著作权法》，中国社会科学出版2013年版，第11~12页。

[3] 《著作权法》第1条："为保护文学、艺术和科学作品作者的著作权，以及与著作权有关的权益，鼓励有益于社会主义精神文明、物质文明建设的作品的创造和传播，促进社会主义文化和科学事业的发展与繁荣，根据宪法制定本法。"

[4] 《安娜女王法》的全称为《于法定期间授予被印图书原稿之作者或购买复制原稿权以促进知识之法》，一读时议案名为"促进知识、保护图书原稿之正当所有者的财产权"，二读后，议案标题被修改为"授予被印图书原稿之作者或购买者复制原稿权以促进知识"。可见，立法者突出了该法对知识的促进的功能。

[5] 按照当时的劳动理论，既然作品是作者劳动的结果，那作者就应当对这种财产拥有永久性的权利。

作者和出版商都认为是促进"知识和学习"的工具,规定了作者所拥有的权利期限只有12年[1]。可以看出,不论是从制度上还是立法层面,著作权的目的在于促进社会发展已经成为当今世界的共识。

(2)保护投资者利益和促进现实产业发展。人工智能技术的研究需要投入极大的成本[2],如果投资者无法得到回报,技术也很难再有突破,人工智能将会又一次步入寒冬期。目前,企业是人工智能技术发展的有力推动者,人工智能产品的落地更需要企业来完成。

人工智能技术的突破以及具体应用的落地大部分由企业推动,逐利是商人的本性,经济发展的内在规律即是趋向于投资者的利益所在并能够增加社会福祉之处。[3]著作权制度中已经表现出对投资者的激励。《著作权法》第15条规定"电影作品和以类似摄制电影的方法创作的作品的著作权由制片者享有",如果严格按照作者权制度思想,制片人无论如何是不可能成为著作权人的,而我国著作权制度之所以作出如此妥协,原因就在于电影产生过程的特殊性和行业的需求。一部电影中制片人是投资最大的一方主体,如果仅仅让其承担绝大部分的风险,有违公平,而且一部电影中存在多个著作权主体不利于电影的传播,故产生了将著作权统一归给制片人这一投资者而非创作

---

[1] 黄汇:《版权法上的公共领域研究》,法律出版社2014年版,第21页。

[2] 据海鑫科金公司透露,2017公司亏损额1.26元亿至1.57元亿之间,2016年同期利润为1414万元。海鑫科金称,业绩重大变化的主要原因有3点:战略型项目研发周期较长、投入较大;人工智能类创新型项目中,人工智能相关专业性人才成本居高不下,投入较多;优势产品加入人工智能等新技术提升性能,研发成本较高。根据海鑫科金2017年半年报显示,去年上半年公司研发投入达到9389万元,2016年同期仅为1704万元。

[3] 张思敏:"人工智能成果的著作权保护研究——以机器人完成的稿件、画作、歌曲为例",西南政法大学2017年硕士学位论文。

者一方的制度设计。日本在《次时代知识产权系统检讨委员会报告书》中认为，人工智能产业将为日本带来巨大的经济利益，而且人工智能创造物在外形上已经很难与人类作用加以区分，为了刺激创造力和推动人工智能产业的发展，有必要授予人工智能创造物权利。

2. 满足公众对人工智能创造物的需求

按照卢梭的社会契约论观点，为了克服自然状态中的生存阻力，每个个体让渡出自然权利组成共同体，以期获得更多的财富和自由。法律作为公意的体现，理应是为了个体的权利而制定。"为促进社会主义文化和科学事业的发展与繁荣，根据宪法制定本法"——我国《著作权法》的第 1 条表明满足公众对于精神文化产品的需求是著作权法的重要价值之一，这一立法目标也体现在其他国家立法之中。尽管人工智能创造物仍然处于发展初期，但它的价值已经开始得到人们的认可。佳士得拍卖会上的"爱德蒙·贝拉米的肖像"人工智能画作最终以 43.25 万美元（约 301 万元人民币）售出，知乎特别邀请微软小冰为其第五届"知乎盐 Club"新知青年大会创作并演唱主题曲《我知我新》[1]。可以预见，在人工智能技术进一步发展以及数据更加丰富的未来，人工智能将会产生愈加丰富的精神文化产品，人们将会获得更多的精神文化体验，而人工智能创造物能否获得《著作权法》的保护将直接影响到这一精神文化产品的丰富程度。

（三）人工智能创造物获得保护的必要性

1. 人工智能创造物的逐渐普及

目前，人工智能创造物在机器人写稿领域最为普遍，我们可以从该领域的应用一窥人工智能技术的强大。首先，越来越

---

[1] 截至 2019 年 1 月 27 日，该专辑 MV 在网易云音乐的播放量已达 6 万多次，也获得了不少好评。

多的公司使用机器人来撰写文章。2014年美联社开始使用机器人写稿，2015年《纽约时报》《华盛顿邮报》《卫报》等国外报纸也相继开始使用各自的写稿系统；在中国，则有腾讯的Dreamwriter、新华社的"快笔小新"、阿里巴巴的"DT稿王"等。其次，机器人写稿的高效率产出能力。美联社使用的Wordsmith系统1分钟内可生成多达2000篇报道；"DT稿王"平均每天可以发布1900篇报道；今日头条的"xiaomingbot"在奥运会期间平均每天30篇以上，发稿速度几乎与电视直播同步。尽管在现在看来，研发、使用机器人写稿系统的多是一些实力雄厚的企业，但科技的发展往往呈指数级增长，当人工智能进一步突破硬件、算法、数据等方面的限制后，使用的主体、产出的效率和质量将会进一步提高。同样，在作画、写歌、写文章等领域，人工智能创造物均会呈爆发式的增长。此外，还有一些面向大众的APP也将会进一步增加人工智能创造物的产出数量，比如微软小冰，人人都可以与它对话，利用它写诗。

2. 不能合理规制人工智能创造物的后果

人工智能创造物的出现与以往技术带来的挑战不同，它是从作品的供给端对现有秩序造成冲击，由于人工智能极大的产出效率，大量"作品"将会出现在市场，技术的发展也将会使这些"作品"的创造性越来越高，如果没有合理的制度对其进行规制保护，有可能造成两种后果：其一，除非在需要较高创造性的场合或者出于对某个作者的喜爱，人们会更加倾向于使用公共领域的免费"作品"。如此以来，著作权制度的激励效果将会大打折扣，作品市场将会出现劣币驱逐良币的后果。日本在《次时代知识财产系统检讨委员会报告书》中也明确指出，人工智能创造物的出现将会对人类作品构成威胁。其二，当人工智能创造物不能受到保护时，出于利益的驱动，难免有人会将这些"作品"据为己有，产生僭越行为，导致本不应该受著作权法保护的客体受到保护，各种冒充的作者也将大量出现，这对于整个版权市场以及版权制度都是极为不利的。[1]

正如马克思所讲，"法律应该以社会为基础，法律应该是社会共同的、由一定物质生产方式所产生的利益和需要的表现"，法律只是对现实生活的表达。如今，著作权制度的最终目的是促进社会的发展，在人工智能的时代背景下，将人工智能创造物纳入作品保护范围不仅符合这一制度目的，而且具有一定的必要性。

（三）人工智能具有符合著作权所要求的独创性

"独创性是版权作品的本质属性"[2]，独创性包括独立完成和一定程度的创造性两部分，显然人工智能可以独立完成创造物的输出，但是否具备创造性则有待论证。关于何为作品的创造性？在以往的理论研究中，对这一问题的回答往往是对作品创造性标准的分析，这种回答都以人类创造为前提[3]，故并无大碍。然而，当在人工智能创造物和人类作品这两大范畴之间讨论这一问题时，我们需要更深层次地分析创造性问题，或者说何为创造力。

1. 人工智能不等于人类智能

上文指出，不少研究者陷入"人工智能不是人"的错误思维中，导致一切论证都指向"人工智能不是人，因而不具备人类智力，不能创作作品"的结论。在此，我们需明确：人工智能不是人类智能，在论证人工智能的独创性时不应该以人类智能为标准而与之进行比较。

---

[1] 百度公共政策研究院："日本人工智能发展及著作权问题上的选择与纠结（上篇）"，载 https://baijiahao.baidu.com/s?id=1615982960318279305&wfr=spider&for=pc，访问日期：2018年12月1日。

[2] 金渝林："论作品的独创性"，载《法学研究》1995年第4期。

[3] 人类被默认为都是具有创造力的，故并未对"人是否具有创造性"进行论证。

人工智能一词由约翰·麦卡锡在达特茅斯会议上提出，但一开始并非所有人都认同这一概念〔1〕，直到十年之后这一概念才被共同体广泛认可。不可否认，人工智能这一概念能够直接地表达出该项技术所要追求的目标，即实现如人类一般的智能（但其实，用"机器智能"代替"人工智能"更为恰当，为了概念的统一，本文仍然使用"人工智能"），但在著作权领域，人工智能这一用语的使用极易给人造成困扰——因为人工智能无法达到如人类般的智能，人工智能没有如人类般的想象力、情感，所以人工智能创造物不具备独创性。我们应意识到，无论如何人工智能是不能等同于大脑智能的，就好比动物智能不能等同于人脑智能一样。因此，通过将人工智能与人脑智能进行比较，得出人工智能不具备人脑智能的结论，从而认定人工智能创造物不属于作品是一种错误的思路，我们应直接论证人工智能是否符合著作权制度中的独创性要求。

2. 人工智能的创造性

"量变到质变的临界点就是人的解释能力，人解释不了的东西就有悟性，解释得了的东西就没有悟性。"〔2〕现代计算机的强大储存、搜索、计算能力对于古人来讲是无法想象的，若将其展示给古人，他们无疑会认为计算机具有"神力"。记忆、知觉、思考这些高级心理过程曾经被认为是无法可知的，是人类最具"灵性"的东西，但是认知心理学的发展让我们开始了解人类记忆的形成、人类思考过程等有关大脑的运行机制。目前，尽管人类得知大脑的思维过程是神经元的作用结果，但对由1000亿个神经元和上万亿的神经突触组成的庞大神经网络系统

---

〔1〕 比如，纽厄尔和司马贺一直主张用"复杂信息处理"这个词，以致他们发明的语言就叫 IPL（Information Processing Language）。

〔2〕 尼克：《人工智能简史》，人民邮电出版社 2017 年版，第 30 页。

如何分工协作，人类并不知晓，那灵感的一现究竟是哪些神经元在作用、如何作用更是无法得知。于是，人类就将自身创造物默认为具有一定创造性。[1]

目前，人工智能已经实现对人脑功能的部分模拟，具备一定的创造力。脑科学家对大脑的工作方式已经达成一致，即以神经元为基本单位进行信息的加工和传递。神经元由树突（信息接收器）、细胞体（信息加工器）、轴突（信号传送器）组成，当树突接收到信息后在细胞体内进行加工，结果达到一定阈值，神经元就会产生兴奋，该结果就会经由轴突中的轴突末梢传送到下一个神经元，然后进行下一次的计算。受人脑工作方式的启发，神经网络开始兴起，目前深度神经网络（DNN）成为许多 AI 应用的基础。神经网络由输入层、隐藏层、输出层组成，输入层等同于树突用来接收信息，隐藏层等同于细胞核，用来计算、处理信息，输出层等同于轴突末梢，通过构建多个"神经元"，从而形成"学习力"。目前，人工智能创造物的深度学习主要依靠的就是隐藏层，隐藏层层数和人工智能的学习能力成正比关系。人工智能创造物虽然是依靠某种模型深度学习的结果，但输入与输出并非一一对应，模型具有产生随机性结果的可能。在人工智能的暴力运算模式下，人们并不知道创造物具体是如何产生的，这种未知状态下的结果与随机性的输出（基于一定算法下的随机性）就具备某种程度的创造性。

关于人工智能创造性这一领域的研究早在 60 年前的达特茅斯会议上就曾提出过[2]，如今认知心理学的发展让这一目标的

---

[1] 作品奉行自动创造原则，只有在产生具体纠纷时，才会认定是否具有独创性。
[2] 早在 60 年前的达特茅斯会议上，麦卡锡和明斯基在建议书中罗列的计划研究的七个领域其中就包括随机性和创见性。

实现有了努力的方向。该学科认为,人类创造力能力的形成是在一定条件下逐步发展而成的,创造性成果的产生也是有章可循的。比如有心理学教授认为[1],语言语法、符号的使用、情景聚焦等条件构成了人类创造力产生的基础,创造性思维也是信息加工的过程,只不过这一过程运用了概念组合、类比推理等方法,并存在某种机制。该教授认为认知心理学是与人工智能最为接近的取向之一,借助该学科对创造力概念的界定和特征的提取,对创造性思维过程中认知关键的要素的解析能够有力地促进人工智能创造力的研究。

3. 人工智能的创造性能够被著作权法所接纳

包括著作权法在内,整个知识产权制度都曾将智力成果作为保护对象的必要前提,但这一历史的产物终将随着时代的发展而改变。在古罗马法中,先占是拥有所有权的基础,将知识产权这样一种无形财产归属于某个个体是否正当引起了人们的讨论。借助于洛克的劳动财产理论,支持者认为,智力劳动与体力劳动并无本质区别,智力劳动作为重要的辩护理由因支持着知识产权的正当性基础而被突出强调,直到商标法的出现,知识产权才由单一的智力成果权变为"智力成果权—商业标记权"二分法[2]。

同样,在著作权法领域,数据库的保护也削弱了智力成果在著作权领域的绝对地位。随着数字技术的发展,数据库的价值愈发凸显,但其价值主要体现在丰富的数据资料,内容或编排并未体现智力性,按照传统的著作权理念,数据库无法纳入著作权保护范围,但数据库的建立需要大量人力和资本的支持。

---

[1] 陈浩:"人工智能 AI 产生创造力之前:人类创造力的认知心理基础",载 https://www.yangfenzi.com/keji/70412.html,访问日期:2018 年 12 月 1 日。

[2] 李琛:《识产权法关键词》,法律出版 2006 年版,第 7~8 页。

为了保护开发者的利益，促进数据库的进一步发展，1996 年欧盟颁布《数据库保护指令》，根据该指令，只要数据库的制作包含了实质性投资，制作人便可以禁止他人提取数据库的全部或者大部分内容，这种制度的设定将保护的重心从智力成果转至投资与劳动。可以看出，随着时代的发展，知识产权制度在不断地淡化其产生的历史痕迹，著作权制度也持有一种包容态度，不再将人类智力作为保护的唯一核心。

面对新生事物，人们总会需要一定的适应期，当前人工智能已经拥有属于自己的创造性，而且将会随着技术的发展更加具有创造力。同时，随着人们对人工智能认识的进一步加深，相信在不远的将来，人们将会更加理性、正确地对待人工智能，而不是如当今一般，要么否定它的智能特质，要么过度地将其神化。通过分析可知，人类智力劳动在著作权制度中的绝对地位已经弱化，著作权制度并不当然排斥非人类智力劳动成果，人工智能具有存在的空间。因此，就人工智能创造物这一问题而言，我们应该讨论的是：人工智能的这种创造力是否值得保护，对其保护是否符合著作权制度目的，即人工智能创造物是否值得保护。经过上文的分析可知，对人工智能创造物进行保护符合著作权制度目的而且具有保护的必要性。

（四）人工智能时代独创性的解读

1. 作品独创性之分析

尽管独创性是版权作品的本质属性已成为当今世界的共识，但是对独创性的认识并不一致。首先体现在作者权体系和版权体系对独创性概念认识的本质上的不同。在作者权体系中，作者的个性反映是独创性的应有含义，作品应当反映出作者的人格、精神，相关的表达只有在体现了作者的精神和人格的时候，才可以成为著作权保护的作品；[1]而版权法体系更关注财产权利，并没有所谓的人格的要求。之所以对独创性概念有着根本性不同的认识，就在于他们的理论基础不同，两者的立法目的、价值不同。

作者权体系在人格权理论基础上孕育而成，最有影响的是康德和黑格尔的学说。康德认为"书是一种特殊形式向公众讲的话，也可以说是作者通过他的出版人公开地作演说"[2]，他区分了书作为实在物的载体性质以及书的内容，将作品视为作者进行言论表达的一种特殊方式，体现了艺术作品是作者人格表达的观念。黑格尔认为，人有权将自己的意志体现在任何物中，因而使该物成为我的东西。人的创作活动是人的自由意志的外露，作品是人的主观意志的客观定在，人的意志的绝对性决定了人对作品享有绝对的自然的权利。[3]

值得注意的是，著作权制度中"作品反映人格"的观点是建立在先验唯心主义哲学和浪漫主义美学认识的基础之上的，然而此种理论基础早已成为过去时。19世纪的法国处于浪漫主义美学思潮之中，这种理念高度重视个性主张，把人看作高于自然、具有创造性和批判性的主体。这样一种对人的主体地位的尊重和个性要求成为作者权体系"个人创作"原则和"个性印记"标准的思想渊源。[4]当时的作品多是作者本人创作，理论上把作者放在第一位是可行的，人格理论也确实为当时的著

---

[1] 李明德："论作品的定义"，载《甘肃社会科学》2012年第4期。

[2] [德] 康德：《法的形而上学原理——权利的科学》，沈叔平译，商务印书馆1991年版，第112页。

[3] 张建邦："精神权利保护的一种法哲学解释"，载《法制与社会发展》2006年第1期。

[4] 张建邦："精神权利保护的一种法哲学解释"，载《法制与社会发展》2006年第1期。

作权提供了正当性基础。但是随着经济的发展，创作的集团化趋势增强，作者和作品之间的联系也并非如以前一样紧密，法人作品出现在著作权制度中，表明著作权不再单单以作者为其主要主体，作品中体现人格的人不再是——至少不主要是著作权的受益者时，人格理论不能再是著作权的正当性基础。此后，计算机软件这样并未体现作者人格的智力成果被纳入著作权保护范围，更是削弱了独创性体现出的人格要求作用。20世纪以来，符号主义美学、后现代主义美学等新的流派层出不穷，个体创作模式的时代也早已成为过去，至少独创性应体现作者人格这一理念已成为时代的痕迹。

其次，关于独创性的标准也并非是统一固定不变的。英美法系国家曾以"额头流汗"作为标准，虽然最终改为"最低限度的创造力"，但与大陆法系所称的"最低限度的创造力"仍然有所区别。一个偶然拍摄的照片在英美法系国家可以认定为摄影作品，但在德国或许只能受邻接权保护。有学者认为不同作品类型对独创性要求也不同，文字作品中，力求反映真实历史的文学作品要与史实基本符合，故而作者的创造空间不大，独创性标准应当相对较低，否则会使很多创造性的作品无法受著作权的保护。而诗歌、散文等文艺作品受客观事实的约束较小，独创性标准应相对较高，以鼓励优秀作品的创造。[1]

可见，出于不同的立法价值、目的以及社会环境等因素的考虑，人们对独创性的本质及标准有着不同的认识。

2. 独创性标准应当向客观标准倾斜

作品要素包括增量要素和存量要素[2]，任何作品都要利用

---

[1] 赵锐："作品独创性标准的反思与认知"，载《知识产权》2011年第9期。

[2] 王坤："知识产权对象中存量知识、增量知识的区分及其功能"，载《浙江社会科学》2009年第7期。

以往符号型的知识世界的既存要素，独创性的本质就在于在原来的存量要素基础上增加增量要素，这些要素包括新的思想、情节、形象、布局、风格等〔1〕。独创性并不神秘，它只是要求作品有一定的增量要素。因此，只要作品中包含有这些增量要素，就应该认定为具备独创性，体现作者的人格、思想并非是独创性的内在要求。此外有学者借助现代艺术理论〔2〕，将作品中要素分为三个层次：表层、中层和深层，表层要素是作品外观上的符号形式；中层要素是作品中的框架或主体，比如在小说中的结构、剧情、人物形象等；深层要素才是作品想要表达的意蕴、思想观点〔3〕。对于艺术作品来讲，其表层是由线条、色彩等艺术语言形式所构成的整体，某些艺术语言形式本身就具有审美价值〔4〕，比如，在毛笔字中，笔画的粗细、用墨的多少、线条的轨迹、用笔的轻重等的不同能够带来不一样的表现力，因此有独创性的表层要素仍然可以构成作品。那些所谓的表现出作者人格部分的要素仅仅存在于深层要素中，将这种深层要素的独创性作为可版权性的要求，将会使大部分作品被排除在著作权保护范围之外，不符合著作权立法目的。人工智能创造物即使不具备深层要素，但其在表层要素上的惊人表现已经毋庸置疑。

任何概念的设定都有其目的，进行解释时我们必须回到其设立之初的目的。独创性理论并非与版权制度一起产生，其产

---

〔1〕 施文高：《比较著作权法制》，三民书局1993年版，第614页。

〔2〕 现代文学理论把文学作品分为语言层、形象层和意蕴层。参见彭吉象：《艺术学概论》，北京大学出版社2006年版，第328页。

〔3〕 王坤："论作品的独创性——以对作品概念的科学建构为分析起点"，载《知识产权》2014年第4期。

〔4〕 参见彭吉象：《艺术学概论》（第3版），北京大学出版社2006年版，第320页。

生的目的是为了区分公共领域和私人领域，将个人情感添附于独创性之中是作者权体系人格属性的表现之一。作品中体现作者的思想感情本身就非必然的事情。哲学大师罗兰·巴特讲过"是语言在说话，不是作者在说话"，在符号哲学美学观点中，艺术并非是实际情感的表达，而是情感概念的表达。我们无从考证作者创造作品时的情感，我们从作品中体会到的部分仅仅是我们自认为的"文本想要表达的思想"，并非作品本身的思想。[1]，甚至有时作者自身亦会忘记创作时的心境和思想，当作品产生后，作者就已经死去，我们只有从作品本身出发，才是对作品的正确解读。而诸如计算机软件作品、地图作品等功能性作品如果说是体现了作者的人格实在难以让人信服。这种将精神、思想等人格要素纳入到独创性的考量之中不但没有法律意义，而且还会混淆独创性理论的设置目的。

著作权制度的发展与艺术理论的发展关系密切，不管艺术理论如何发展，其本质上都是在处理作者（生产）、作品（中介）和受众（解读）三者之间的关系，长期以来艺术理论过分突出了作者的地位，而忽略了受众地位。艺术作为一种审美产生和接受的活动，应当是一种动态的过程，作者生产作品只是整个过程的第一个环节，只有当作品被受众解读后才算是一个完整的过程。如果没有受众去解读作品，那如何产生新的作品或新的思想，要知道一切作品的产生都无可避免地要受到前人的影响。创作是一种对受众产生精神影响的活动，艺术的意义在于受众的审美活动，[2]这一理论避免陷入完全客观的独创主义标准，能够很好地解决人工智能创作物的可版权性问题，同时又符合立法目的。即是否属于版权作品，不以作品来源于人

---

〔1〕 李琛：《论知识产权法的体系化》，北京大学出版社2005年版，第73~74页。
〔2〕 梁志文："版权法上的审美判断"，载《法学家》2017年第6期。

类还是非人类为标准，而是从人类受众的角度来看，它是否产生审美的精神效果。

有些学者认为，采用客观主义标准，仅从作品本身考虑独创性问题，会无端扩大著作权的保护范围[1]，将诸如非人类的成果纳入到保护范围之内，比如，马尾作画产生的"马尾画"[2]。不可否认，如果独创性认定采用客观主义标准，将会产生将"马尾画"纳入著作权保护范围内的可能。这里就会产生一个疑问，既然以前对相关问题已经进行了讨论，为何如今又要再一次讨论。这就需要指出两者的区别所在。首先，两者在数量上的不同，目前人工智能在音乐美术文学等领域都有不少的作品，其几秒生成一段乐曲，几秒产出一篇简讯的效率让人类惊叹，而动物作品并没有听说过实际的事例。其次，质量上的不同。正如前文中提到的，人工智能创造物已经得到一定程度的认可，[3]而且有关人工智能美学的研究也开始兴起。对于动物作品而言，人们更多地认为其是毫无美感的痕迹。也正是上述的特点，人工智能不仅带来了工业上的革命，更是对哲学、法律、美学等多个领域产生了冲击，人工智能创造物并非如动物的画作一般，它已经对人类社会产生了影响，创作不再专属于人类，我们应当改变以往的思维，出于对人类创造和整个法律秩序的稳定的考虑，出于促进文化艺术领域繁荣的目的，不应再坚持主观主义标准，独创性标准向客观主义倾斜是顺应时代发展的正确选择。

---

[1] 杨述兴："作品独创性判断之客观主义标准"，载《电子知识产权报》2007年第8期。

[2] 该学者假设，一匹马站在巨型白布上，在马尾上涂满墨汁，然后用力鞭打马背，马负痛狂奔，马尾抖动，墨汁飘零，滴洒于白布之上，白布上的墨迹能否被认作是经典画作，具有独创性？

[3] 知乎邀请小冰为其创作知乎年会歌曲；日本小说机器人创作的小说入围。

(五) 人工智能创造物构成作品是时代发展的趋势

1. 影响著作权制度的发展因素

亚里士多德称:"我们如果对任何事物,对政治或其他各问题,追溯其原始而明白其发生的短绪,我们就可以获得最明朗的认识。"[1]有学者认为,"著作权法发展的历史就是一个不断地对技术挑战作出法律反应的过程"[2]。这句话概括的不够全面,著作权不单是在技术的推动下发展的,同样是在思想、技术、经济、政治等多种因素综合作用下形成并逐渐完善的。

在活字印刷术发明以前,复制作品要靠手工的抄写,这种方式费时费力,因此复制的图书数量很少,而且当时复制的作品主要是为了世俗和宗教服务的古人著作和宗教教义,为了使自己的思想传播出去,作者非常乐意他人抄写自己的作品,甚至还要请别人抄写或印制。古登堡活字印刷术发明后,印刷术发展迅速。同时,适逢文艺复兴,社会上层人士对知识的要求增加,印刷业迅速发展,出版商在利益的驱使下请求统治者给予印刷特权,而当时的欧洲政教之争愈演愈烈,要求解放思想和个人自由的呼声越来越高,统治者为了控制言论,同意出版商的要求,封建特权的印刷许可制度由此诞生。需要注意的是,我国可考证的印刷术最早出现在南宋时期,朝鲜使用印刷术的时间也早于欧洲,但是南宋及以后的朝代和朝鲜并未孕育出版权制度,而在欧洲,英国也并非是使用印刷术的国家,因此有学者认为,促使版权产生的更多的是经济动因,而且这一理念贯穿始终[3]。

思想的进步孕育了第一部版权法,并形成当今世界的两大

---

〔1〕 [古希腊] 亚里士多德:《政治学》,吴寿彭译,商务印书馆1965年版,第4页。
〔2〕 韦之:《著作权法原理》,北京大学出版社1998年版,第4页。
〔3〕 郑成思:《版权法》,中国人民大学出版社1990年版,第9页。

版权体系。17世纪中下叶，以"私有财产神圣不可侵犯""人生来自由平等"等思想为旗帜的资产阶级革命爆发，存续三百年之久的印刷许可制度面临挑战，出版商亦认识到作者才是各种作品产生的源泉，为了鼓励学术的创作，英国议会于1710年通过《安娜女王法》。18世纪、19世纪法国在天赋人权以及康德思想的影响下，形成了不同于英国的作者权体系。

技术的发展则进一步扩充了著作权制度的内容。最初，向公众传播文字作品的唯一途径是印刷，因此，当时著作权的主要内容是复制权，随着录音、电影、互联网等新技术的出现，著作权的内容不断扩充，甚至看起来与著作权制度格格不入的计算机软件也被纳入了著作权保护范围内。

人工智能不仅是技术上的一次突破，更是对社会经济和人类思想带来不小的影响。它已经引起哲学、生物学、心理学等领域的讨论，给人类带来一次巨大的冲击[1]，使得人类思考自身，对民事法律责任制度、隐私权、平等权、法律主体等法律制度产生了重大影响。

2. 人工智能创造物的可版权性逐渐被认可

尽管各国一开始对人工智能创造物可版权性的态度不同，但随着人工智能技术的发展，研究者逐渐意识到，认定人工智能创造物是否符合作品的核心仍然是独创性问题，不能仅仅因其非人性而被排除在作品范畴之外。不少国家对这一问题的态度从否定转为肯定，其中以美国为典型。在计算机技术发展之初，有人利用计算机创作上千首歌曲，并请求美国版权局予以登记，但美国版权局以"从未有过对计算机创作作品认定"为由，拒绝对这些歌曲进行登记。此后，美国就"计算机创作"

---

[1] 朱体正：".人工智能时代的法律因应"，载《大连理工大学学报（社会科学版）》2018年第2期。

问题进行讨论，1973年《美国版权局工作手册》指出，《版权法》上的作品要求该作品必须是由人所创作[1]。1978年美国国会成立"新技术时代作品委员会"（CONTU）以应对技术给版权带来的影响，在对计算机生成内容的研究过程中，部分学者提出"计算机创作物的主体不是人类，因而不能构成作品"的观点。但最终的报告指出，认定是否构成作品，关键在于其是否具备《版权法》的要求，计算机创作物同样如此，计算机是否参与对其不产生影响，但同时也指出"计算机不能成为作者"。1986年美国国会技术评价委员会的一份报告中认为，尽管计算机缺乏自动性，但这并不意味着计算机在生成物生成的过程中没有发挥任何自动性，因为计算机创作物产生于人类与计算机的交互之中。现实的需求促使美国较早地关注到人工智能创造物的版权问题，随着技术的发展，美国对待人工智能创作物可版权性的态度产生了转变。目前，美国专利商标局认为，人工智能创造物作为人类劳动和创新的间接产物，应当受到知识产权法的保护。

欧盟在这一问题上则更为主动。2015年1月欧盟为了研究人工智能发展的有关问题成立专门的小组，随后，该组织相继发布了《就机器人民事法律规则向欧盟委员会提出立法建议的报告草案》《欧盟机器人民事法律规则》。2017年1月，法律事务委员会建议欧盟委员会就机器人的主体问题以及创造物的版权问题进行立法，包括有：对机器人进行分类，并建立分类标准，建立高级机器人登记制度，考虑赋予复杂机器人法律地位。此外，需要界定出人工智能的"独立创造"标准，以便可以明确版权的归属。

---

[1] 熊琦："人工智能生成内容的著作权认定"，载《知识产权》2017年第3期。

随着生产力的发展，我们对法律的理解也应该不断修正。古罗马时期，受制于生产力和认识能力，罗马法仅将有形物视为有体物，财产权的对象也只有有体物；资本主义时代，在一次次革命的冲击下，人们对自身和社会有了更深的认识，财产权的对象从有体物扩展到无体物再扩展到智力劳动成果领域，著作权制度也因此得以建立；此后，随着技术的发展，著作权制度不断修正，内容不断丰富，计算机软件这种看起来与著作权制度格格不入的对象也纳入了保护范围。不可否认，人工智能技术对人工智能创造物的版权问题有着重要影响，正如日本在报告中指出，人工智能创造物的版权问题不能草率决定，需要根据技术的发展来进一步判断。如今，人工智能技术已经得到实质性突破，其对人类社会和自身造成的影响之大也早已超过以前。因此，我们应从著作权制度目的出发积极寻求人工智能创造物版权问题的解决之道，以长远的眼光对这一问题进行研究。

四、人工智能创造物的权利归属

权利归属是知识产权制度不可缺少的部分，只有将作品的权利主体界定准确才能够激励"作者"创造出更多作品，实现著作权制度的目的。虽然理论界对人工智能创造物是否能够认定为著作权法上的作品仍有分歧，但大多数都认为应当对其权利归属作出合理安排，以促进相关产业的发展，维护市场秩序和法律秩序的稳定。

（一）权利归属原则的几种观点

1. 人工智能本身所有

在讨论权利归属问题时，首先考虑到的就是人工智能自身是否能够成为权利主体，不少研究者认为，人工智能创造物的著作权可以归属于人工智能本身。对这一观点的论证主要有两个路径：第一，将人工智能认定为民事主体。人工智能的高度智能性及大范围的使用将会对人类社会形成一定的影响，人工智能的地位终会得到法律的承认，因此需要法律针对人工智能作出一定的修正[1]。2017年10月26日，沙特阿拉伯授予机器人"索菲亚"以公民身份，第一个具有公民身份的机器人诞生，人工智能的主体地位得到法律的认可是符合历史发展规律的。第二，类比法人制度，将人工智能拟制为法律上的主体[2]。法律人并不等同于自然人，拥有权利能力并不依赖于人的生命，奴隶曾不被认为是法律上的主体。由于社会的发展，国家、法人、社会团体成为法律上的主体，民事主体经历了从"人可非人"到"非人可人"的过程[3]，将人工智能纳入法律主体范畴不应被当然排斥。如今，人工智能的发展之势要求法律必须对其主体资格作出回应，人工智能亦应可以成为法律上的主体。

诚然，法律应当随着社会的发展而不断调整，但将人工智能认定为法律主体的条件还远远不够。其一，目前的人工智能仍处在并且将长期处在弱人工智能时代，只有具有独立意识和行为能力的强人工智能才能够对人类社会产生足够的影响，而那样的时代仍然十分遥远。人工智能在未来的很长一段时间内，并不能当然地成为法律主体。此外，人工智能是否应被认定为法律上的主体，不仅是法律上的问题，更涉及伦理与道德的争议，将人工智能认定为法律主体需要伦理学和哲学上相关研究的支撑，目前相关领域对这一问题并没有进行充分的讨论。其二，权利主体和权利客体不能互换是私法领域的一个基本理论，

---

[1] 刘宪权："人工智能时代的刑事风险与刑法应对"，载《法商研究》2018年第1期。

[2] 张玉洁："论人工智能时代的机器人权利及其风险规制"，载《东方法学》2017年第6期。

[3] 汪渊智：《民法总论问题新探》，人民法院出版社2005年版，第63页。

人工智能作为权利指向的客体，不论是否能够创作作品，它仍然无法突破客体的身份。而且，基于权利与义务相对应的原则，将人工智能拟制为法律主体，必然需要对其责任承担问题作出安排，需要对人工智能侵权或犯罪时的意思表示进行明确，但人工智能并没有意思表示能力。正如吴汉东教授所言，人工智能不是具有生命的自然人，也与由自然人组成的法人等团体不同，对于人工智能是否能够拟制为法律上的主体，在法理上尚有商榷之处。[1]综上，从人工智能发展的技术水平和社会思想的发展来看，人工智能在未来很长一段时间内并不具备成为法律主体的条件，人工智能创造物不能归属于人工智能本身。因此，对人工智能创造物权利归属的设计应当在编程者、使用者和所有者之间讨论。

2. 编程者所有

持编程者所有的观点认为，人工智能创造物本质上仍是编程者意志的体现。[2]人工智能创造物由计算机软件产生，而计算机软件由编程者设计，编程者对人工智能创造物的结果产生了实质性的影响，因此，人工智能创造物的所有权应当由编程者享有。应当注意的是，该观点的前提在于编程者能够在一定程度上控制人工智能的输出结果，如此，编程者才能对人工智能创造物有实质性贡献之可能。然而，通过上文的分析，在某些人工智能系统中，编程者并不能对输出结果施加此种影响。编程者仅仅是研发了某种系统，只是对系统的形成起到了决定性作用，但至于该系统能够产生怎样的结果并不能预测到。这就好比编程者只是搭建了机器人的神经系统，知道了神经系统

〔1〕 吴汉东：“人工智能时代的制度安排与法律规制"，载《法律科学（西北政法大学学报）》2017年第5期。

〔2〕 熊琦：“人工智能生成内容的著作权认定"，载《知识产权》2017年第3期。

的运作方式，但仍然不能对每一次的运作结果做出预测，人工智能的智能性已经将编程者和输出结果之间的联系切断，并不能一概认为编程者能够控制人工智能的输出结果。此外，软件权利归属于编程者即已经实现对其利益的保护，若再将人工智能创造物归属于编程者，有违公平。

3. 使用者所有

使用者说认为，使用者启动智能系统、输入数据，对人工智能创造物的生成具有直接的作用，而《版权法》总是将作品首次固定在有形载体上的主体作为作品的作者。[1]的确，人工智能在没有人操作的情况下并不能自动生成作品，但操作者并不需要输入复杂的数据，一张图、一个词、甚至一个字都可以促使人工智能生成结果。以微软小冰的写诗功能为例，使用小冰写诗时，有两种类型的数据可供输入："图片"和"文字"。其中，"图片"是每次创作都必须输入的，一次创作必须而且只能提供一张"图片"，而文字部分则是可选项。经过笔者测试，随便输入一张"图片"（即使是一张空白的图片），小冰也能写出诗，而且在两次输入的"图片"或"图片"+"文字"完全相同的情况下，小冰写的诗也不一样。可以看出，此种情况下的操作者仅仅启动了人工智能的"开关"，操作者的贡献率相当低，此时将人工智能创作物的著作权归属于操作者显然不合理。[2]不可否认，在某些情况下，使用者对人工智能创作物会进行一定的选择、编排和修改，此种修改、编排亦有可能达到《著作权法》对于独创性的要求，但并不能因此而认定人工智能创造物

---

〔1〕 易继明："人工智能创作物是作品吗？"，载《法律科学（西北政法大学学报）》2017年5期。

〔2〕 我国著作权法实施条例中规定"为他人创作进行组织工作，提供咨询意见、物质条件，或者进行其他辅助工作，均不视为创作"，相比于上述几种情形，操作者的"启动"更不值得保护。

归属于使用者，毕竟使用者的修改是在原生成物基础上的二次创作，直接将人工智能创造物的权利归属于使用者容易造成对其他主体合法利益的忽略。

4. 所有者所有

持所有者所有观点的理论认为：类比法人作品制度，从保护投资者利益的角度出发，人工智能创造内容在《著作权法》上也可视为代表设计者或训练者意志的创造行为，将人工智能的所有者视为作者在制度上不存在障碍。[1]此外，人工智能的研发类似于电影生产过程，需要大量的投入。出于政策的考量，投资者是最需要被保护的，而且创造物的产生是多方努力的结果，可以类比电影制度将权利赋予所有者。法人作品体现的是法人的意志，人工智能输出的随机性也并不能代表所有者意志，类比于法人制度似乎有些牵强。《著作权法》是一个利益平衡法，权利归属于谁要综合各种因素，不能纯粹为了解决问题而单方面地类比现有的某种制度，应该有应对未来的胸怀。

5. 孳息理论下的权利归属

知识产权与物权属于同一逻辑层次、处于同一位阶、源自于同一"血缘"的民事财产权，[2]受《物权法》中孳息理论的启发，人工智能创造物可视为孳息，并按照孳息理论对权利归属问题作出安排。[3]按照该观点，人工智能创造物更符合天然孳息的特性，可以按照天然孳息的权利归属原则——原物主义和生产主义的归属原则进行安排。人工智能创造物作为原物

---

〔1〕 姚志伟、沈燚："论人工智能创造物的著作权归属"，载《湘潭大学学报（哲学社会科学版）》2018年第3期。

〔2〕 刘春田："知识产权作为第一财产权利是民法学上的一个发现"，载《知识产权》2015年第10期。

〔3〕 林秀芹、游凯杰："版权制度应对人工智能创作物的路径选择——以民法孳息理论为视角"，载《电子知识产权》2018年第6期。

(人工智能)所生孳息,应归属于人工智能。当人工智能为投资者所有时,人工智能创造物归属于投资者;当人工智能因买卖或出租而产生变动时,人工智能创造物应归属于使用、管理人工智能的"用益物权人"。

孳息不仅仅适用于《物权法》领域,我国的《合同法》《婚姻法》中也存在有关孳息的规定,德国和日本的《民法典》更是将孳息规定于总论部分。可见,知识产权作为民法的一部分,孳息理论亦有适用的空间。自孳息理论产生以来,其范畴呈现不断扩大的趋势,从最初的土地生产的作物到资本的盈利,从而产生法定孳息和天然孳息之分,孳息理论对知识财产表现出极大的宽容,将人工创造物认定为人工智能的孳息符合法律逻辑。[1]采用孳息理论能够很好地回避作者与作品之间的思维定式,能够很好地解决著作权制度在面对人工智能创造物时的窘境,从而对该财产之归属作出合理的安排。

(二)投资原则下的所有者归属原则

1. 以创作者和投资者为中心的归属原则

在著作权制度产生之初,作品唯一的由自然人作者产生,依据洛克的劳动理论,"谁创作,谁所有"理论成为著作权的归属原则。尽管后来的大陆法系并非成长于洛克理论的土壤,但"作品是作者人格的反应"的观点,依然表现出著作权应该归属于作者。因此,在文艺领域,在作为个体的自然人是文艺产品的供给者的情况下,不论是普通法系抑或大陆法系,"谁创作,谁所有"的理论都能在各自的理论框架内自圆其说。直到工业革命,录音录像制作者、广播者等传播者的加入,使得版权产业愈加繁荣,极大丰富了人们的文化需求,而这些作品难以由

---

〔1〕 黄玉桦、司马航:"孳息视角下人工智能生成作品的权利归属",载《河南师范大学学报(哲学社会科学版)》2018年第4期。

个人完成，其往往需要大量人力、资本来组织、协调，投资者要求被保护的呼声越来越大。[1]

对此，两大法系采取了不同的应对方式。版权体系中，由于作品仅仅视为一种财产，将投资者直接视为作者便能很好地解决这一问题，于是发展出拟制作者，雇主可以作为作者拥有雇佣作品的所有权；大陆法系较为重视作品的人格属性，创设了邻接权这一制度，在面对电影这一特殊的文化形式时，法律上直接作出了权属安排：将电影中众多主体的著作权统一归于制片者，这种妥协性的立法安排实现了电影中投资者和创作者的利益平衡。但此种妥协性的立法安排却不被后来的计算机软件产业所接受，最终再次做出妥协，规定计算机软件的著作权属于开发者。[2]由此，创作者不再是唯一的作者，著作权制度上的作者经历了以创作者为中心到以创作者和投资者为中心的转变。

2. 投资原则下的所有者归属原则

著作权法是一部利益平衡法，制度安排要考虑多方利益，对于人工智能创作物而言，将著作权归属于所有者是最合理的安排。经过上文的分析，人工智能领域无法适用创作者原则，而保护投资者原则之下的所有者是最为妥善的安排。人工智能同电影、唱片等类似，其创作物的产生依赖于大量资本的投入，在著作权归属问题上，必须考虑投资者利益，采用投资者原则。

首先，创作原则在人工智能创作物领域没有适用的空间。"谁创作，谁所有"的创作原则建立在洛克的劳动理论基础上，这一理论以自然人享有权利为基础，而人工智能并不具有法律

---

[1] 熊琦："著作权法中投资者视为作者的制度安排"，载《法学》2010年第9期。

[2] 孙新强："论作者权体系的崩溃与重建——以法律现代化为视角"，载《清华法学》2014年第2期。

主体的资格,而且人工智能并不具有意识,保护作者人格利益的理论也不能适用。此外,正如上文所述,人工智能创作物的这一输出结果并不由编程者、所有者、操作者等主体所控制,亦不能依创作原则将著作权归属于上述主体。其次,采用投资者利益原则有利于人工智能技术的发展。人工智能技术的发展依赖于计算机、哲学、神经学等众多的学科知识,一项技术的研发或成果的完成往往需要极大的资金投入以及专业的团队来完成。目前,人工智能处于行业发展之初,有诸多的技术难点需要攻克,只有在大量资本的支持下才能促进技术的不断发展。

五、结论

目前,人工智能创作物在表现形式上已经同人类作品难以区分,大量的人工智能创造物将会涌入市场,为了进一步促进人工智能技术的发展,满足人们的精神文化需求,有必要对人工智能创造物进行合理的安排。多年前,不少国家就已经对计算机生成物进行讨论,其态度也从一开始的否定转变为中立甚至肯定,如今的人工智能技术已得到更进一步的发展,人工智能创造物的非凡表现让我们不得不重新思考相关制度。何为作品,如何认定作品才符合制度设计目的?不可否认,人工智能创造物都是一定算法的结果,但我们不能因其是算法的结果就将其排除在著作权作品范畴之外,从制度目的出发才是正确的思路。

何为创造性?这在哲学或心理学上都未有定论,但在著作权制度中,可以找到这一问题的答案。独创性制度设立目的在于区分公共领域和私人领域,以鼓励个人创作,作品本质上是符号性的表达,其由增量要素和存量要素组成,拥有独创性即要求拥有一定的增量要素,因此判断独创性的关键在于识别增量要素。任何制度的产生都有其时代的特点，浪漫主义思潮影响下的"作品体现作者人格"要素逐渐淡化，从创作主体角度出发的独创性判断标准已经不适合时代的发展，"作品一旦产生即已死去"，采用客观性的独创性标准能够很好地解决人工智能创造物带来的难题，也符合后现代主义美学理论。

权利归属是人工智能创造物版权领域的另一重要问题，《著作权法》是一部利益平衡法，作品归属决定这一目标是否能够实现。如今，著作权制度的权利归属原则也从"创作者原则"转变为"创作者和投资者"原则，对于人工智能创造物，创造者原则没有适用的可能性，因此应当采用投资者原则。因此，将人工智能创造物归属于人工智能所有者既有理论基础又符合现实状况。

自动驾驶汽车侵权责任问题研究

一、绪论

（一）研究背景与研究意义

自动驾驶汽车这一概念很早之前便被提起，但是由于当时各方面的技术所限，这一概念也仅仅是停留于概念上，并没有实质性的进展。然而，近年来人工智能发展非常迅速，人工智能技术已逐步渗透到人类社会的各个方面，无论是用于休闲娱乐的国际象棋、围棋、德州扑克，还是用于实际需要的语音识别、医学诊断，人工智能技术辐射的领域越来越多，利用人工智能帮助甚至是代替人类进行决策正在逐步成为现实。

从2017年首次被写进政府工作报告，到2018年受到多位两会代表委员的关注，人工智能俨然已经成为两会的焦点。[1]在2019年十三届全国人大二次会议上，有发言人表示，全国人大常委会已经把某些与人工智能紧密相关的立法项目列入立法规划，同时将人工智能相关立法列入抓紧研究项目，努力为人工智能的创新发展提供有力的法治保障。[2]

自动驾驶车辆作为人工智能的产品之一，也离我们越来越近。百度CEO李彦宏通过视频直播了其乘坐自动驾驶车辆驶上

---

[1]"人工智能立法提速 把握'边界'是关键"，载http://media.people.com.cn/n1/2019/0305/c40606-30957335.html，访问日期：2019年3月19日。

[2]"代表委员建议加快人工智能立法，为产业创新发展提供法治保障"，载http://www.npc.gov.cn/npc/xinwen/dbgz/2019-03-19/content_2084088.htm，访问日期：2019年3月19日。

北京五环的情形,把国产自动驾驶车辆领域的发展现状展现于公众眼前。[1]自动驾驶技术在全球范围内已然取得卓有成效的发展,但是现阶段的自动驾驶车辆并不绝对安全,仍然会不可避免地发生交通事故。这几年来,在全球范围内曾发生过多起自动驾驶车辆交通事故。2016年1月,我国河北省邯郸市一名驾驶特斯拉汽车的车主意外发生追尾事故,车主当场死亡,该案经过1年多时间的调查取证才认定事故发生时该车辆处于自动驾驶状态,但是对于事故责任如何承担并无结论。[2]事故发生不久,同年5月,在美国佛罗里达州又发生了一起特斯拉汽车由于自动驾驶而致人死亡的交通事故。[3]2017年3月,美国亚利桑那州一辆Uber自动驾驶车辆在实施自动驾驶测试时发生严重交通事故致使一行人当场死亡。[4]此类交通事故的接连发生引起了大众对于车辆自动驾驶技术的密切关注,与此同时也引发了全球范围内对于自动驾驶车辆侵权问题的法律适用难题的广泛关注。具有先天滞后性本质的现行法律已无法完全应对人工智能技术的迅猛发展,中国现有法律对于机动车事故成因及道路交通违法行为的认定,主要还是围绕当事人在事故中是否存在过错、车辆所有人是否尽到应尽义务和汽车制造商生产的车辆是否达到质量标准进行。在自动驾驶状态下,理论上驾驶人是不存在过错的,自动驾驶车辆一旦发生交通事故,实际的法

---

〔1〕 "李彦宏乘无人车上五环,百度自动驾驶的两年和三天",载 http://auto.sina.com.cn/zz/sh/2017-07-08/detail-ifyhweua4062938.shtml,访问日期:2018年12月26日。

〔2〕 "邯郸特斯拉事故致死案:公司承认案发时处'自动驾驶'状态",载 http://www.sohu.com/a/224419310_115479,访问日期:2018年12月26日。

〔3〕 "特斯拉致死事故后还能信任无人驾驶吗",载 http://tech.sina.com.cn/it/2016-07-03/doc-ifxtsatm1255793.shtml,访问日期:2018年12月26日。

〔4〕 "直击Uber自动驾驶汽车致行人死亡事故现场",载 http://auto.qq.com/a/20180320/005575.htm,访问日期:2018年12月26日。

律责任主体或许将涉及软件提供者、车辆制造商、车辆销售者等多方主体。那么怎样分配各责任主体的责任，建立相关法律规定，以便在其发生事故后完成责任主体认定、责任比例分配、事故责任落实、合理解决保险理赔或责任方赔偿等问题，是自动驾驶车辆在投入使用前亟待解决的难题。

（二）研究现状

张韬略及蒋瑶瑶等人对德国实行的《道路交通法》修订案进行了研究和探讨，他们发现，该修订案允许驾驶员按规定使用自动驾驶功能，但也规定了驾驶员在使用该功能时必须尽到相应的义务，同时制定了在使用自动驾驶功能时的数据类型，数据采集时机，数据存储、使用及删除等基本规定。此外，该法案还在原先的道路交通法的基础之上，建立了一套相对完整的自动驾驶车辆肇事权责规则，基本为自动驾驶车辆在德国的发展扫清了法律层面的阻碍。[1]

在探究自动驾驶车辆法律地位的问题上，冯珏等人认为，智能机器人不能准确理解并响应法律的行止要求、不能接受法律的调整、也不能理解财产对于其自身的意义，想要通过赋予智能机器法律人格来达到责任限定效果的做法不符合正义的基本要求，此外已有文献表明智能机器人与法人进行类比论证时没有考虑到自然人对于法人的重大意义，因此从理论上来看，是无法赋予智能机器人法律人格的。[2]张继红的观点与之相左，她认为，法律人格的赋予应当符合"法律适应社会并调整社会"

---

[1] 张韬略、蒋瑶瑶：“德国智能汽车立法及《道路交通法》修订之评介”，载《德国研究》2017年第3期。

[2] 冯珏：“自动驾驶汽车致损的民事侵权责任”，载《中国法学》2018年第6期。

的宗旨，而非局限于传统法律体系或概念。〔1〕

在自动驾驶汽车侵权责任主体认定的问题上，陈晓林等人认为责任主体难以认定，因为自动驾驶车辆的驾驶完全由自动驾驶智能操作系统掌控，而自动驾驶汽车智能系统是由众多功能性主体整合构建完成的，在现有的技术条件下，一般由汽车厂商、GPS导航地图提供者、自动驾驶系统设计者等其他主体构建完成。如果在这些主体当中不存在设计和制造问题，要确定侵权责任主体基本上是不可能的。即便是认定了相关责任主体，前述各个主体之间怎样厘定、分配责任，以及认定是连带责任或者独立责任等问题均是相当困难的。〔2〕

在自动驾驶汽车侵权的归责原则方面，白云武认为，参照目前的道路交通二元化的归责原则和民航飞机的无过错归责原则，对无人驾驶汽车进行归责是比较可行的方式，具体为：一是无人驾驶汽车之间，无人驾驶汽车和有人驾驶汽车之间实行过错归责原则；二是无人驾驶汽车和非机动车、行人之间实行过错推定的归责原则；三是无人驾驶汽车和车内乘员实行无过错归责原则。〔3〕

在自动驾驶汽车的责任承担问题上，司晓等人认为，设立赔偿基金、强制保险、赋予人工智能产品以法律人格、严格责任或差别化责任等，均可以作为解决人工智能产品造成损害的法律责任分配问题的潜在方案。但是法院或者立法者最后选择哪

---

〔1〕 张继红、肖剑兰："自动驾驶汽车侵权责任问题研究"，载《上海大学学报（社会科学版）》2019年第1期。

〔2〕 陈晓林："无人驾驶汽车对现行法律的挑战及应对"，载《理论学刊》2016年第1期。

〔3〕 白云武："无人驾驶汽车交通事故的法律责任分析"，载《交通运输部管理干部学院学报》2016年第2期。

种方案,仍需要进行全面的研究和论证。[1]王靖茹等人认为,国内对自动驾驶车辆责任问题的处理基本沿用传统机动车的赔偿责任,即基于 SAE 自动化分级的责任进行分类处理,与此同时建立起保险制度。[2]何波认为,在人工智能技术的发展过程中,已经出现了智能机器应当怎样承担责任、分配责任的法律问题。针对人工智能产品必须要面对的责任承担与主体认定等问题,法律界各方已经展开了广泛的研究。世界科学知识与技术伦理委员会和联合国教科文组织制定的《关于机器人伦理的初步草案报告》中对智能机器的归责问题进行了研究,这份草案报告提出了对于机器人责任分担的有效解决方案,那就是一切参与智能机器发明、授权和分配过程中的人或法人都应当承担相关的责任。[3]

(三) 研究思路

虽然自动驾驶车辆还未普及,但其出现和发展过程已经逐渐暴露了现有法律规则的不充足性和局限性。随着自动驾驶车辆的实际应用越来越近,适用于自动驾驶侵权问题的法律制度的制定已迫在眉睫。为了更加合理、高效地划分自动驾驶车辆侵权问题中各方主体的法律责任,本文采用文献资料研究法、实证研究法、比较研究法,参照已然发生的实际案例,对国外相关法律制度进行比较分析,探讨了自动驾驶车辆侵权的责任主体、认定原则和责任分配方案。

本文共分为四个部分,第一部分对自动驾驶汽车侵权问题进行了概述,包括自动驾驶汽车的概念、分类、侵权行为的特

---

[1] 司晓、曹建峰:"论人工智能的民事责任:以自动驾驶汽车和智能机器人为切入点",载《法律科学(西北政法大学学报)》2017 年第 5 期。

[2] 王靖茹:"自动驾驶汽车事故责任问题研究",载《河北科技师范学院学报(社会科学版)》2017 年第 4 期。

[3] 何波:"人工智能发展及其法律问题初窥",载《中国电信业》2017 年第 4 期。

殊性以及自动驾驶车辆的法律地位。正是由于这些特殊性导致自动驾驶车辆交通事故中的责任认定变得异常困难,当未来的车辆能够实现自主决策和行驶,能够在不同情境下做出不同反应,甚至能够做出人类设计者无法预计到或者无法控制的反应和决策时,那时的自动驾驶汽车还能否仅仅视为人类的工具?是否应当赋予自动驾驶车辆以独立的法律人格?对于这一问题,学者们持有不同的观点,本文倾向于传统观点,即现阶段暂不适宜赋予自动驾驶汽车独立的法律地位。第二部分探究了自动驾驶汽车侵权的法律适用问题、可能的责任主体、可行的归责原则及免责事由,这些问题也正是自动驾驶汽车交通事故中亟须研究的重要问题,笔者对此提出了粗陋的观点和看法。在论文的第三部分,笔者试图对美国、德国、欧盟在自动驾驶汽车领域的侵权立法进行粗略的梳理和分析,以期提出一些可供参考的建议。在论文的第四部分即最后一部分,笔者在前文的基础上试图总结或者提出一些可供参考的、有意义的针对当前自动驾驶汽车侵权相关问题的建议。

(四)创新点和难点

本文的创新之处有二:一是选题具有现实意义,随着人工智能技术的不断发展,自动驾驶车辆的广泛应用指日可待。尽管该类车辆具有高度的智能性,但其不可避免地仍会发生侵权事故,对人类的人身与财产造成损害,从而引发侵权责任的认定和承担问题。相对固有滞后性的法律而言,该类车辆作为相对新兴的一种事物或者产品,其侵权责任的认定与承担能否适用现行法律制度、如何适用、还存在哪些问题等都是亟待研究和解决的问题。二是选题的新颖性,目前对自动驾驶汽车的研究大多是集中在理工科的领域,对于自动驾驶车辆存在的侵权、责任分配等法律问题的研究相对较少。

本文的难点在于自动驾驶车辆发生侵权事故的原因或许难以解释，现行的《产品质量法》也只能让车辆生产方对由于产品存在缺陷而造成的侵权行为承担民事责任，然而具备全新特征的自动驾驶车辆很有可能出现无法简单地将事故的责任分配给制造商等既有法律主体的情形，例如无法确认是由何种缺陷造成事故的情况，或者因人工智能系统遭遇设计者未能预测到的情形导致交通事故的情况。此时，如果让设计者或制造商承担责任将有失公平且不利于鼓励设计者和制造商进行设计、创造，相反，却很可能会增加被侵权人获得赔偿的难度。

二、自动驾驶汽车侵权问题概述

（一）自动驾驶汽车的概念和分类

1. 自动驾驶汽车的概念

自动驾驶汽车，也被叫作轮式移动机器人，是一种依靠计算机系统实现自动驾驶的汽车。需要说明的是，无人驾驶、自动驾驶等名称均可以指代这种借助智能计算机系统实现车辆行驶的技术，如无特殊说明，本文统一使用自动驾驶这一表述。

早在 20 世纪中期，便有一些科技发达的国家对自动驾驶技术进行了研究探索。美国的 Barret Electronies 公司于 1950 年研制出了全球范围内第一辆自动驾驶汽车，它能够在预先规划的道路上实现无人自主驾驶。[1] 当时，这些科技领先的国家对于自动驾驶技术尚处于初步探索阶段，现如今自动驾驶技术已然在全球范围内得到了极大地发展。

时至今日，世界范围内对自动驾驶暂且没有一个统一的概念。参照《北京市自动驾驶车辆道路测试管理实施细则（试

---

[1] See Campbell M, Egerstedt M. "Autonomous driving in urban environments: approaches, lessons andchallenges". *Philosophical Transactions of the RoyalSociety*, 2014, 34 (9).

行）》（以下简称《实施细则》）以及《北京市关于加快推进自动驾驶车辆道路测试有关工作的指导意见（试行）》（以下简称《指导意见》）的内容，自动驾驶指的是，在不要求人类驾驶员实施物理性驾驶操作的情形下，足以对车辆的行驶任务进行指导和决策，并且能够代替人类驾驶员的操控行为使车辆可以完成安全行驶的功能。[1]

根据2017年6月份联邦德国参议院一致通过的《道路交通法第八修正案》要求，高度或完全实现自动驾驶车辆应当满足以下六点：①为完成驾驶任务，能够在车辆启动后控制车辆；②可以随时被驾驶员进行手动接管或者关停；③在高度或完全自动驾驶智能系统掌控车辆期间，可以遵守规范车辆行驶的交通规则；④能够识别出由驾驶员亲自控制驾驶的必要性；⑤可以通过触觉、听觉、视觉或其他易被感知的方式通知驾驶员进行手动驾驶，并且能够给驾驶员留下足够的时间以接管车辆；⑥可以识别出违反系统规定的使用并及时提出警告。强制要求自动驾驶车辆的研制或生产方在自动驾驶车辆系统的使用说明中作出有法律约束力的声明，表明其车辆符合前述要求。[2]该修订案表明了目前德国政府对于自动驾驶技术的主要原则，即人类驾驶员的地位不可以完全被智能系统替代，人类驾驶员应当留在车辆驾驶位置上，并且可以在任何时候手动接管并控制车辆，即便自动驾驶车辆有智能计算机系统的辅助，驾驶员也应当承担主要的责任。

2. 自动驾驶汽车的分类

关于该类车辆的分类，美国汽车工程师学会（SAE Interna-

---

〔1〕 参见《北京市关于加快推进自动驾驶车辆道路测试有关工作的指导意见（试行）》和《北京市自动驾驶车辆道路测试管理实施细则（试行）》。

〔2〕 See Straßenverkehrsgesetz（StVG）.

tional）和国家公路交通安全管理局（NHTSA）分别在 2014 年和 2013 年发布了各自的划分标准。两者的划分标准基本相同，不过后者相对来说更加详细，因此 2016 年 9 月 NHTSA 采用了美国汽车工程师学会发布的标准（以下简称美国 SAE 标准）。

根据美国 SAE 标准，自动驾驶汽车可划分为 Level 0～Level 5 六个等级，如表 4-1 所示[1]。根据该标准，不同等级的车辆，其自动化程度不同，人类驾驶员对汽车的掌控程度也不尽相同。对于 Level 0～Level 2 等级的汽车，其实质上就是普通车辆，这类车辆的侵权责任并没有法律适用上的问题，按照当下的法律规定进行处理即可。他们当中，Level 1 和 Level 2 其实就是具备辅助功能的驾驶系统，例如自动紧急制动系统，这些辅助功能仍需要人类驾驶员进行全程操作。但是从 Level 3 级别开始，车辆逐渐交由自动驾驶系统监测车辆驾驶环境，人类驾驶员的职责逐步被解脱。在 Level 3 级别（有条件自动化）的情形下，系统可以在特定的条件下进行所有的实时驾驶任务。但是驾驶人应当做好准备，在汽车其他系统出现与驾驶任务执行有关的系统故障或自动驾驶系统发出干预请求时，驾驶人应当及时响应并作出适当的干预。这一等级的车辆出现交通事故时的侵权责任认定不可以一概而论，需要区分事故是发生在自动驾驶阶段还是人工驾驶阶段，或者是发生在两者的切换接管过程中（这一问题将在下文展开论述）。在 Level 4 级别（高度自动化）的情况下，自动驾驶系统可以在特定的条件下独立完成全部驾驶任务。一旦自动驾驶系统出现故障，系统会立即提出干预请求，但是驾驶人没有必须响应该干预请求的义务，此时自动驾驶系统应自动采取措施并做出决策以达到一个最小风险状

---

[1] See Adaptive system classification and glossary on Automated driving.

态。而 Level 5 级别（完全自动化）作为自动驾驶的最高级别，实现了真正意义上的自动驾驶，此时其系统能够完成人类驾驶员可以完成的所有操作，并且不要求人类驾驶员的介入和干预。因此，对于 Level 4、Level 5 等级的车辆，人类驾驶员基本上无法掌控车辆，车辆的行驶凭借的是其系统的自行决策。

表 4-1

SAE 分级	自动化程度	定义
Level 0	无驾驶自动化	驾驶人负责所有驾驶任务，驾驶人随时掌握着车辆的所有机械及物理功能，仅配备警报装置等无关自动驾驶的功能也算在内。
Level 1	辅助驾驶	驾驶人操作车辆，自动驾驶系统偶尔可以辅助驾驶人从事部分驾驶行为。
Level 2	部分驾驶自动化	自动驾驶系统可以独立从事部分驾驶行为，但驾驶人仍需要保持注意，监测车辆行驶的环境，监管驾驶自动化系统，承担其余的驾驶任务。
Level 3	有条件驾驶自动化	自动驾驶系统既可以独立从事部分驾驶行为，在某些情形下也可以自主监测车辆行驶的环境，但一旦自动驾驶系统发出干预请求提示驾驶人，驾驶人应当适当响应。
Level 4	高度驾驶自动化	在条件的允许下，自动驾驶系统可以独立从事全部驾驶行为，也可以自主监测车辆行驶的环境，且不要求使用者将会对干预请求做出响应。
Level 5	完全驾驶自动化	车辆在任何时刻都完全不受驾驶人意志控制，自动驾驶系统可以像驾驶人一样自行决策，承担全部的驾驶任务，且不要求使用者将会对干预请求做出响应。

本文研究的对象是自动驾驶汽车依靠自身的系统和装置，在自主决策、独立行驶的过程中导致侵权致人损害时的责任承担问题，即 Level 3 等级的车辆在自动驾驶阶段及 Level 4、Level 5 等级的汽车在自动驾驶行程中致人损害时的责任承担问题，下文所提到的自动驾驶均指处于自动驾驶阶段的 Level 3 等级以及 Level 4、Level 5 等级的车辆。

（二）自动驾驶汽车侵权行为的特殊性

一份来自麦肯锡公司的分析调查报告表明，自动驾驶车辆的普及可以使交通事故减少 90%[1]；但自动驾驶技术的应用并不能彻底地避免交通事故，并且自动驾驶技术本身的特征使得发生交通事故后侵权行为认定和侵权责任分配的难度极大地增加。

第一，自动驾驶汽车的自主性。自动驾驶车辆与传统汽车最大的不同在于，其行驶不依赖驾驶员进行判断，其具备高度或者完全的自主性。自动驾驶车辆产生的最初目的，是为了提升车辆的舒适性和安全性，解放人类驾驶员，减少因人类的不当行为造成的交通事故。例如 2018 年 10 月发生的"重庆公交车坠江事件"，因乘客与公交司机激烈争执，双方互殴导致车辆失控，致使公交车与一辆正常行驶的小轿车相撞后坠江，[2]导致悲剧的发生。人类在突发事件情形之下，往往会因为情绪失控而难以保持理性状态，如果能够实现公交车的自动驾驶，那么此类事故的发生率将会被最小化。正是因为自动驾驶车辆的

---

［1］ McKinsey & Company：Self-driving car technology：When will the robots hit the road？载 https://www.mckinsey.com/industries/automotive-and-assembly/our-insights/self-driving-car-technology-when-will-the-robots-hit-the-road，访问日期：2018 年 12 月 29 日。

［2］ "重庆公交车坠江事件进展：公交车成功被打捞出水"，载 https://www.thepaper.cn/newsDetail_forward_2572907，访问日期：2018 年 12 月 30 日。

自主性使得其在行驶过程中不需要人类驾驶员的控制,那么根据现有法律法规的规定,在发生交通事故后,是难以对责任主体进行认定的。另外,如果有证据证明事故原因既不是人为因素使然,也不是车辆自身问题所致,那么此时责任主体的认定将变得更加复杂。

第二,自动驾驶汽车行驶行为的难以预测性。自动驾驶车辆在上路之前的道路测试和模拟测试对其行为和决策有着重要意义,就像美国交通部在《联邦自动驾驶汽车政策》中所强调的,模拟能够代表复杂现实环境的测试环境非常重要,[1]但是测试环境并不能够穷尽全部的现实中可能发生或者存在的情形。如前所述,自动驾驶车辆与传统机器最主要的区别就是其高度的乃至完全的自主性。不管采用哪种机器学习方法,当下主流的深度学习算法均非一步一步地对计算机进行编程,而是指示计算机从数据(一般是海量的数据)中学习,不需要编程人员给出新的分步指令。[2]所以,并不是程序员创建了机器学习的规则,而是学习算法。其基本流程就是将海量的训练数据提供给学习算法,而后深度学习算法根据从数据中得到的规律产生一套新的规则,称之为机器学习模型[3]。所以,计算机能够被用于一些非常复杂的认知任务,比如图像识别、车辆驾驶等。而自动驾驶车辆正是由于具备可以利用一系列技术装置以及其他众多复杂的分析性算法和程序的系统,才能够像人类驾驶员

---

[1] U. S. Department of Transportation: Federal Amomated Vehicles Policy-Accelerating the Next Revolution: In Roadway Safety.

[2] McKinsey & Company: An executive's guide to machine learning, 载https://www.mckinsey.com/industries/high-tech/our-insights/an-executives-guide-to-machine-learning, 访问日期: 2018 年 12 月 30 日。

[3] 曹建峰:"人工智能:机器歧视及应对之策",载《信息安全与通信保密》2016 第 12 期。

一样驾驶汽车，而且可能会做得更好。自动驾驶车辆在行驶中可以持续不断地注意其他车辆、障碍物等路况，考虑交通状况、天气状况以及影响汽车安全驾驶的其他各种因素并据此对其速度和路线进行调整，而且自动驾驶车辆能够通过程序设定来避免与其他车辆等发生碰撞，这些都是其系统对大量数据进行深度学习的结果。因此，虽然是程序员对学习规则进行了编程，但在每一个具体情境中，都是车辆本身在自主进行判断和决策。自动驾驶汽车自身系统具有的学习能力和适应能力，使得其在具体情境中的行为难以预测。

第三，自动驾驶汽车造成交通事故的难以解释性。一般来说，在传统的交通事故中，诉讼双方通过举证、质证等程序性手段，便可以还原交通事故发生过程并查明原因，进而判定驾驶者是否尽到了应尽的监测义务。所以，因传统的交通事故而引起的法律纠纷能够在现有法律框架内得以有效解决。但是，现代人工智能系统越来越成为一个"黑箱"（既无法打开又无法从外部直接观察其内部状态的系统）[1]，系统做出的所有判断和决策都存在于这个"黑箱"之中，自动驾驶车辆系统也是如此。而且，虽然学习算法或许是透明公开的，但依据算法产生的模型却不一定如此，因为其内部的决策及逻辑并非总是能够得到理解的，即便对于编程人员也是这样。因此，即便是智能系统的设计者可能也无法弄清智能系统作出决策的过程，更不用说其他普通大众了。这些特点直接导致了在自动驾驶车辆发生交通事故后，发生事故的原因基本很难明确。此外，即便法律规定智能系统的算法应透明、公开，或者允许在法庭上对其决策机制进行询问，技术性问题也会成为一大障碍，在成本上

---

[1] 朱仕杰：“自动驾驶汽车致害的侵权法律规制研究”，华中师范大学2018年硕士学位论文。

并不经济。这时由谁来承担事故责任,就成了一个难以解决的问题。

所以,当自动驾驶车辆发生交通事故,但事故原因又很难明确,又或者损害是因为其系统难以识别设计者所没有预计到的特殊经历造成的,这时如果由设计者来承担责任将有失公平且不利于鼓励设计者进行设计创造,反之,却会增大被侵权人获取赔偿的难度。

(三) 自动驾驶汽车的法律地位分析

传统的汽车在交通事故中导致损害发生的,无论情况多么复杂,均可以通过现有的法律制度来认定责任主体,因为传统汽车在本质上始终是人类的工具。但当以后的自动驾驶汽车能够依靠其程序自行完成驾驶任务,可以根据具体的情境做出应对,做出人类设计者无法预计到或者无法控制的反应和决策时,彼时的自动驾驶汽车还能否仅仅视为人类的工具?是否需要赋予其独立的法律地位?对于这一问题,学者们的观点不尽相同,主要可以概括为四种观点。

第一种观点认为,自动驾驶汽车没有独立的意思表示,不具备独立的利益,不能独立承担法律责任,故当前其不宜拥有法律主体地位,仍然应该将其定位于人工智能产品。[1]第二种观点认为,可以确立自动驾驶汽车有限的法律人格地位,因为其不同于一般的工具,而是可以实现自主行驶的汽车,其理应具有法律地位并享有权利、履行义务。与此同时,因为其承担责任的能力是有限的,虽不同于一般的工具,但依旧是作为工具而存在的,所以这种法律人格应是有限的,即不同于现有法律主体的法律人格,没有能力承担完全责任,其导致的侵权责

---

〔1〕 方芳:"自动驾驶汽车法律地位分析",载《智能城市》2018年第17期。

任承担问题根据具体情况归属于不同的责任主体。第三种观点认为,该类汽车具有一定的独立性,可以作为独立的法律主体,但行为结果应由人类承担,其与担责人之间是代理关系。[1]第四种观点认为,对其法律地位的认定可以借鉴未成年人的法律地位。[2]未成年人在法律上被定义为限制行为能力人,原因之一便是未成年人没有自己独立的财产,因此无法自己承担责任。同样,自动驾驶汽车也不可能有自己的财产,因此便与未成年人一样无法独立担责,故持该类观点的学者认为其法律地位可以参照未成年人处理。

上述各观点,均有其合理性,也都存在不足。第一种观点认为现阶段不适合赋予自动驾驶车辆以独立的法律地位,此种观点符合传统的民法理论,即只有自然人和法人这两种主体可以具有独立的法律地位。自动驾驶车辆虽然具有一定的自主性,可以"学习""思考",但其不是自然人,也不符合法人这类主体的条件,因而不能获得法律人格。但是,这种观点对自动驾驶汽车的法律地位进行的阐释,无助于发生交通事故时责任问题的解决。毕竟,自动驾驶汽车具有区别于普通车辆的特性,在事故及损害发生时,如何在现有法律制度之下确定责任主体、实现公平正义是在这一观点下亟须解决的问题。至于上述其他三种观点,似均认为可以赋予自动驾驶汽车以法律人格。如果该类汽车可以作为法律主体,那么其侵权的责任主体认定问题将变得容易,然而一旦法律赋予人工智能以法律人格,将会从根本上改变既有的法律观念而且法理上难以突破,也可能会对

---

[1] 梁鹏:"人工智能产品侵权的责任承担",载《中国青年社会科学》2018年第4期。

[2] 梁鹏:"人工智能产品侵权的责任承担",载《中国青年社会科学》2018年第4期。

当前的知识产权制度、侵权责任制度、刑事责任制度等产生一系列的连锁反应，不可避免地将带来一次大范围的、影响深远的变革。

笔者赞同第一种观点，即现阶段自动驾驶技术会如何发展尚不确定，相关法律规制几乎为零，社会公众对其接受度尚未可知，直接确立自动驾驶汽车的法律地位不甚妥当，应当给予其充足的发展时间，待时机合适再予考虑。[1]而且，目前该类汽车本身及其侵权的复杂程度与后果尚不足以从根本上改变现行侵权责任制度，[2]可尝试沿用现有法律制度确定相关主体的责任，在现行法律体系之下解决新的问题。

二、自动驾驶汽车侵权责任问题研究

2016年2月，Google所属的一辆自动驾驶汽车与其他车辆发生了一起轻微的交通事故，这是目前Google首次表示应由自动驾驶汽车承担一定责任。随着这次事故的发生，自动驾驶车责任的认定和承担问题日益突出，在自动驾驶汽车真正普及或为大众所接受之前，事故责任的认定和承担标准将会在一定程度上决定自动驾驶汽车的未来发展及被接受程度。

（一）自动驾驶汽车侵权的法律适用问题

徒法不足以自行，只有通过对法律的适当适用和对法律的遵守，才能实现法律的目的。

较之普通的机动车交通事故，该类车辆导致的事故可能涉及多方主体，如其使用者、生产者、销售者、软件提供者等。

---

[1] 司晓、曹建峰："论人工智能的民事责任：以自动驾驶汽车和智能机器人为切入点"，载《法律科学（西北政法大学学报）》2017年第5期。

[2] 张童："人工智能产品致人损害民事责任研究"，载《社会科学》2018年第4期。

各方主体的责任如何划分？在我国现有法律制度下，解决这一问题的关键在于，如何对该类汽车进行定性，是属于机动车还是定性为产品？应当通过《道路交通安全法》来处理还是选择产品责任制度来解决？

首先，如何定义机动车？我国《道路交通安全法》在附则部分对机动车的含义进行了界定，是指以动力装置驱动或者牵引，上道路行驶的供人员乘用或者用于运输物品以及进行工程专项作业的轮式车辆。[1]依此来看，自动驾驶汽车似乎也可以归属于机动车。但同时我国《道路交通安全法》第76条指出，机动车发生交通事故造成人身伤亡、财产损失的，由保险公司在机动车第三者责任强制保险责任限额范围内予以赔偿；不足的部分，按照下列规定承担赔偿责任：机动车之间发生交通事故的，由有过错的一方承担赔偿责任；双方都有过错的，按照各自过错的比例分担责任。机动车与非机动车驾驶人、行人之间发生交通事故，非机动车驾驶人、行人没有过错的，由机动车一方承担赔偿责任；有证据证明非机动车驾驶人、行人有过错的，根据过错程度适当减轻机动车一方的赔偿责任；机动车一方没有过错的，承担不超过10%的赔偿责任。[2]由此可见，我国目前的交通事故责任所采取的是建立在"过错"概念基础之上的二元归责原则体系，即以过错推定原则为主，以无过错原则为辅。[3]但在自动驾驶状态下，车辆依靠自身的智能系统自主决策和运行，无须人类进行车辆操作，也便不存在一般意义上的驾驶人，只有乘客，当然也就无所谓过错与否。

---

[1] 参见我国《道路交通安全法》第119条第（三）项规定。
[2] 参见我国《道路交通安全法》第76条规定。
[3] 杨立新："我国道路交通事故责任归责原则研究"，载《法学》2008年第10期。

由此可知，该类车辆不符合现行法律对机动车的定义，故在现有法律制度下发生该类车辆的交通事故导致侵权时，不宜适用《道路交通安全法》处理。对此，有观点认为，自动驾驶汽车可以被认定为产品，出现意外事故等问题，是按照产品质量责任来处理，[1]这也是目前的多数观点。也有观点提出，不管是适用产品责任还是根据传统交通事故责任方式来解决该类车辆造成的交通事故都存在不合理之处，[2]提出可以考虑一种适用于该类事故的全新的制度。但是，在目前尚未有关于该类事故如何处理的相关规则的前提下，将该类车辆认定为产品，适用产品责任似乎也可以解决此类事故。根据我国《产品质量法》的规定，产品的生产者及销售者应当对因产品问题引起的侵害承担责任。其中，生产者承担的是严格的无过错责任，只要其责任可以被证成，即能够证明产品存在缺陷以及损害结果是因为产品存在缺陷所导致的。

（二）自动驾驶汽车侵权的归责原则

根据《侵权责任法》的相关规定，一个人因其行为造成他人损害，原则上无须承担赔偿责任，有承担责任的正当理由的除外，此正当理由即是归责事由，上升为原则的归责事由就是侵权责任的归责原则。

侵权法律制度旨在平衡行为自由和权益保护，让人承担侵权责任，须有法定的归责事由，否则行为人即使给他人造成损害，也不承担侵权责任。《侵权责任法》中的归责原则有三：过错责任原则、无过错责任原则以及公平责任原则。[3]归责原则

---

[1] 沈长月、周志忠：“无人驾驶汽车侵权责任研究”，载《法制与社会》2016年第27期。

[2] 梁庆："无人驾驶汽车交通事故责任主体研究"，海南大学2017年硕士学位论文。

[3] 参见《侵权责任法》第6条第1款、第7条、第24条的规定。

不仅决定了侵权行为的分类、侵权责任的构成要件，还决定了免责事由的构成及举证责任的负担，它不仅是解决侵权问题的基本准则，也是指导侵权损害赔偿的依据。

过错责任原则作为侵权责任法的基本准则，是指任何人因自身的过错而侵害他人权益时，应就所造成的损害承担侵权责任。[1]换言之，在法无明文规定的情况下，无过错则无责任。隶属于该原则的还有过错推定责任，其不是一种归责原则，而是过错责任的特别归责方式，仅限于法律明文规定的特定情形。无过错责任，指根据法律明文规定，不论加害人是否具有过错，均须为其加害行为承担侵权责任。[2]该原则同过错推定责任相同，仅限于法律明文规定的情形，如《侵权责任法》第43条规定的产品责任。至于公平责任原则，是指对于损害的发生，当事人均无过错，又不属于法律明文规定的无过错侵权责任，但是如果不适当补偿受害人的损害将有违公平原则，而由人民法院根据具体情况和公平观念，确定由当事人适当分担损害后果的原则。[3]该原则中的"责任"并不具有惩罚性，而是一种法律上的补偿义务。

根据前文所述，因为在自动驾驶车辆的行驶过程中，驾驶人不存在过错，故其侵权责任问题不宜适用一般的过错侵权原则，在现有法律制度下，适用无过错归责原则的产品责任来解决该问题更加合理。然而，虽然由生产者（包括程序设计者）承担无过错责任与现行法律体系及其制定目的更相一致，但是该类车辆毕竟不同于普通的产品，直接适用《产品质量法》中

---

[1] 梁慧星：《民法总论》，法律出版社1996年版。
[2] "2016司考民法知识点：无过错责任"，载http://www.chinalawedu.com/sifakaoshi/ziliao/wa1512078722.shtml，访问日期：2019年1月9日。
[3] 王利明：《侵权行为法研究》，中国人民大学出版社2004年版。

关于普通产品侵权的相关规定仍然存在不合理的地方。

该类车辆发生交通事故的缘由可能是其车辆本身存在质量缺陷,也可能是其系统本身的决策判断出了问题,而且因其系统所具有的高度自主性导致的损害结果也比较难以认定为设计缺陷。这些技术性问题的判定十分困难,难以确定侵害发生的真正原因,事实及因果关系的证成均非易事。如果只僵化适用《产品质量法》,只要是因车辆存有缺陷而导致了侵权,就适用无过错责任原则查究生产者责任,那么无疑加重了生产者所负责任,还可能会打消其研发技术的积极性,影响该类车辆的发展和广泛应用。对此,有观点主张采用"技术中立"原则,即一般来说,技术本身不会引起责任。[1]具体来说,是指对于因人工智能技术本身所造成的损害,除非使用者存在过失,否则均可免于担责,生产者、销售者同样不承担责任,该技术最初就是企图用于侵权或违法用途的除外。[2]相较于《产品质量法》,该原则不仅对生产者、销售者的主观要件不予关注,而且也未提及产品缺陷问题。也就是说,依据该原则,对于智能系统本身的技术缺陷导致的损害,生产者、销售者可能不必担责。可见,该原则更重视对生产者、销售者的保护,或许也更利于自动驾驶或者人工智能技术的研发,但该原则对保护受害人而言却是相当无力的。

在该类交通事故中适用何种原则进行归责是确定责任主体的重要前提,直接适用《产品质量法》的无过错责任似乎也能解决该问题,但是终归存在不甚合理之处。随着自动驾驶或者智能技术的不断发展,该问题有必要进一步探讨并明确。

---

〔1〕 严义挺:"技术、构罪与证明——'互联网+'语境下诉讼的'+互联网'性",载《上海政法学院学报(法治论丛)》2017年第3期。

〔2〕 徐爱国编著:《英美侵权行为法》,法律出版社1999年版,第247页。

(三) 自动驾驶汽车侵权的责任主体分析

较之普通的机动车交通事故，该类车辆导致的事故可能牵连到的主体范围更广，如自动驾驶汽车驾驶者、汽车生产者、销售者、软件提供者、道路管理者等。

1. 自动驾驶汽车驾驶者

根据前文所述，在适用产品责任的前提下，该类车辆的驾驶者似乎不承担责任。不过该类车辆有不一样的级别，故其驾驶者所承担的责任也要具体进行分析。根据上文介绍的该类车辆的不同等级，Level 3 等级的车辆在交通事故中的责任认定与承担问题，在不同的阶段有所区分。如果事故是在人工驾驶阶段发生，实质上还是普通机动车，其法律适用问题可以直接依据现行法律制度，在此不作赘述；如果侵权行为是发生在自动驾驶阶段，其法律适用问题实质上与 Level 4、Level 5 等级的车辆致人损害的法律适用问题相同，该问题笔者会在下文一起进行论述；至于在接管过程中该类车辆致人损害时，驾驶者是否需要承担责任需要进一步讨论。

我国法律目前尚无相关规定，根据德国《道路交通法》修订案规定，自动驾驶车辆行驶过程中，乘车人应坐在驾驶座上，当其系统认为存在某种情形需要驾驶员介入进行操作且做出提示后，驾驶员应当立刻接管汽车。[1]但是，在汽车进入持续的自主运行状态后，驾驶者难免会对其系统产生依赖，导致警觉性下降，在遇到突发状况时要求驾驶者迅速做出反应、"立刻接管汽车"，似乎有些不合理。如果因此导致事故发生，驾驶者也不应该承担侵权责任。因为一般的侵权责任以存在过错为构成要件，而驾驶者对侵权结果并没有过错，所以 Level 3 等级的车

---

[1] 赵申豪："自动驾驶汽车侵权责任研究"，载《江西社会科学》2018 年第 7 期。

辆驾驶者对因上文所述的接管不及时造成的损害不应承担侵权责任。至于自动驾驶状态下的 Level 3 等级的汽车以及 Level 4、Level 5 等级的汽车，其行驶过程基本上是由系统自己进行控制，不需要驾驶者进行操作，驾驶者不再负有注意义务，故也无须承担法律责任。综合来看，在该类交通事故中的驾驶者无须承担法律责任。

2. 自动驾驶汽车生产者

从广义上来说，该类汽车的生产者不仅包括汽车制造商，还应当包括软件提供者或者程序设计者。此处讨论的生产者仅指汽车制造商，其他主体将在下文进行探讨。

我国现行的《侵权责任法》《产品质量法》等都对产品责任问题作出了相关规定。《产品质量法》第41条规定了生产者的责任，因产品存在缺陷造成人身、缺陷产品以外的其他财产（以下简称他人财产）损害的，生产者应当承担赔偿责任。[1]可见，适用产品责任时，生产者承担责任要满足以下条件：产品存在缺陷、有损害发生、该缺陷与所发生损害之间有因果关系。[2]对生产者适用的产品责任属于无过错责任，只要证明产品存在缺陷，生产者就要承担责任，不需要对其是否存在主观过错进行证明。[3]而在自动驾驶车辆导致的交通事故中，由生产者承担责任的关键在于如何认定"缺陷"。产品缺陷是产品责任的一个核心概念，关于"缺陷"的含义，《产品质量法》第46条给出了明确定义，即产品存在危及人身、他人财产安全的不合理的危险；产品有保障人体健康和人身、财产安全的国家标准、行业

---

〔1〕 参见《产品质量法》第41条规定。

〔2〕 罗碧文："产品责任归责原则研究"，载 http://old.chinacourt.org/html/article/200901/14/340255.shtml，访问日期：2019年1月15日。

〔3〕 张新宝、任鸿雁："我国产品责任制度：守成与创新"，载《北方法学》2012年第3期。

标准的,是指不符合该标准。[1]目前,在自动驾驶汽车这一领域,此处"不合理的危险"应如何理解,暂且没有相关规定。该类汽车的上述相关标准暂时也未出台,而且自动驾驶汽车的软件程序在行驶中如何进行分析决策并不明确。这些均增加了受害人举证证明该类汽车尤其是其软件系统存在缺陷的难度,而如果原告举证不能,几乎等同于生产者将不承担责任,这一点非常不利于保护受害人。

3. 自动驾驶汽车销售者

根据《产品质量法》第34条、第41条、第42条以及《侵权责任法》第41条、第42条的规定,[2]可知,销售者对受害人或者被侵权人承担的是无过错责任,销售者和生产者之间承担的是不真正连带责任,受害人有向其中一方选择赔偿的权利,而承担赔偿责任的一方有权向真正有过错的一方追偿。[3]此外,销售者是对缺陷产品造成的损害后果承担责任。所以,认定销售者承担责任的关键在于证明该类车辆存在产品瑕疵。但有些瑕疵在车辆投入流通时是难以发现的,此时销售者是否可以像生产者一样援引《产品质量法》的免责事由予以抗辩还有待讨论。

4. 软件提供者

与传统车辆不同,自动驾驶车辆的关键就在于其驾驶系统,系统的编程者即软件提供者掌握着自动驾驶车辆的核心技术,并实际控制着自动驾驶车辆的行程,其角色相当重要。那么,

---

[1] 参见《产品质量法》第46条规定。

[2] 参见《产品质量法》第34条、第41条、第42条以及《侵权责任法》第41条、第42条的规定。

[3] 高圣平:"论产品责任的责任主体及归责事由——以《侵权责任法》'产品责任'章的解释论为视角",载《政治与法律》2010年第5期。

当发生交通事故时，是否应当由这一主体来承担责任？应当如何承担？

本文认为，对于自动驾驶技术本身来说，可以遵循前文所述的"技术中立"原则。[1]也就是说，对于这一技术本身产生的问题，软件供应商不需要承担责任。如果是因为驾驶系统存在程序漏洞等问题而导致交通事故的发生，软件提供者应遵循产品责任来承担责任。但是，软件提供者在对系统进行编程时应当遵循普遍适用的法律原则或者法律价值。具体而言，在不可避免的危险情况发生时，对人身权益的保护要优于对其他法益的保护；对于真正两难的抉择（如在两个人的生命之间做出抉择或者面临"电车难题"[2]的情况）不能进行明确的标准化，也不能进行编程。虽然这种情况比较极端，但也应当予以重视。对法庭和法律学者来说，这些奇奇怪怪的案例，是呈现在他们面前、无从逃避的问题。即使事件本身离奇荒谬，他们也必须处理，而且还要编织出一套能自圆其说的逻辑。[3]

（四）自动驾驶汽车侵权的免责事由

《侵权责任法》总则部分规定的一般免责事由包括：受害人过失、受害人故意、第三人原因、不可抗力、正当防卫、紧急避险。[4]根据前文所述，对于自动驾驶车辆的侵权责任来说，其中有些免责事由因以过错的概念为基础，故并不能适用。

根据前文所述，对生产者适用无过错责任原则，同时《产

---

[1] 该原则在美国交通部出台的《自动驾驶系统2.0：安全愿景》中也有提及。

[2] "电车难题（Trolley Problem）"是伦理学领域最为知名的思想实验之一，其内容大致是：一个疯子把五个无辜的人绑在电车轨道上。一辆失控的电车朝他们驶来，并且片刻后就要碾压到他们。幸运的是，你可以拉一个拉杆，让电车开到另一条轨道上。然而问题在于，那个疯子在另一个电车轨道上也绑了一个人。

[3] 熊秉元：《正义的成本》，东方出版社2014年版，第136页。

[4] 参见《侵权责任法》第26条至第31条。

品质量法》第 41 条也规定了生产者的免责条款，[1]根据该条款规定，生产者如果可以证明"在产品投入流通时，引起损害的缺陷尚不存在的"或者"将产品投入流通时的科学技术水平尚不能发现缺陷的存在的"，其可以免于承担责任。可见，对于自动驾驶汽车缺陷含义的认定，不仅关系到生产者的责任承担，还决定着生产者能否免于担责。

如果该类车辆符合相关的国家标准、行业标准，但仍然发生交通事故造成损害，生产者可否以上述免责条款为由主张免责？此外，符合相关标准的产品是否存在前文所述的不合理危险？笔者认为，相关标准指的是产品质量是否合格，不合理危险关注的则是安全问题。自动驾驶汽车的自身特殊性是否意味着其存在不合理危险，笔者认为答案是否定的。暂且不说在自动驾驶汽车这一领域"不合理的危险"应如何理解，其内涵如何界定尚不明确，即使有相关具体详细的规定也没有人能够保证该类车辆的百分之百安全，虽然有很多研究表明自动驾驶汽车的安全指数要高于传统汽车，但还是有可能会发生意外。既然该类车辆符合相关标准也不存在不合理危险，那么生产者当然可以以法定免责事由主张抗辩。对受害人的救济或许可以尝试考虑其他途径。

在认定该类交通事故的免责事由时，不仅要考虑一般情况，还应考虑一些特殊情况，如伦理性免责。所谓伦理性免责指的是，该类汽车在行驶中不得不侵害某一法益时，允许其根据程序设定进行判断，采取被系统认为造成损害较小的措施。而这种程序的设计不仅是种人为的选择，更是法律和伦理之间的博弈，此种情况能否构成责任的免除，需要法律进行慎重的考量。

----

[1] 参见《产品质量法》第 41 条规定。

三、域外自动驾驶汽车侵权的法律规定

（一）美国自动驾驶汽车侵权立法分析

美国是全球首个通过立法及政策体现出对自动驾驶的开放态度的国家。2016年9月，美国政府出台了世界范围内第一个有关自动驾驶的文件——《联邦自动驾驶汽车政策》，[1]该文件分为四个部分，从框架上作了基础性规定，核心在于安全监管，[2]但没有涉及具体的侵权方面的规定。2017年7月，众议院议定了美国联邦第一个关于自动驾驶的立法——《自动驾驶法案》，该法案以"提升安全性，提高老人及残障人士的流动性，并保证美国处于自动驾驶技术领域的最前列"作为立法目的，共有13节内容，主要包括：在自动驾驶立法上明确了联邦和州的分工和职能；要求制造商部署网络安全计划并提交安全评估证书；敦促美国国家公路交通安全管理局（NHTSA）在规定的时间内，制定自动驾驶汽车规则和安全计划；成立自动驾驶汽车咨询委员会；要求制造商制定自动驾驶汽车隐私保护计划等。[3]2018年9月，美国交通部公开了《自动驾驶系统2.0：安全愿景》，并以该文件代替了之前发布的《联邦自动驾驶汽车政策》，表明了其对将这一技术进行引入推广的赞成态度，提供了一种指导性的意见，建议美国各个州通过采取立法措施为这

---

〔1〕 U. S. Department of Transportation. Federal Amomated Vehicles Policy-Accelerating the Next Revolution：In Roadway Safety，12507-091216-v9，Washington. DC20590，United States：National Highway Traffic Safety Administration. September 2016.

〔2〕 U. S. Department of Transportation. ACT SHEET：FEDERAL AUTOMATED VEHICLES POLICY OVERVIEW，载 https://www.transportation.gov/AV-factsheet，访问日期：2019年1月15日。

〔3〕 U. S. Department of Transportation：Federal Amomated Vehicles Policy-Accelerating the Next Revolution：In Roadway Safety.

一技术提供"技术中立"的发展空间,对可能影响其发展及运营的规定进行审查,并开始考虑分配侵权责任的法律规则。[1]

美国各州也相继出台了关于自动驾驶车辆进行上路测试的相关法律规定。目前,美国加利福尼亚以及亚利桑那两州早已通过了许可该类车辆进行上路测试的法规。而在密歇根州、加利福尼亚州等地,其政府也已开始实施有关该类交通事故责任承担的法规,法案规定汽车生产者应当购买强制责任保险,还规定其因第三人的原因,如改造车辆所引起的事故的责任豁免等。

综合来看,美国的相关立法主要包括对智能汽车的定义、颁发测试许可的要求、申请许可的程序以及对隐私进行保护等各个方面,但是关于责任承担的问题还没有进行详细具体的规定,更多也只是沿用美国《侵权法》的相关规定,在自动驾驶法案中并没有涉及。

(二) 德国自动驾驶汽车侵权立法分析

2017年,德国政府议定了有关德国《道路交通法》的修订案,这是德国第一部关于自动驾驶车辆的法规,[2]其对相关的基本概念、责任归属等问题进行了规定,使自动驾驶这一技术的发展在德国有了法律强有力的支持。

该修订案对该类车辆的概念作出了自己的规定,确定了该类车辆应符合的六点要求(前文已进行论述,在此不作赘述),且对其驾驶员的权责进行了比较明确的规定。该修正案规定,驾驶员可以在驾驶期间使用自动驾驶功能,自己不进行操作,

---

[1] 刘芳:"关于美国自动驾驶汽车的立法现状及思考",载《瞭望智库》2018年1月24日。

[2] 张韬略、蒋瑶瑶:"德国智能汽车立法及《道路交通法》修订之评价",载《德国研究》2017年第3期。

但其也负有一定的警觉及接管义务。[1]前者是指在不亲自驾驶的期间,应保持警觉性,以便能随时进行接管;后者指的是当该类车辆的系统向其驾驶员发出信号要求其接管车辆时,或者驾驶员自己意识到车辆的状况不再符合其系统所设定的条件时,驾驶员有义务马上进行接管行为。此外,对于驾驶人承担的赔偿责任,修订案大大提高了其赔偿额度。在该类交通事故的责任认定问题上,修订案的相关规定并不是凭空创设的,而是沿用了既有的责任制度,尝试在现行法律体系内解决新问题。

可以说,该修订案对驾驶员的权责规定、对交通事故责任的规定构建了一个较为完备的权责体系。但是,这些规定是否合理可行尚有疑问。该修正案关于车主责任的规定,虽然对受害人提供了充分的保护,却加重了驾驶人的赔偿责任,且对生产者责任的规定未做改变。由于自动驾驶是依靠其系统来完成的,基本不需要驾驶员进行操作,而修正案在继续适用原有责任规定的基础上又加重了驾驶人的责任,这样的规定是否合理可能尚需讨论。

除了这一修订案以外,2017年6月,德国通过了全球范围内首个关于自动驾驶的伦理道德准则。该准则共有20条,主要内容包括[2]:把人类、个人发展和自由社会作为技术伦理关注的中心点;对个人的保护优于其他一切功利的考量;驾驶系统需要官方许可和监控,不能把责任留给制造商;在不可避免的危险情况下对人身权益的保护要优于对其他法益的保护;对于真正两难的抉择(如在两个人的生命之间做出抉择)不能进行明确的标准化,也不能进行编程;将责任主体从车主转变成包

---

〔1〕 See Straßenverkehrsgesetz (StVG).

〔2〕 Christoph Luetge, The German Ethics Code for Automated and Connected Driving, Philosophy and Technology, 30 (4): 547~558 (2017).

括汽车及其技术系统的制造商或者运营商;为了实现高效、可靠、安全的人机交流,系统必须更多的适应人类的交流行为,而不是让人类提高他们的适应能力;在紧急情况下,车辆能够在无须人类的帮助下自动驾驶进入安全状态。该准则为自动驾驶的立法及技术发展的相关问题界定了框架,对这一技术的发展具有重大意义。

对比美国、德国两个国家的立法,可以看出其相同点是均把安全性作为自动驾驶发展的重要前提,且对于未来的发展持开放性态度。同时,两国的相关立法也存有差别之处。

德国法律要求人类驾驶员应当在车辆驾驶位置上,并且可以在任何时候接管并控制车辆,此要求与 Level 3 等级的车辆更相符合,而且还涉及一些具体的法律问题,诸如自动驾驶状态下驾驶员的权责、侵权事故发生时的责任划分、赔偿金额等。此外,德国制定了全球首个自动驾驶伦理道德准则,该准则对自动驾驶车辆有可能发生的技术风险进行了具有预测性的考量,进而阐明了各项利益和价值的优先性。这一措施对自动驾驶的立法及技术发展的相关问题进行了规定,可供其他各国借鉴。相较于德国,美国相关立法没有对自动驾驶车辆的某一等级有所偏重,也没有直接对责任划分、赔偿等具体法律问题进行规定,而是确定了自动驾驶的主管部门,确定了相关部门应当何时制定什么规则和修订什么法律,力求尽早设定自动驾驶车辆的安全标准及监管模式。

总之,自动驾驶车辆的不同等级的复杂性加大了立法的难度,美德两国对之采取了不一样的措施:美国法律所追求的不是在短期内解决具体的法律问题,而是倾向于先建立起一个整体框架,以求尽早制定相关的安全标准、进一步解决具体的法律问题;而德国立法则是倾向于以 Level 3 等级的车辆作为重点来进行规制，力图既能保障安全又可以为自动驾驶车辆的产业化清除法律障碍。虽然美德两国针对自动驾驶所采取的策略不同，但所追求的方向也是殊途同归。

（三）欧盟自动驾驶汽车侵权立法分析

2016年，欧盟议会提出了关于智能机器人（包括自动驾驶车辆）致人损害的立法建议，该建议认为有必要赋予智能机器人以独立的法律人格。该建议提出，从长远来看，应当规定智能机器人的独立地位，以保证其具有承担自身行为所引起的损害的资格，该建议还提出有必要规定对智能机器人进行登记公示，以匹配其法律地位。该建议认为，既然智能机器人在不受人类操作的情形下，由其本身自主进行判断、做出决策，也就是说是智能机器人本身独立做出的侵权行为，那么由其作为侵权主体也算合情合理。[1]同时，该建议提出建立强制责任保险制度，要求智能机器人的制造商或者所有人承担强制投保义务，还可以成立赔偿责任专项基金。[2]对此，国内赞成者认为，此建议对于减少人工智能侵权引起的纠纷有很大帮助，有助于推动人工智能行业的健康发展。[3]

该建议只是提出智能机器人（包括自动驾驶车辆）应当具有独立的法律地位，但并没有实际解决在确立其具有法律人格之后，具体的责任如何进行分配。立法建议提到建立"强制责任保险制度"以及"赔偿责任专项基金"来解决赔偿责任的问题，既然通过保险和基金能够解决该问题，那么建议中的智能

---

[1] Gabriel Hallevy, " The Criminal Liability of Artificial Intelligence Entities-From Science Fiction to Legal Social Control ", *Journal of Akron Intel. Prop*, No.4, 2010, p.171.

[2] 曹建峰："10大建议！看欧盟如何预测AI立法新趋势"，载《机器人产业》2017年第2期。

[3] 袁曾："人工智能有限法律人格审视"，载《东方法学》2017年第5期。

机器人能否独立承担责任似乎并不重要，那么是否有必要赋予其独立人格似乎有待商榷。

四、自动驾驶汽车侵权问题的规制建议

根据前文所述，该类车辆的系统具有一定的学习能力和适应能力，不仅可以自行做出决策及判断，且其在具体情境下的行为也难以进行预测。当发生交通事故时，因其做出决策的过程不是公开透明的，使得导致事故发生的原因难以查明。这些技术性问题成为此类交通事故责任主体认定的障碍。此外，因为该类车辆具有的自主性，也使传统的道路交通安全法的适用存在障碍。根据前文，现有的产品责任制度在解决这一问题上也有不合理的地方，此时责任的承担、赔偿救济就成了在此类交通事故中亟须解决的重要问题。

（一）针对自动驾驶汽车的特殊规制

虽然该类车辆在现阶段暂时不具有独立的法律主体资格，但是仍然需要针对其特性进行规制，来解决其致人损害的问题。

首先，有必要探究该类车辆致人损害的根本原因，并通过确立相对弹性的伦理道德规范对生产者、程序设计者进行道德规制，待这一技术发展到一定程度再借助于法律的强制性来解决。因为法律制度固有的滞后性，要通过法律实现有效规制很难一步到位，在智能算法复杂、侵权原因不明的情况下，对生产者予以道德规制可能会降低或者避免算法导致缺陷。对此，可以参考德国的做法——成立专门的人工智能伦理组织，[1]让该组织来制定相关的指导规则，对生产设计者进行引导。此外，

---

[1] 张童：“人工智能产品致人损害民事责任研究”，载《社会科学》2018年第4期。

前文欧盟立法建议提出的"建立智能机器人的登记公示制度"[1]也值得参考。对自动驾驶车辆进行登记公示，严格把控其系统的技术安全性，可以提高社会公众对这一技术的接受程度以及信任程度，所登记公示的资料也可作为认定其系统有无缺陷、是否达到安全标准的一个参考。[2]

（二）对生产者适用严格责任的可能

根据现行产品责任制度，生产者适用无过错责任，只要其责任可以被证成。但是，正如前文所述，一旦该类车辆发生事故，造成损害，认定其系统存有缺陷将非常困难，而如果原告不能进行举证，那么就几乎等于生产者将免于承担责任。这样一来，受害人获得赔偿的难度将增大，其权益将无法得到充分保障。对此，可以参考美国的规定，由相关部门统一制定关于人工智能的安全标准，以此作为认定缺陷存在与否的一个参考。但这样一来就加重了生产者的责任，可能会打消其研发技术的积极性，影响自动驾驶的发展及推广。

对此，上述欧盟立法中提到的两项措施——强制责任保险以及赔偿责任基金，或许可以帮助生产者减轻负担。我国可以借鉴该建议，将生产者承担投保义务通过法律予以强制性规定，或者考虑建立专项赔偿责任基金，至于基金的来源，可以考虑政府拨款以及生产者分担等渠道。

（三）确立保险责任及赔偿基金制度

正如前文所述，在自动驾驶汽车这一领域，虽然产品责任

---

[1] Gabriel Hallevy, "The Criminal Liability of Artificial Intelligence Entities-From Science Fiction to Legal Social Control", *Journal of Akron Intel. Prop*, No. 4, 2010, p. 171.

[2] 张童："人工智能产品致人损害民事责任研究"，载《社会科学》2018年第4期。

可以在一定程度上解决侵权带来的问题，但是依此制度，受害人所负的举证责任难度十分之大，受害人必须对产品存在缺陷、缺陷与损害之间存在因果关系进行证成。此外，暂且不说此类诉讼所需要的时间和经济成本，大量的诉讼也会加大生产者、制造商的负担，导致其不能专注于技术的研发。基于此，保险责任制度的确立能够一定程度上解决上述问题，在生产者、消费者和受害人之间起到很好的利益平衡作用，不仅可以确保受害人能够得到一定的赔偿，从而提高社会公众对自动驾驶的信任程度和接受程度，也能够帮助生产者减轻负担，从而为技术的发展提供良好的环境。

在具体的规则设置上，自动驾驶汽车交通事故责任强制保险与一般的机动车应有所不同。根据《机动车交通事故责任强制保险条例》，传统的道路交通强制责任保险的投保人为机动车的所有人或者管理人，而对于自动驾驶汽车，生产者作为影响驾驶后果的重要主体，也应当作为投保人，与其用户共同承担保费。

至于赔偿基金制度，该制度可以作为保险责任制度的补充，在法律不能完全覆盖侵权责任时，能够更好地保护被侵权人的利益，也可以帮助降低因责任承担而阻碍人工智能技术发展的可能性。至于基金的来源，如上所述可以考虑政府拨款以及生产者分担等渠道。

五、结语

"凡事预则立，不预则废"。虽然自动驾驶尚未普及，但是与之相关的法律、伦理等问题却需要加快研究的步伐，以尽可能妥善应对这一技术的发展所带来的问题，充分用其利而消其害，以满足促进社会健康发展的需要。大体而言，目前我国关于自动驾驶的法律问题及伦理问题的研究尚未形成广泛共识，关于自动驾驶汽车的交通事故侵权责任也尚无专门规制。在此情况下，通过现行法律制度解决该类事故的侵权问题在某种程度上可行，但必须承认现行法在解决这一问题上存在着不足之处。当发生侵权事故时，责任由谁承担、如何承担，在全球范围内都受到了广泛关注，本文也试图对该问题进行了探究和论述。本文观点认为该类车辆不符合现行法律对机动车的定义，不宜适用《道路交通安全法》来处理，其可以被认定为产品，通过产品责任来解决交通事故侵权问题。但适用产品责任同时也存在不妥之处，如可能会加重生产者（包括软件提供者）所负责任，不利于自动驾驶技术的研发等。对此，笔者通过对域外相关立法等进行梳理、比较和分析，认为机动车强制保险值得借鉴，可以通过确立强制保险制度，进而减少自动驾驶车辆发生事故时的责任承担与赔偿的纠纷问题。同时，赔偿基金制度也值得考量，该制度可以作为保险责任制度的补充，在法律不能完全覆盖侵权责任时，借助该制度能够更好地保护被侵权人的利益，也可以帮助降低因责任承担而阻碍人工智能技术发展的可能性。

此外，关于自动驾驶汽车能否具备独立法律地位的各种探讨也一直不断。本文倾向于传统的观点，认为暂时不宜赋予自动驾驶车辆以独立的法律主体地位，正如2019年3月，李彦宏表示，人工智能立法本身不应该太超前，很多时候新事物刚刚出现，让它稍微跑一段时间之后再总结经验，找到规律再来立法。[1]

---

〔1〕"人工智能立法提速 把握'边界'是关键"，载http://media.people.com.cn/n1/2019/0305/c40606-30957335.html，访问日期：2019年3月19日。